Zu diesem Buch

Wie steht es heute, Mitte der 90er Jahre, um die Beziehung der Geschlechter? Das fragten sich Aaron Kipnis und Elizabeth Herron, ein amerikanisches Therapeutenpaar, und beschlossen, ihren nächsten Workshop in die »freie Natur« zu verlegen. In der Wildnis, fern von den Zwängen und Mustern des Alltags, hofften sie neue Ideen zur Zukunft der Geschlechterbeziehungen zu finden. Mit zwölf Frauen und Männern wanderten sie eine Woche durch die Berge und veranstalteten dabei jeden Abend am Lagerfeuer eine Diskussionsrunde. In der Form eines Reisetagebuches schildern sie hier die Ergebnisse ihres spannenden Experiments.

Die Autoren

Aaron Kipnis ist eine herausragende Persönlichkeit der amerikanischen Männerbewegung; er hat viele Workshops mit Männern durchgeführt und ist Autor zahlreicher Bücher.
Elizabeth Herron hält Selbstbehauptungskurse für Frauen ab. Beide arbeiten am Santa Barbara Institute for Gender Studies in Kalifornien und veranstalten dort gemeinsam Gender-Workshops, geben Kurse in Klinischer Psychologie und organisieren Konferenzen.

Aaron Kipnis
Elizabeth Herron

Wilder Frieden

Das Experiment einer neuen Partnerschaft zwischen Frauen und Männern

Deutsch von Gesa Schröder

rororo

Rowohlt

Die Originalausgabe *Gender War / Gender Peace*
erschien 1994 bei William Morrow and Company, Inc.,
New York, N.Y.

Veröffentlicht im
Rowohlt Taschenbuch Verlag GmbH,
Reinbek bei Hamburg, März 1997

Umschlaggestaltung Barbara Hanke und Nina Rothfos
Gesamtherstellung Clausen & Bosse, Leck
Printed in Germany
1490-ISBN 3 499 60241 5

Inhalt

Einleitung

Haben Sie bemerkt, daß der »Krieg zwischen den Geschlechtern« sich verschärft? Die Supermächte haben das Kriegsbeil begraben, aber der Krieg zwischen Frauen und Männern geht unvermindert weiter. In den Fernseh-Talkshows ergehen sich Frauen und Männer immer erbitterter in gegenseitigen Anklagen. Wir spüren die Spannungen beim Militär, an den Universitäten, in den Parlamenten, an den Stätten des Gottesdienstes, zu Hause und am Arbeitsplatz.

In vielen Bereichen unserer Kultur erleben wii ein wachsendes Mißtrauen zwischen den Geschlechtern. Auch die Gewalt nimmt zu. Die meisten Männer und Frauen scheinen die paradoxe Vorstellung nicht zu ertragen, daß sie zu vielen Fragen unterschiedliche, aber gleichermaßen berechtigte Standpunkte haben können. Die Ressentiments scheinen mehr als je zuvor gewachsen.

In den letzten Jahrzehnten haben Frauenbewegungen und Männerbewegung dazu beigetragen, daß Frauen und Männer ein besseres Verständnis ihrer selbst und ihrer geschlechtsspezifischen Bedürfnisse gewonnen haben. Doch diese machtvollen Quellen des sozialen Wandels haben nicht viele Brücken zwischen den Geschlechtern gebaut. Statt geschickte Diplomaten und VermittlerInnen zwischen den Geschlechtern zu schaffen, scheinen diese Bewegungen zunehmend aggressive Krieger und Kriegerinnen zu erzeugen. Die Polarisierung wächst schneller als die Versöhnung. Viele Frauen und Männer drücken heute ihre Standpunkte dadurch aus, daß sie immer größere und effektivere Raketen über die Geschlechterkluft aufeinander abfeuern. Auf beiden Seiten gibt es einen Haufen Schuld und Mangel an Einfühlung in die Nöte des anderen Geschlechts. Leidet ein Geschlecht, so leidet das andere jedoch zwangsläufig auch – in anderer, aber gleichermaßen bedrückender Weise.

Auf dem heutigen Entwicklungsstand unserer Gesellschaft müssen wir die Fähigkeit von Frauen und Männern fördern, mit dem »anderen« Geschlecht zu kommunizieren. Das ist ein Hauptziel dieses Buches. Frauen und Männer sind unterschiedlich, aber nicht von Natur aus entgegengesetzt. Wenn das besser verstanden wird, können wir unser »Anderssein« als komplementär erfahren, und nicht als eine nie versiegende Quelle von Konflikten.

Dieses Buch ist aus Gesprächen mit Tausenden von Frauen und Männern entstanden, die an den vom Santa Barbara Institute for Gender Studies, Kalifornien, veranstalteten »Geschlechterversöhnungs«-Konferenzen teilgenommen haben. Unsere Geschichte handelt von einer solchen Gruppe von Frauen und Männern, die wir auf einem einwöchigen Trip durch die Wildnis geführt haben. Der Zweck der Wanderung war, Konfliktpunkte zwischen Frauen und Männern in einem intensiven Zusammenhang und frei vom normalen Tagesablauf und anderen Zwängen des täglichen Lebens zu erforschen. Eine Reihe von Gruppensitzungen wurden an einem Bergsee unter einer großen Zeder auf einer von Wildblumen übersäten Wiese abgehalten.

Normalerweise finden unsere Workshops in Hörsälen und Vorlesungsräumen statt. Wir waren beeindruckt, wie weit Frauen und Männer in kurzer Zeit über den Konflikt hinauskommen, wenn ihnen nur die entsprechende Gelegenheit dazu geboten wird. Um weiteres Material für dieses Buch zu sammeln, beschlossen wir, in die Wildnis zu gehen, wo wir in einer Umgebung ohne festgelegte Mahlzeiten, Anfangs- und Endzeiten und den allgegenwärtigen Geräuschpegel des städtischen Lebens entspannen konnten. Wir wollten sehen, ob wir Intimität und aufrichtige Kommunikation in einer Gruppe durch das Zusammenleben in Form einer experimentellen Gemeinschaft vertiefen konnten. Obwohl die Medien sich oft darüber lustig machen, daß Männer und Frauen »in die Wälder« gehen, haben wir festgestellt, daß in der freien Natur Veränderungen stattfinden können, die in geschlossenen Räumen nicht so leicht zustande kommen.

Mit der Natur als Hintergrund und durch die kollektive Bewältigung der Herausforderungen der Wildnis versuchen Frauen und Männer, Sichtweisen und Lösungen für viele der gegenwärtigen Probleme zwischen den Geschlechtern zu entwickeln. Hierzu zählen Praktiken bei Annäherungsversuchen, sexuelle Diskriminierung von Männern und Frauen, emotionaler, körperlicher und sexueller Mißbrauch, weibliche Stärke in der Erziehung gegenüber männlicher ökonomischer Stärke, Eltern- und Beziehungskonflikte, Ungerechtigkeiten für beide Seiten nach einer Scheidung, unterschiedliche Kommunikationsstile, unterschiedliche spirituelle und philosophische Ideale und anderes mehr.

All diese Diskussionen werden mit Kommentaren von unserer Seite versehen, in denen die jeweils besonderen Standpunkte beider Geschlechter herausgearbeitet werden. Die Erzählperspektive wechselt in der Regel in jedem Kapitel von Abschnitt zu Abschnitt.

Das alte amerikanische Ideal der »Schmelztiegelkultur« hatte alle ermuntert, die kulturellen Unterschiede abzulegen und nach einer wechselseitigen Angleichung zu streben. In diesem Geiste versuchten der Feminismus und die humanistische Psychologie der siebziger und achtziger Jahre, die möglicherweise aus der Geschlechterdifferenz erwachsenden Frustrationen zu vermeiden, indem sie die Gleichheit der Geschlechter oder Androgynie propagierten. Diese Ideen haben bei den meisten von uns nicht richtig funktioniert, ebensowenig hat das Schmelztiegelideal unser reichhaltiges Mosaik ethnischer und kultureller Verschiedenheiten gestärkt. Es ist absurd, auf der Suche nach einer homogenen sozialen Ordnung weiterhin den abstrakten Gedanken zu verfolgen, daß Männer und Frauen im wesentlichen *gleich* sind. Sie sind es nicht.

Wir begrüßen die Unterschiede der Geschlechter, da sie zum gegenseitigen Nutzen eingesetzt werden können, wenn sie erst einmal besser verstanden sind. Dieses Buch bricht daher mit dem Trend der letzten Jahrzehnte, der Männer anspornte, wie Frauen zu werden, und Frauen anhielt, den Männern ähnlicher zu sein. Es will jedoch auch nicht auf alte Stereotype zurückgreifen. Vielmehr soll es ein Schritt vorwärts sein, über das gängige Gerangel um die Schuld hinauszugehen und die wirklichen Fähigkeiten, die gemeinsame Grundlage sowie die einmaligen Gaben, die jedes Geschlecht besitzt, zu erkennen. Wir glauben, daß dies einen Prozeß in Gang setzen kann, um ein breiteres Forum für bessere Kommunikation und neue soziale Übereinkünfte zwischen Männern und Frauen zu schaffen. Es ist ein Aufruf an beide Geschlechter, aus einer Position der Stärke heraus am Verhandlungstisch zusammenzukommen.

In vielen Büchern und Artikeln werden die Probleme zwischen Frauen und Männern behandelt. Unser Buch bietet einige »soul-utions« (Lösungen der Seele) an. Wir laden Leserinnen und Leser ein, indirekt an einem Prozeß teilzuhaben, in dem sich eine Gruppe durch ein Minenfeld von Konflikten vorwärtstastet auf der Suche nach einem gesünderen Boden von wechselseitigem Verständnis und Anerkennung.

Die gegnerischen Positionen von Frauenrechts- und Männerrechtsbewegung müssen ein Ende finden. Eine gemeinsame Anstrengung zur Beseitigung jeglicher Geschlechterdiskriminierung ist vonnöten. Auf prinzipieller Ebene sind sich die beiden machtvollen sozialen Kräfte durchaus einig. Gebraucht wird jedoch eine stärkere Kultur der Einfühlung, die die einzigartigen Werte jedes Geschlechts anerkennt und unterstützt. Durch eine deutliche Kommunikation können Männer und Frauen gleichermaßen bestärkt werden, eine Kultur zu schaffen, die mehr von »Geschlechtergerechtigkeit« und weniger von der Verteidigung der jeweiligen »Rechte« von Frauen und Männern gekennzeichnet ist. Die in diesem Buch diskutierten Prinzipien der Geschlechtergerechtigkeit fördern eine wirkliche soziale, politische und spirituelle Gleichheit zwischen Männern und Frauen.

Die Äußerungen der mutigen Personen, die sich uns für eine Woche anschlossen, offenbaren einen tiefen Einblick in einen Prozeß, mit dem wir unsere Beziehungen, Institutionen und Gemeinschaften verbessern können. Der Inhalt dieses Buches stützt sich auch auf umfangreiche Forschungen auf den Gebieten der Soziologie, Psychologie, Anthropologie, Mythologie, Popmusik, Werbung, Kino und Literatur.

Wir stecken bei dieser Arbeit selbst bis zum Hals in unseren persönlichen Biographien. Deshalb bringen wir unsere eigenen Erfahrungen bei der Entdeckung der tiefen Psychologie der Geschlechter mit ein. Wir haben ganz bewußt die Entscheidung getroffen, keine Vorlesungen zu halten oder uns hinter dem Schutzschild des »Expertenwissens« zu verstecken, sondern vielmehr mit unseren eigenen Problemen so offen und ehrlich wie möglich zu sein. Wir sind beide das Risiko eingegangen, vom Lager der Frauen bzw. der Männer als Verräter angesehen zu werden, da wir notwendigerweise von alten orthodoxen Standpunkten und politischen Linien ausgehen, um mit dem Brückenbau zwischen Frauen und Männern zu beginnen. Jene völlig legitimen, wenn auch oft polarisierten Positionen von Frauen und Männern sind in diesem Buch gleichermaßen vertreten. Denn eine klare Definition der extremen Pole hilft uns, den gemeinsamen Boden zwischen ihnen zu finden.

Wir haben auch statistisches Material zu den unterschiedlichen Nöten beider Geschlechter aufgenommen; es ist jedoch wichtig, sich bewußt zu sein, daß Statistiken von beiden Seiten leicht manipuliert werden können, um die jeweiligen Überzeugungen zu beweisen oder zu widerlegen. Der Krieg zwischen den Geschlechtern kann nicht durch den verschleiernden Rauch und die Trugbilder statistischer Schlachten entschieden werden. Die Vorstellung, eine Auseinandersetzung mit Hilfe von Statistiken gewinnen zu können, gründet sich auf die Überzeugung, daß wir uns alle auf der Ebene objektiver Realitäten einigen können. Doch in Wirklichkeit haben Frauen und Männer oft äußerst unterschiedliche subjektive Realitäten. Deshalb sind in unserem Buch die subjektiven Erfahrungen beider Geschlechter mit unseren eher »objektiven« Berichten verwoben.

Homosexuelle Beziehungen werden in diesem Buch nicht gesondert behandelt. Zu diesem Thema haben diejenigen Bücher geschrieben, die aufgrund ihrer sexuellen Präferenzen besser dazu geeignet sind. Unsere Grenzen sind also klar: Wir sprechen hauptsächlich aus einer westlichen heterosexuellen Perspektive. Aus individuellen Gesprächen mit vielen Mitgliedern kultureller und sexueller Minderheiten haben wir jedoch erfahren, daß viele der hier vorgestellten Konzepte auf ihre Erfahrungen übertragbar sind: Viele homosexuelle Paare kämpfen in bezug auf Verteilung von Macht und Leiden innerhalb der strukturellen Dynamik ihrer Beziehungen mit den gleichen Geschlechterproblemen wie Heterosexuelle.

Zum größten Teil sprengen der Geschlechterkrieg und das Bedürfnis nach Frieden und Gerechtigkeit ganz deutlich den Rahmen sexueller Vorlieben wie auch ethnische, kulturelle und ökonomische Schranken. Die Wunde zwischen Frauen und Männern geht weit über das Sexuelle hinaus. Sie ist tief in unserer kollektiven Psychologie verwurzelt. Sie steckt uns in den Knochen und ist, was die Rollen und Rechte von Frauen und Männern angeht, allgegenwärtig, sowohl in unserer alten als auch in der zeitgenössischen Mythologie. Das Bedürfnis von Männern und Frauen nach harmonischeren Kommunikationsweisen berührt alle.

Wir wollen Sie mit diesem Buch nicht nur informieren oder unterhalten, sondern auch dazu ermuntern, Ihre eigene tiefgehende Heilung mit dem anderen Geschlecht zu suchen. Wir hoffen vor allem, Sie dazu anzuregen, unser Werk weiterzuentwickeln und dadurch Ihren eigenen Weg zu finden. Einige unserer Vorschläge werden Ihnen hilfreich sein, andere vielleicht nicht. Deshalb teilen wir Schritt für Schritt den gesamten Entdeckungsprozeß mit Ihnen, damit Sie so vielleicht die Formen und Rituale finden, die für Sie am besten funktionieren.

1
Eine Gruppe von Frauen und Männern

Wenn du nicht weißt, was für ein Mensch ich bin,
und ich nicht weiß, was für ein Mensch du bist,
kann eine Ordnung, von anderen gemacht, die
Welt beherrschen,
und folgen wir dem falschen Gott, könnten wir
unseren Stern verpassen.

William Stafford [1]

»Warum nimmst du Make-up und Schmuck mit auf den Wildnistrip? In den Wäldern achtet doch keiner darauf, wie du aussiehst. Oder?« fragte ich und bereute sofort meine Worte, kaum hatte ich sie ausgesprochen.

»Ich achte darauf«, antwortete Liz. »Und ich nehme auch ein schönes Tuch und einen schönen Rock mit«, sagte sie entschlossen. »Nur weil du dich wohl fühlst, wenn du acht Tage in den gleichen Jeans und deinen alten Flanellhemden verbringst, brauchst du nicht von mir zu erwarten, daß ich auch so lebe. Und überhaupt, was ist mit diesem ganzen Angelzeug? Letztes Mal hast du die Köder und all den Kram mitgenommen und nie etwas gefangen, bis du es mit Grashüpfern versucht hast. Und was ist mit dem riesigen Messer, das du von deinem Vater hast? Du hast nie irgendeinen Bären damit erlegt. Es hängt nur an deiner Hüfte 'rum und macht dein Gepäck um ein Pfund schwerer. Also, wer ist hier beim Packen extravagant?«

Es war schon nach Mitternacht. Wir wollten im ersten Morgengrauen aufbrechen, um ein weiteres Stück an der Brücke zu bauen, die wir über die Kluft zwischen den Geschlechtern spannen wollen. Wie so oft vor einem Workshop waren wir beide etwas gereizt.

Liz und ich hatten in den letzten Jahren viele ein- oder zweitägige Workshops und Trainings für Frauen und Männer geleitet, doch dieses Mal hatten wir mit unserem Geschlechterversöhnungsvorhaben den Einsatz erhöht. Waren wir wirklich darauf vorbereitet, acht Tage mit zwölf teils unbekannten Menschen in der Wildnis zu verbringen, um gemeinsam Konflikte und Ruhephasen zwischen den Geschlechtern tiefergehend zu ergründen? Ehrlich gesagt – nicht wirklich. Aber wir brauchten Ferien, und da wir in diesem Sommer einen Workshop machen wollten, waren wir auf die Idee gekommen, beides miteinander zu verbinden. Das stand uns nun bevor.

Während wir packten, machten wir uns gegenseitig noch weitere Vorschläge, das eine oder andere auszusortieren, um das Gewicht unseres Gepäcks niedrig zu halten. Mir wurde dabei immer wieder bewußt, wie verschieden wir waren. Dinge, die für Liz wichtig waren, schienen mir nebensächlich, und umgekehrt. Ich fragte mich wieder einmal, ob Frauen und Männer einander wirklich verstehen können.

Während wir über diesen oder jenen Gegenstand stritten, fragte ich mich, wieso wir nicht einfach zusammenarbeiten können, ohne uns gegenseitig kontrollieren zu wollen? Es war Zeit, damit aufzuhören. Und tief Luft zu holen. Wir mußten uns wieder auf das besinnen, von dem wir wußten, daß es wahr ist: Wir lieben uns. Und wir sind sehr verschieden. Wir respektieren einander. Und wir sind sehr verschieden. Wir bewundern aneinander die Fähigkeit zu unterrichten. Und wir sind sehr verschieden. Wir sind ein tolles Team. Und wir sind sehr verschieden. Wenn wir in der Vergangenheit gemeinsam Kurse abgehalten haben, war es jedesmal großartig. Und trotzdem müssen wir jedesmal, wenn wir uns auf ein neues Abenteuer einlassen, durch die gleichen alten Ängste hindurch.

»Warum fällt es uns wohl manchmal so schwer, uns gegenseitig zu vertrauen«, fragte ich.

»Ich denke«, antwortete Liz, »weil wir Angst haben, daß die Art des anderen, bestimmte Dinge zu tun, uns irgendwie schaden oder unsere Stärke beeinträchtigen oder uns lächerlich machen könnte. Und im Grunde unseres Herzens denkt jeder von uns, die eigene Methode ist die beste.«

»Ja, das stimmt alles«, entgegnete ich, »aber auch nach all diesen Jahren der guten Zusammenarbeit, in denen niemand den anderen je beherrscht hat, steckt uns immer noch diese Angst in den Knochen.«

»Ja«, sagte Liz. »Ein Teil dieser Furcht muß in etwas viel Tieferem als unseren persönlichen Erfahrungen verwurzelt sein. Es scheint eine Art Angst zwischen Frauen und Männern zu geben, die seit Bestehen der Welt existiert und überlebt hat.«

Der Krieg zwischen Frauen und Männern

Wir leben in einer Zeit ungeheueren Mißtrauens zwischen Frauen und Männern. Der Krieg zwischen den Geschlechtern hat viele Familien und soziale Institutionen entzweit. Millionen von Familien mit nur einem Elternteil sind ein Indiz dafür, daß die Kernfamilie mit rasender Geschwindigkeit zu einer vom Aussterben bedrohten Spezies wird. Hinzu kommt, daß am Arbeitsplatz die Belastung durch Geschlechterprobleme dramatisch wächst. Viele politische und soziale Organisationen sind an Geschlechterkonflikten zerbrochen oder verbrauchen viel Energie damit, diese uralten Konflikte zu lösen oder zu vermeiden.

Zur Schaffung und Erhaltung einer Lebensgemeinschaft müssen die Menschen fähig sein, miteinander und zum gegenseitigen Nutzen mit Rücksicht, Respekt, Verständnis und Mitgefühl in Beziehung zu treten. Doch ähnelt die gegenwärtige Situation zwischen Männern und Frauen eher einem zweigeteilten Haus. Anstelle eines gesunden Gefüges von Interdependenz und Kooperation haben wir es oft mit unterschiedlichen Formen von Kodependenz, Manipulation, Schuldzuschreibung, Separatismus oder regelrechten Herrschaftsversuchen zu tun. Diese dysfunktionalen Strategien der Interaktion – oder Verhaltenskontrolle – dem anderen Geschlecht gegenüber erzeugen letztlich immer mehr Feindseligkeit, Angst und Entfremdung.

Die sozialen Übereinkünfte zwischen Männern und Frauen verändern sich schnell und bieten beiden Seiten neue Freiheitsräume. Dennoch sind Frauen und Männer gegenwärtig in vielen Punkten immer noch entzweit:

- Männer fürchten die Macht der Frauen, sie emotional zu verletzen; Frauen fürchten die Macht der Männer, sie körperlich zu verletzen.
- Frauen fühlen sich sexuell belästigt; Männer fühlen sich sexuell manipuliert und in ihrem Werbeverhalten oft mißverstanden.
- Frauen nehmen es übel, daß Männer ein »Nein« nicht für eine Antwort halten; der Erfahrung der Männer zufolge jedoch bedeutet »nein« tatsächlich oft »ja«.
- Männer sagen, daß Frauen zu emotional sind; Frauen sagen, Männer fühlten nicht genug.
- Frauen sagen, daß Männer sich nicht in gleicher Weise an Haushalt und Kinderversorgung beteiligen; Männer finden, daß Frauen sich nicht in gleicher Weise daran beteiligen, Geld zu verdienen und das Haus instandzuhalten.
- Männer haben das Gefühl, daß sie nicht mehr regelmäßig die Möglichkeit haben, sich mit Freunden zu treffen; Frauen bestehen auf ihrem Recht auf Frauenclubs und Frauenschulen.
- Viele Frauen sagen, daß Gott und Natur weiblich sind; viele Männer glauben das Gegenteil.
- Viele Frauen fühlen sich den Männern moralisch überlegen; viele Männer fühlen sich logischer und gerechter.
- Frauen sagen, daß Männer die Umwelt zerstört haben; Männer sagen, daß die Frauenbewegung die Familie zerstört hat.
- Männer haben oft Angst, über die eigene Verwundbarkeit und ihr Opfergefühl zu sprechen; Frauen leugnen häufig ihre wirkliche Macht und Fähigkeit zum Mißbrauch.
- Frauen haben das Gefühl, daß Männer nicht zuhören; Männer finden, daß Frauen zuviel reden.
- Viele Männer glauben, sie müßten den Frauen ähnlicher werden, um vollständig zu sein; viele Frauen versuchen, mehr wie Männer zu sein.
- Sowohl Frauen als auch Männer haben die Verbindung mit einem starken Bild der Männlichkeit oder der Weiblichkeit verloren, das im Gleichgewicht mit dem anderen Geschlecht steht.

Eine unserer wichtigsten Prämissen ist, daß es in allen Geschlechterkonflikten in der Regel zwei unterschiedliche, aber gleichermaßen berechtigte Standpunkte gibt. In zeitgenössischen Texten und in den Massenmedien wird die Geschlechterproblematik jedoch im allgemeinen nur vom Frauen- oder vom Männerstandpunkt aus behandelt. Vielen unserer gängigen Auffassungen zu diesen Thema fehlt es an einem tieferen Verständnis der kulturellen Systeme, in die Frauen und Männer gleichermaßen eingebettet sind. In vielen Fällen zeigen wir uns über diese *gemeinsam geschaffenen (co-created)* Systeme bestürzt und nicht über das grundlegende Wesen der Frauen oder Männer. In diesem Buch stellen wir neue Richtungen für die Lösung uralter Konflikte vor, die ein tieferes Verständnis zwischen den Geschlechtern entwickeln. Wir nennen es »die Kunst der Partnerschaft«.

Das Wesen der Kunst der Partnerschaft liegt in der Fähigkeit, sowohl die Gemeinsamkeiten als auch die natürlichen Unterschiede zwischen Männern und Frauen anzuerkennen und Beziehungen und Lebensgemeinschaften zu schaffen, die die einzigartigen Werte beider Geschlechter stärken. Die Kunst der Partnerschaft ist eine fundamentale Fähigkeit im Brückenbau vom Geschlechterkrieg zum Geschlechterfrieden. Wenn es keine wahre Gleichberechtigung und Partnerschaft zwischen den Geschlechtern gibt, werden wir den beschleunigten Zusammenbruch der Familie und danach das Auseinanderbrechen unserer sozialen, politischen und ökonomischen Institutionen erleben.

Männer und Frauen werden *gleichermaßen* in vielfacher und unterschiedlicher, geschlechtsspezifischer Weise verletzt durch eine gemeinsam geschaffene Kultur, die sexistisch für beide Seiten ist. Vielen Frauen mangelt es an gleicher politischer und ökonomischer Stärke –sie verdienen weniger Geld. Männer erleiden oft größere soziale, psychologische und emotionale Isolation und haben eine schlechtere Gesundheit – sie haben eine deutlich kürzere Lebenserwartung. Unsere Kultur stellt viele stereotype Erwartungen an Frauen und Männer, durch die sie immer noch an dysfunktionale Rollen und Rituale gebunden sind.

Die Rollen des männlichen Jägers und Beschützers und der weiblichen Sammlerin und Pflegerin mögen in der Vergangenheit einen gewissen Wert gehabt haben. Doch in einer sich schnell verändernden Gesellschaft funktionieren rigide Geschlechtsrollenerwartungen nicht mehr. Wie können wir also die zerrissenen Fäden der Kultur wieder zusammenweben? Wie können wir aus den Ruinen der überholten Geschlechtsstereotypen eine neue Ordnung schaffen? Wir können wir lernen, die Kunst der Partnerschaft zwischen Frauen und Männern aufzubauen und zu erhalten? Das sind einige der Fragen, die wir im Kopf hatten, als wir eine Gruppe von Frauen und Männern zusammenstellten, um eine Woche lang zusammen zu sein und über diese Themen zu diskutieren.

Unterschiedliche Stimmen, gemeinsame Herausforderungen

Während wir weiter unsere Sachen packten, fiel mir auf, wie unterschiedlich wichtig verschiedene Dinge für Aaron und mich waren. Ich achtete mehr auf ästhetische Dinge: Gewürze und Tees, ein bequemes Kissen, ein schönes Tuch, um das Essen darauf anzurichten.

Aaron konzentrierte sich mehr auf Dinge zum Überleben. Zu seinem schon verspotteten großen Messer kam ein zusammenklappbares Leder-Werkzeug hinzu, eine Art Schweizer Messer mit Zange und anderen Miniwerkzeugen. Er packte auch zusätzliche Taue, Schlangenbißmittel und andere Medikamente ein, eine wasserfeste Kartenhülle und eine große Plane als Wetterschutz. Rückblickend kann ich sagen, daß wir während unserer Naturtrips in der Regel zu schätzen lernten, was die andere Person jeweils mitgenommen hatte. Zum Beispiel bin ich glücklich über die Fische, die er fängt, und er freut sich oft darüber, daß ich einige »unwesentliche« Dinge für das Wohlbefinden, wie heiße Schokolade oder Tee, dabei habe. Oft erzeugt die Summe unserer individuellen ästhetischen und praktischen Spezialitäten ein besseres Ganzes. Doch wie viele andere Paare denken wir oft anfangs nicht an das Gesamtbild.

Durch die Workshops und Forschungen, die wir in den letzten Jahren auf verschiedenen Gebieten unternommen haben, ist uns deutlich geworden, daß jedes Geschlecht auf mannigfache Weise eine einmalige Kultur in sich trägt. In vielen Bereichen haben Frauen und Männer unterschiedliche soziale, psychische, spirituelle und biologische Realitäten. Zum Beispiel haben wir genetisch gesehen mehrere Millionen Jahre an nicht gemeinsamer Entwicklung als weibliche Sammlerinnen und männliche Jäger hinter uns, was unser heutiges Verhalten noch immer beeinflußt. Aber das macht nicht alles aus.

Biologisch gesehen haben Frauen eine stärkere Verbindung zwischen den beiden Gehirnhälften und tendenziell größere verbale Fähigkeiten, was eine nützliche Eigenschaft für Erziehung und Sozialarbeit darstellt. Die stärkere Trennung der Gehirnhälften oder »Lateralisierung« bei den Männern erzeugt eine Tendenz zu abstraktem Denken und eine höhere Fähigkeit, Objekte geistig im Raum rotieren zu lassen, eine für die Wissenschaften nützliche Gabe.[2] Unter psychologischem Aspekt suchen Frauen ihre Identität oft durch Beziehungen mit anderen herzustellen; Männer tendieren dazu, ihr Selbstverständnis im Getrenntsein zu finden. Sozial konzentrieren sich Männer oft mehr auf langfristige Ziele und Prinzipien wie Gerechtigkeit; Frauen achten häufig mehr auf den Weg, auf dem diese Ziele erreicht werden und auf Prinzipien wie Fairneß. Die Liste der Unterschiede ist sehr umfangreich.

Es gibt heutzutage auf vielen Gebieten eine heftige Debatte über den Ursprung der modernen Geschlechterrollen. Die verschiedenen Theorien reichen von »biologischer Prädestination« (einem essentialistischen Standpunkt, der unser Verhalten ganz und gar in unserer Biologie verwurzelt sieht) bis hin zum »sozialen Konstruktivismus«, einem verhaltenstheoretischen Standpunkt, der alle Unterschiede der kulturellen Konditionierung zuschreibt.

Jüngere Untersuchungen der Kulturanthropologie und anderer Sozialwissenschaften, der Biologie und Psychologie zeigen, daß es zum Thema der Geschlechterrollen eine viel größere Komplexität und Flexibilität gibt, als man früher annahm. Bei der Durchsicht der Unmenge von Daten zu diesem Thema ergibt sich als relativ gesichert, daß kulturelle Muster und Sozialisation alle biologisch angeborenen Unterschiede tiefgreifend beeinflussen. Und andererseits wirkt die Biologie prägend auf unsere geschlechtsspezifische Kultur. Im wesentlichen sind die Geschlechterrollen das Ergebnis einer dynamischen, sich ständig ändernden Interaktion zwischen Biologie und Kultur – Natur und Erziehung – sowie der Art und Weise, in der jede Gesellschaft diese Interaktion interpretiert.

Wie groß auch immer der Einfluß der biologischen Anlage auf unsere Rollenverteilung sein mag, Männer und Frauen sind von Kindheit an bis ins Erwachsenenalter sehr unterschiedlichen Verhaltenstrainings ausgesetzt. Die feministische Analyse dieser Unterschiede hat einen großen Teil der sexistischen Konditionierung von Mädchen und Frauen herausgearbeitet. Die meisten haben jedoch versäumt festzuhalten, daß Jungen und Männer durch stereotype Vorstellungen ebenso eingeschränkt werden. »Bi-sexistisches« soziales Training hat unterschiedliche Konsequenzen für Frauen und Männer.[3] Unsere kulturelle Konditionierung hat viele Frauen abhängig gemacht und von der Macht in der Welt ausgeschlossen. Auf der anderen Seite wurden viele Männer von den Gefühlen und der Fähigkeit abgetrennt, für sich selbst zu sorgen, und so gleichzeitig in Familie und Gemeinschaft entwertet. Die Konditionierungsmechanismen haben Männer und Frauen auch in sehr ungleicher Weise gestärkt: Frauen sind oft darauf trainiert, größere Stärke im Bereich der Gefühle und Beziehungen sowie in der Sorge um sich selbst und andere zu entwickeln; den meisten Männern wird Stärke in Form von Unabhängigkeit, Logik, Schmerzverleugnung und konzentrierter, zielgerichteter Aktivität antrainiert.

Männer und Frauen haben oft auch vollkommen unterschiedliche verbale Kommunikationsstile. Wie die Linguistin Deborah Tannen in ihrem Buch *Du kannst mich einfach nicht verstehen*[4] beobachtet, benutzen Männer die Sprache häufig, um zu berichten, während Frauen sich ihrer bedienen, um Beziehungen herzustellen. Wie oft haben wir im Scherz darüber spekuliert, daß Männer und Frauen in Wirklichkeit von verschiedenen Planeten kommen? John Grays Buch zur Geschlechterproblematik trägt sogar den Titel *Women Are from Venus, Men Are from Mars* (dt. Titel: *Männer sind anders. Frauen auch*). Unsere tägliche, unmittelbare Erfahrung sagt uns, daß *wir nicht gleich sind.*

Diese Wirklichkeitserfahrung steht im Gegensatz zu vielen gängigen sozialen Theorien, die behaupten, daß wir alle im wesentlichen gleich sind. Die Tendenz der letzten Jahrzehnte in Richtung auf Androgynie hat uns jedoch nicht weit gebracht. Die Theorie des Gleichseins hat sich als ein gutgemeinter, aber irriger Versuch herausgestellt, Gleichheit, Gleichgewicht und Integration zu schaffen.

Heute treten immer mehr Frauen in die Konkurrenz des Arbeitsmarktes ein, und immer mehr Männer bleiben zu Hause bei den Kindern oder gehen in andere, eher pflegende Tätigkeitsbereiche wie Erziehung, Beratung und Umweltarbeit. Das sind durchaus positive Veränderungen in unserer Kultur, da sowohl Arbeitsplatz als auch häuslicher Bereich von den unterschiedlichen Herangehensweisen von Männern und Frauen profitieren können. Doch beginnen Frauen auch, viele der gesundheitsschädlichen Aspekte der alten männlichen Rollen zu übernehmen, und leiden unter den damit verbundenen geistigen und körperlichen Beschwerden. Männer haben in der Geschichte den Bereich der Ökonomie und Politik beherrscht. Deshalb tendieren viele Frauen auf der Suche nach Erfolg dazu, traditionelle männliche autoritäre und hierarchische Verhaltensmuster in diesen Bereichen zu übernehmen.

Auf der anderen Seite haben Frauen die Welt der zwischenmenschlichen Beziehungen, einschließlich Familie, Kinderversorgung, Erziehung, Beratung und Sozialarbeit beherrscht. Hier versuchen nun häufig Männer, die in diese Bereiche drängen, wie Frauen zu werden, um auf dem Gebiet Erfolg zu haben. Bei der Übernahme solcher traditionell weiblichen erzieherischen Rollen haben viele Männer jedoch das Gefühl, die Verbindung zu ihrer männlichen Vitalität und Kraft sowie den Sinn für ihre Vollständigkeit verloren zu haben, der aus dem Gefühl der Zugehörigkeit zur Gemeinschaft mit anderen Männern erwächst. Oberflächliche Versuche, die Geschlechterrollen neu zu organisieren und zu gestalten, erhöhen oft die Verwirrung und unterhöhlen die Selbstachtung beider Geschlechter.

Wenn wir jedoch die Unterschiede der Geschlechter als einen Konflikt zwischen unterschiedlichen Kulturen verstehen, können wir sinnvollere Lösungen für unsere gegenwärtigen Probleme entwickeln. In den letzten Jahrzehnten haben Kulturanthropologen entdeckt, daß Menschen aus unterschiedlichen Kulturen gesündere und produktivere Mitglieder der Gesellschaft sind, wenn ihre Gruppenidentität innerhalb der übergreifenden Kultur intakt bleibt. Daraufhin hat sich die alte amerikanische »Schmelztiegeltheorie« der kulturellen Assimilation in eine moderne Theorie des »würzigen Salats« verwandelt. In diesem multikulturellen Modell behält jede Subkultur die ihr eigene Identität auf der Grundlage der Koexistenz in einem gemeinsamen sozialen Rahmen bei.

Übertragen wir dieses Prinzip auf die Gemeinschaft von Männern und Frauen, so können wir sagen, daß der Trend der letzten Jahrzehnte in Richtung Vermischung und Angleichung von männlichen und weiblichen kulturspezifischen Verhaltensweisen ging: ein Schmelztiegel der Geschlechterrollen. Dabei verlieren wir aber den Genuß des würzigen Salats, der durch die Verschiedenartigkeit der Geschlechter entsteht. Die Definition von »männlich« oder »weiblich« hängt in der Luft, seitdem viele Männer und Frauen versuchen, eine etwas verworrene Kombination aus beidem zu sein. Wir haben keine klare Vorstellung mehr vom Wesen der Männlichkeit und dem der Weiblichkeit. Wir haben unsere Grundlagen, unseren »Geschlechterboden« verloren.

Diese Verwirrung ist zum Teil ein unvermeidliches Nebenprodukt der positiven Veränderung und Entwicklung unserer Gesellschaft, die in der letzten Generation eingetreten sind. Die traditionellen Geschlechterrollen der vergangenen Generationen hielten Männer wie Frauen häufig in seelentötender Routine gefangen. Die Frauen fühlten sich zu Hause eingesperrt, wo sie wenig Möglichkeiten hatten, die Bandbreite ihrer Begabungen zu entfalten. Männer fühlten sich gefangen in ihrer Rolle als Ernährer, die wenig Zeit für ihre persönliche Entwicklung hatten. Das Ablegen dieser alten Haut ist ein wesentlicher Schritt im Heilprozeß von Individuen und Gemeinschaften. Frauen wie Männern stehen heute vermehrt gleiche Chancen zur Verfügung, die ihnen größere Möglichkeiten für ein erfülltes Leben bieten.

Gegenwärtig hat sich jedoch eine neue Situation herauskristallisiert. Trotz aller Anstrengungen, die Landschaft der Geschlechter zu verändern, sind Männer und Frauen immer noch deutlich Mitglieder getrennter Kulturen. Dicke Schulterpolster in Anzügen bei Frauen und wilde Blumenkravatten für Männer können diese Unterschiede nicht auslöschen. Hinzu kommt, daß Frauen häufig gänzlich andere Haltungen und Vorstellungen mit an den Arbeitsplatz bringen. Zum Beispiel haben Frauen oft zwischenmenschliche Fähigkeiten, die sie sensibler gegenüber den Bedürfnissen der MitarbeiterInnen machen; und ebenso leisten Männer ihre Erziehungsarbeit oft in ganz anderer Weise als Frauen.

In *The Mismeasure of Woman* trägt die Sozialpsychologin Carol Tavris vor, daß wir »Unterschiede in Kultur und Fortpflanzung nicht als zu beseitigende Probleme ansehen, sondern anstreben sollten, *die sich daraus ergebenden ungleichen Konsequenzen* abzuschaffen. Dann würden wir uns fragen, wie Gleichheit trotz der Unterschiede der Geschlechter, und nicht durch Abschaffen (oder angebliches Ignorieren) der Geschlechterunterschiede zu erreichen sei.«[6]

In der Vergangenheit sind die Unterschiede der Geschlechter dazu benutzt worden, Diskriminierung, Abwertung und Unterwerfung beider Geschlechter zu fördern. Einerseits sind viele Leute zurecht mißtrauisch gegenüber Diskussionen, die das Bewußtsein der Unterschiede schärfen wollen. Andererseits wird die Diskriminierung nicht beendet, indem man behauptet, es gebe keine Unterschiede. Unsere gegenwärtige Aufgabe besteht darin, den Wert der unterschiedlichen und einzigartigen Erfahrungen von Männern und Frauen anzuerkennen und Wege zu finden, diese Ernte im Geiste der *wahren* Gleichheit reifen zu lassen. Dies war das Hauptziel unseres bevorstehenden Workshops.

Das Thema unser einwöchigen Begegnung in der Wildnis lautete »Männer, Frauen, Wildnis und Seele«. Wir wollten ein Forum für eine verstärkte Kommunikation und Heilungsarbeit zwischen Männern und Frauen schaffen. Es war ein Appell an beide Geschlechter, zusammenzukommen und zu ergründen, wie Gemeinschaften mit mehr Einfühlung geschaffen werden könnten, die jedes Geschlecht in seinem einzigartigen Wert unterstützen. Die Personen, die sich uns auf dieser Suche anschlossen, und die Gespräche, die wir führten, sind in diesem Buch verwoben mit allgemeinen Diskussionen und Untersuchungen über Frauen und Männer.

Liz und ich fuhren spät los am Morgen der Abreise. Wir hatten verschlafen. Und jedesmal, wenn wir aus der Tür gehen wollten, klingelte das Telefon, und es kamen irgendwelche letzten Anfragen. Als wir endlich aus der Stadt in Richtung Berge fuhren, war ich voller Freude. Endlich hatten wir alles gepackt, die tausend Kleinigkeiten waren erledigt, und wir waren unterwegs. Es war fast zwei Jahre her, daß wir zum letztenmal in der Wildnis waren. Zu lang.

Wir hatten vor, einen Tag früher am ersten Camp anzukommen, um etwas Zeit zum Ausruhen zu haben, uns in die neue Umgebung einstimmen und ein bißchen Druck ablassen zu können, bevor die eigentliche Tour begann. Wir hatten zehn Stunden Fahrt vor uns. Am späten Nachmittag fuhren wir an einem Wasserfall des Flusses vorbei, der in den Lake Shasta mündete. Es war ein heißer Tag, und wir waren müde. Liz sagte: »Komm, laß uns anhalten und das Wasser testen.«

»Auf keinen Fall, Liz«, antwortete ich. »Wir sind schon spät dran. Ich möchte am Treffpunkt sein, bevor es dunkel wird.«

»Ach, komm, Aaron, nur einen Augenblick, laß uns eine Pause machen«, bettelte Liz neckisch.

Schließlich gab ich nach und fuhr in einen Kiesweg hinein, bis wir außer Sichtweite des Highways waren. Liz riß sich sofort die Kleider vom Leib und stürzte sich ins Wasser. Wie konnte ich da widerstehen? Ich folgte ihr. Das Wasser war kühl, klar und erfrischend. Wir spritzten uns naß, lachten und sprangen im Wasser herum. Es war großartig. Es war, als ob das Bachwasser nicht nur meinen Körper reinigte, sondern auch den Staub aus meinen Sinnen wusch. Ich bemerkte plötzlich das Spiel des Sonnenlichts auf den Blättern, die in der warmen Brise des Nachmittags flatterten, und begann, das starke Grün des Waldes und der Flußvegetation zu riechen. Die Vogelstimmen, das Glucksen des Bachs und das Rauschen der leichten Brise durch die Zweige erfüllten meine Ohren. »Okay, Liz, das war großartig. Eine gute Idee.«

Als Mann bin ich darauf trainiert, mich auf das Ziel zu konzentrieren. Das Problem dabei ist jedoch, daß ich manchmal den Spaß am Weg verliere. Als Frau ist Liz oft stärker prozeßorientiert. Das ist gut so, denn sie sorgt dafür, daß wir in Bäche springen. Auch wenn das für mich manchmal zum Problem wird. Es wurde schon dunkel, und wir waren immer noch ein gutes Stück von unserem Ziel, dem Beginn des Wanderweges entfernt, an dem die Gruppe sich treffen sollte.

Während wir durch das Shasta-Gebiet fuhren, war die Dunkelheit bereits hereingebrochen. Wir hielten an einem Café an, um zu essen, und da wir noch einige Stunden vor uns hatten, schlug Liz vor, wir sollten die Nacht in einem Motel verbringen. Aber vor uns lag der Mount Shasta, seine vereisten Gipfel glitzerten im Mondschein. Ich war noch immer fest entschlossen, die Nacht in der Wildnis zu verbringen. So überredete ich Liz, auf eine heiße Dusche zu verzichten, und sie stimmte widerwillig meinem Vorschlag zu, in der Nähe einen Platz zum Übernachten zu suchen.

Eine knappe Stunde später lagen wir in unseren Schlafsäcken in Panther Meadows an der Flanke des Mount Shasta. Wir sogen die süße Nachtluft ein und genossen die reiche Schönheit des Spiels von Mondschein und Schatten auf der zerklüfteten Moräne. Liz sah zu mir herüber, während ich mich tief in meinen Schlafsack kuschelte, und sie sagte: »Danke, Aaron, daß du uns hierher gebracht hast. Ich liebe deine Fähigkeit, zu sagen: ›Zur Hölle mit dem fließenden Wasser‹ und auf etwas zu drängen, von dem du weißt, daß es sich lohnt.«

Ich lag da, schaute auf das riesige Antlitz vom Mount Shasta und dachte über all die Geschichten nach, in denen die Berge heilige Orte der hier ansässigen Indianer sind. Das war natürlich ein ganz besonderes Gefühl. Obwohl ich jahrelang gehört hatte, daß die Erde unsere Mutter ist, wirkte dieser Berg auf mich wie ein riesiger männlicher Gott, der auf der Erde schlief. Ich gähnte, erfüllt von Frieden und Sicherheit. Es war gut, hier zu sein, ein glücklicher Anfang für unseren Trip. Obwohl ich anfangs viele Zweifel hatte, dachte ich nun, daß es eine gute Entscheidung war, unseren Workshop in der Wildnis und nicht in einem Konferenzzentrum oder einer anderen Einrichtung abzuhalten.

In den letzten hundert Jahren hat sich unsere Kultur beständig in Richtung Technologie bewegt und sich von der Natur entfernt. Parallel zur Entwicklung einer städtischen technologischen Kultur haben wir uns von naturorientierten Religionen fortbewegt. In alten Zeiten wie auch in heutigen nicht-technologischen Gesellschaften wird die Welt als von vielen Göttern und Göttinnen bevölkert erlebt. Diese polytheistischen Religionen verkörpern die alten Ideale des Animismus, der alle Aspekte der Natur als heilig und von Seele durchdrungen verehrt.

Das polytheistische Weltbild beherrschte die Menschheit bis in die letzten Jahrtausende hinein. Unsere Kultur hat es durch Religionen ersetzt, in denen das männliche Prinzip im Himmel und das weibliche in der Erde angesiedelt ist. Diese mythologische Trennung der Geschlechter hat viele philosophische Ideen hervorgebracht, die noch heute Frauen und Männer in unserer Gesellschaft entzweien. Es besteht eine innige Beziehung zwischen den Mythen einer Kultur und den in den jeweiligen Gesellschaften entstehenden Beziehungen zwischen den Geschlechtern.

Unabhängig davon, was zuerst da war, ist es an der Zeit, eine neue Mythologie zu erträumen, auf der eine neue Kultur aufgebaut werden kann. Es ist unsere Hoffnung, daß eine neue Kultur das männliche wie das weibliche Prinzip in allen Dingen als gleichermaßen heilig ehren wird. Wir hatten eine kleine Gruppe zusammengestellt, um uns mit diesem besonderen Thema zu beschäftigen. Als unser Versuchslabor wählten wir die Wildnis, um in einer Umgebung zu sein, in der wir uns frei von Alltagszwängen fühlen konnten, die uns in unseren gewohnten Rollen festhalten. Wir hofften auch, uns in die Rhythmen der Natur einzustimmen, um das männliche und weibliche Wesen tiefer zu ergründen, falls solch ein Wesen existiert.

In *Die Wiedergeburt der Natur* sagt der Botaniker Rupert Sheldrake: »Zur Natur zurückkehren, das ist wie nach Hause gehen, wie der wiedergefundene Zugang zum Quell des Lebens«.[7] Er weist auch darauf hin, daß die in der Natur angelegten Polaritäten der elektrischen und magnetischen Kräfte mit der Polarität der Geschlechter zu vergleichen sind. Alte taoistische Auffassungen sehen in der Natur ein Zusammenspiel von männlichen und weiblichen Kräften, Yin und Yang.

Ein großer Teil unseres Wissens über uns ist kulturspezifisch. Wer aber sind wir unter dem Lack der Zivilisation? Einige fürchten, wir seien Monster. Andere meinen, es lägen auch Engel dort. Der Psychologe John Welwood sagt, daß »unser tiefstes Gefühl von Männlichkeit oder Weiblichkeit aus dem Körper kommt, als unserer direkten Erbschaft der Energien von Erde und Himmel … Leider haben jedoch viele von uns die Berührung mit den Kräften der Natur verloren, aus denen das männliche oder weibliche Wesen erwächst. Um also unsere ursprünglichen, starken männlichen oder weiblichen Energien zu finden, müssen wir uns wieder mit dem wilden, elementaren Geist verbinden, der in uns lebt.«[8]

Wir hofften, daß sich die Mitglieder unserer Gruppe durch das Leben in der Wildnis stärker in ihren instinktbestimmten Körpern verwurzeln würden. Wir waren neugierig, ob diese Verbindung uns zu einem tieferen Erleben unserer eingeborenen Geschlechtsidentität, in die männliche oder weibliche Seele führen könnte. Aus den vielen Bewerbungen für dieses Abenteuer haben wir versucht, eine nach Geschlecht ausgeglichene, repräsentative Gruppe von Leuten auszuwählen, von denen wir uns vorstellen konnten, eine erfreuliche Woche in den Wäldern mit ihnen zu verbringen.

Viele der Frauen und Männer, die in diesem Buch zu Wort kommen, waren bereits in der Frauenbewegung und in der aufkommenden Männerbewegung engagiert. Wer schon in gewisse grundlegende Konflikte verwickelt ist, kann von der Erfahrung der Zusammenarbeit profitieren, die dadurch entsteht, daß einfache Aufgaben gemeinsam gelöst werden müssen. Das ist ein weiterer Grund für diesen Wildnistrip. Die Umgebung selbst erzeugt sowohl den Ansporn als auch die Notwendigkeit, miteinander zu kooperieren. Durch Sprechen allein können Konflikte nicht wirklich gelöst werden. Wir brauchen die physische Erfahrung unserer Fähigkeit zur Zusammenarbeit, damit sie für uns Bedeutung behält.

Das erste Camp

Am nächsten Tag waren Aaron und ich als erste am Treffpunkt angekommen. Wir schleppten unser Gepäck hinüber zu einem ramponierten Picknicktisch. Einige Cowboys waren da und bereiteten sich auf einen Ritt vor. Zu unserer großen Bestürzung packten sie große Mengen von Bier, Konserven und Jagdgerät ein. Das paßte irgendwie nicht zu unserer Rousseau-Phantasie der idyllischen, von den Fallen der Zivilisation ungestörten Natur.

»Ich bin hier hinten, Aaron«, sagte ich und ging weiter dem Geräusch des nahen Baches nach.

Nach wenigen Minuten kam ich zurück. »Ich habe einen viel besseren Platz stromaufwärts gefunden«, erzählte ich ihm. »Da ist es sauber, direkt am Wasser, und wir sind mehr unter uns.«

Wir nahmen unsere Sachen und wollten stromaufwärts gehen. Gerade als wir uns in Bewegung setzten, kam jedoch die erste Gruppe Abenteurer an.

Marie und Larry waren im gleichen Auto mit Joel und Lisa gekommen. Bei der Organisation der Anreise hatten wir sie miteinander in Kontakt gebracht, da sie alle aus der Gegend von San Francisco stammten.

»Hurra!« rief Marie. »Wir haben es geschafft!«

Larry war seltsam schweigsam, er schien etwas benommen. Joel und Lisa krochen hinten aus dem Auto heraus. Lisa guckte zu den Cowboys rüber, die dort im Schatten einer prachtvollen Fichte herumstanden, rauchten und Bier tranken. Sie sah uns mit einem leichten Augenaufschlag an, der zu sagen schien: »Wohin habt ihr mich gebracht?«

Lisa ist eine fünfunddreißigjährige Psychologie-Professorin an einem College, und ihr Mann Joel ein zweiundvierzigjähriger Soziologie-Professor an einer Universität. Sie haben ein Kind, das sie für eine Woche bei Joels Mutter gelassen haben. In den vergangenen Jahren hatte Joel Aaron aufgrund ihres gemeinsamen Interesses für männliche Psychologie mehrfach eingeladen, Vorträge in seinen Seminaren zu halten. Durch ihre Zusammenarbeit lernten Lisa und ich uns privat kennen. Zu viert hatten wir schon einige lebhafte Gespräche über die Geschlechterthematik geführt. Aaron und ich waren glücklich, daß sie an unserem Trip teilnehmen wollten und daß sie sich schon mit Larry und Marie zusammengetan hatten. Für sie hatte die Gruppenerfahrung bereits begonnen.

Wie die meisten anderen Teilnehmer kannten wir Marie und Larry vorher nicht. Marie ist siebenunddreißig. Sie ist Rechtsanwältin und bringt das Haupteinkommen in die Familie, zu der noch zwei Mädchen im Alter von vier und zehn Jahren gehören. Marie ist in der Frauenpolitik aktiv und engagiert sich für die Rechte der Frauen. Larry ist ein vierunddreißigjähriger selbständiger Software-Entwickler, arbeitet zu Haus und kümmert sich hauptsächlich um die Kinder. Er kam zu uns rüber und sagte. »Wow! Dieser Platz ist fantastisch: Wann gibt es Essen? Wir sind die ganze Strecke von San Francisco ohne Essenspause in einem Stück gefahren. Marie kommt zwar mit etwas Reiseverpflegung und Obst aus, aber ich brauche jetzt etwas Richtiges im Magen!«

Wir sechs machten uns auf den Weg zum Lagerplatz am Flußufer. Larry begann sofort, Feuerholz zu sammeln, so sehr brannte er auf eine warme Mahlzeit. Der Platz, den ich entdeckt hatte, war von großen, majestätischen Zedern umgeben. Der Blue Water Creek rauschte vorbei, kühl, klar und süß. Das verblassende Sonnenlicht spiegelte sich auf dem Wasser und tanzte in den Strudeln der Strömung wie ein Wasserfall von Diamanten.

Während Aaron und die anderen das Lager aufbauten, ging ich zurück zum Parkplatz, um nach weiteren Teilnehmern Ausschau zu halten. Vier weitere Mitglieder unserer Horde waren inzwischen angekommen. Gloria stellte sich selbst und ihren Begleiter Jerry vor. Sie ist eine achtundvierzigjährige Geschäftsfrau, die mit einer Frauenkooperative einen Naturkostladen unterhält. Jerry, ein magerer, freundlich blickender Mann, ebenfalls in den späten Vierzigern, ist ein Aktivist, der sich mit einer Vielfalt von sozialen und Umweltfragen beschäftigt.

Außerdem war da Andy, ein siebenundzwanzigjähriger alleinstehender Mann. Er arbeitet als Berater in einem Heim für verhaltensauffällige Jugendliche und hatte einen Workshop besucht, den wir für das Personal des Heims durchgeführt hatten. Er ist ca. 190 cm groß, sieht aus wie ein Mittelstürmer und ist doch ein mit beiden Füßen auf dem Boden stehender, bescheidener und freundlicher Mensch. Während unseres Workshops hatten mich seine praktischen Ideen zur Heilung des Lebens von verletzten Jugendlichen beeindruckt.

Dave, ein weiterer Single, ist Börsenmakler, geschieden, mit einem begeisterten Interesse an Bergsteigen und anderen ausgefallenen Sportarten. Er hatte einen von Aarons Männerworkshops besucht und wollte versuchen, etwas davon in das Umfeld seiner höchst konkurrenzbetonten Arbeit einzubringen. Diese beiden Männer hatten uns in den Vorgesprächen erzählt, daß sie von ihren Beziehungen zu Frauen frustriert waren und daß sie hofften, während unserer Sitzungen mehr darüber zu lernen, wie sie mit ihnen klar kommen könnten. Diese Hoffnungen hatten auch Gloria und einige andere Frauen, die zunehmend ratlos waren, wie sie mit Männern umgehen sollten.

Ich brachte die müde, staubige Mannschaft zum Flußufer. Nach kurzen Vorstellungen machten sich alle daran, auszupacken, die Zelte aufzubauen und unsere erste gemeinsame Mahlzeit vorzubereiten. Aaron und ich gingen noch einmal zum Parkplatz zurück, um auf die restlichen Ankömmlinge zu warten.

Doris kam allein gegen Sonnenuntergang. Als sie aus ihrem Auto stieg, sah sie sich ehrfürchtig um. »Es ist schön hier«, sagte sie. »Es ist so ein gutes Gefühl, aus der Stadt heraus zu sein.« Doris, eine alleinstehende Frau von Anfang fünfzig, ist Leiterin einer Familienberatungsstelle. Sie interessiert sich seit Jahren für die Unterschiede zwischen Frauen und Männern und hatte an einem meiner Empowerment-Workshops teilgenommen.

Nach Einbruch der Dunkelheit kam unser letztes Pärchen an, Alan und Merle. Sie waren offensichtlich keine begeisterten Camper. Merle erblickte uns drei, die wir um unsere Laterne herum auf der Picknickbank saßen. Als Merle aus dem Auto stieg, konnten wir hören, wie sie Alan zurief: »Siehst du, ich hab dir ja gesagt, es war der richtige Weg. Wir hätten drei Stunden früher hier sein können, hättest du auf mich gehört und an der Ranger-Station nach dem Weg gefragt. Aber nein,« sagte sie sarkastisch, »du mußtest ja den großen Pfadfinder spielen.«

»Ist schon gut«, sagte ich, als ich zum Auto hinüberschlenderte. »Wir freuen uns einfach, daß ihr es geschafft habt,« fügte ich hinzu, als Alan etwas gestreßt ausstieg. Wir führten die Neuangekommenen mit der Taschenlampe den Fluß hinauf zum Zeltlager, wo mittlerweile ein fröhliches Feuer brannte. Larry war voller Elan bei seiner Arbeit als selbsternannter Küchenchef für das erste gemeinsame Mahl.

Wir stellten alle einander vor. Da unser Zeitplan lediglich vorsah, alle etwas heimisch werden zu lassen, aßen wir gemütlich und plauderten am Feuer. Aaron guckte sich in unserer buntgemischten Runde um und fragte zum Scherz: »Und, seid ihr alle vorbereitet auf das, was auf euch zukommt?« Ein paar Grunzer und Gelächter waren die Antwort. »Ich weiß nicht,« sagte Marie, »aber ihr hättet keine schönere Umgebung für dieses Treffen aussuchen können.« Beim Essen ruhten wir uns aus. Alle erzählten etwas über sich und ihre Lebensumstände und weshalb sie beschlossen hatten, an dieser Gruppe teilzunehmen. Wir waren dabei, Beziehungen aufzubauen, die uns bei der tiefgreifenden Arbeit, die wir uns für die kommenden Tage vorgenommen hatten, helfen würden.

Für Aaron und mich als Leitende des Trips war es jedoch schwierig, vollkommen zu entspannen. Es fehlte immer noch eine Teilnehmerin, Susan. Den ganzen Abend über gingen wir in Abständen zum Parkplatz zurück, ohne Erfolg. Susan kam nicht. Schließlich hatten es sich alle für die Nacht bequem gemacht, und wir beschlossen aufzugeben. Wir zogen den Reißverschluß unserer Schlafsäcke zu, und nachdem wir kurz die Sterne bewundert und erfolgreich den Polarstern und einige andere Konstellationen ausgemacht hatten, gaben wir uns einen Gute-Nacht-Kuß und schliefen sofort ein.

Im Morgengrauen ging Aaron sofort zum Parkplatz und stellte fest, daß Susan, eine zweiunddreißigjährige Managerin einer großen Firma, die in der Vergangenheit an einem meiner Frauenworkshops teilgenommen hatte, immer noch nicht da war. Ich hatte noch am Tag zuvor mit ihr gesprochen, und alles schien in Ordnung zu sein. Was sollten wir tun? Unsere erste Gruppenentscheidung stand an. Wir versammelten uns am Kieselstrand, setzten uns im Kreis und diskutierten.

Schon kamen einige Unterschiede in der Gruppe zum Vorschein. Einige Frauen bemühten sich, die Gruppe zusammenzuhalten, während einige Männer es wichtiger fanden, den Zeitplan einzuhalten.

Glücklicherweise mußten wir diesen heiklen Konflikt nicht lösen (viele andere lagen jedoch vor uns, wie wir bald entdecken sollten). Denn während wir noch am Ufer saßen, kam Susan ins Camp gewandert.

»Da seid ihr ja«, rief sie erleichtert aus. »Warum wart ihr nicht wie abgemacht am Parkplatz?« Ihre Frage klang vorwurfsvoll. »Ich dachte schon, ihr hättet mich hängenlassen, oder so etwas.«

Sie erklärte, sie sei ohne die Karte losgefahren, die wir allen zugeschickt hatten. So war sie am Vortag auf der Suche nach uns bei drei verschiedenen Trailheads gelandet. Schließlich war sie spät in der Nacht am vereinbarten Platz angekommen. Einer der Cowboys, den sie geweckt hatte, bestätigte ihr, daß dies tatsächlich die Ausgangsstation für den Blue-Water-Creek-Weg war. Aaron hatte sie bei seiner morgendlichen Durchsicht des Lagers nicht gesehen. Er war nicht auf die Idee gekommen, daß sie bei den Cowboys sein könnte. Später am Morgen, als keiner von uns gekommen war, um nach ihr zu suchen, hatten die Cowboys ihr gezeigt, in welcher Richtung sie uns am Tag davor hatten fortgehen sehen.

»Sie waren furchtbar nett«, erzählte sie uns. »Sie gaben mir etwas zum Essen und ließen mich an ihrem Feuer schlafen. Und zwei von ihnen sind affengeil«, fügte sie lachend mit einem scherzhaft anzüglichen Blick hinzu.

Gloria bemerkte etwas spitz: »Ja, geile, idiotische Machos, wenn du mich fragst.« Einige der Männer zuckten bei diesem Kommentar etwas zusammen, aber keiner erwiderte etwas. Eine Zeitlang lag etwas in der Luft wie ein saurer Geruch. Aaron rief dann die Gruppe zu unserer ersten Sitzung zusammen.

Unsere Hoffnungen und Ängste

Schließlich saßen wir alle beisammen in der ersten von vielen Sitzungen: Das war der offizielle Beginn unseres Unternehmens. Liz und ich sprachen über die Zielsetzung des Workshops und einige Grundregeln, von denen wir meinten, sie trügen dazu bei, daß alle sich sicher fühlten:

1. Es gibt keinerlei Art von Versehen. Die Menschen werden im allgemeinen verletzt, weil sie oder andere unachtsam waren. Also

müssen wir uns alle ernsthaft dafür einsetzen, auf diesem Trip nicht verletzt zu werden und keinen anderen zu verletzen.
2. Wir möchten, daß wir alle zusammen bleiben, solange nichts anderes beschlossen wird. Niemand sollte zu weit vorangehen, und wir sollten ein Tempo halten, bei dem niemand zu weit zurückbleibt.
3. Wir wollen in jeder Beziehung die Grenzen des anderen respektieren.
4. Jede Person muß für sein oder ihr eigenes körperliches und emotionales Wohlbefinden die Verantwortung tragen und sollte sich auch um Sicherheit und Wohlbefinden der anderen bemühen.

Ich fragte, ob irgend jemand mit diesen Grundregeln nicht einverstanden sei. Da es keine Einwände gab, machten wir weiter. Liz hob einen grauen, vom Flußwasser weich und rund geschliffenen Stein auf. Mit einem weißen Kiesel zeichnete sie darauf das universelle Symbol für Frauen und Männer. Wir baten jede Person, im Sinne einer intimeren Einführung in die Gruppe seine oder ihre Hoffnungen und Ängste zu diesem Workshop zu benennen. Ich bat alle darum, die Person, die jeweils den »Sprechstein« in Händen hält, zu respektieren und zuzuhören, ohne sie zu unterbrechen. »Wir sollten möglichst versuchen, nicht zu überlegen, was wir sagen werden, wenn wir an der Reihe sind, sondern vielmehr der jeweils sprechenden Person in der Runde volle Aufmerksamkeit schenken.«

Liz begann: »Ich fühle mich geehrt, mit euch allen hier zu sein. Diese Arbeit ist für mich die Verwirklichung eines lebenslangen Traums. Ich setze wirklich *große* Hoffnungen in diesen Trip. Ich wünsche mir, daß wir nach unserer gemeinsamen Zeit mit einem tieferen Verständnis der Männer nach Hause gehen. Und ich möchte gern mehr darüber herausfinden, was es bedeutet, eine authentische Frau in Gemeinschaft mit anderen Frauen wie auch Männern zu sein. Ich hoffe auch, daß wir gemeinsam einen sicheren Raum schaffen werden, in dem wir uns gegenseitig die Wahrheit sagen können. Und ich weiß, daß die Wahrheit manchmal unbequem und furchterregend sein kann. Ich schätze, das ist meine größte Angst, daß ich mit etwas konfrontiert werden könnte, was ich nicht hören will.«

Sie gab den Sprechstein nach links an Larry weiter. Er hielt den Stein einen Moment lang gedankenvoll in der Hand und sagte: »Ich habe mich monatelang auf diesen Trip gefreut. Marie und ich hatten viele Gespräche, Auseinandersetzungen und auch ein paar ganz schön haarige Kämpfe über unsere Rollen in der Beziehung und über die Rollen von Frauen und Männern im allgemeinen. Wir sind in vieler Hinsicht ein unkonventionelles Paar. Sie verdient mehr Geld als ich, und ich mache mehr Hausarbeit. Aber dennoch habe ich nicht das Gefühl, daß wir es irgendwie besser hinkriegen als andere Paare.

Ich möchte etwas darüber hören, wie andere mit diesen Dingen klar kommen, und meine Hoffnung ist, daß wir gleichzeitig alle eine schöne Zeit miteinander haben werden. Meine Angst ist, daß Marie sich mit allen Frauen verbündet, wie sie es normalerweise tut, und daß ich mich mit den anderen Männern ein bißchen als Störenfried fühlen werde.« Er sah zu mir herüber, als suchte er eine Bestätigung, daß die Männer ihn nicht im Stich lassen würden. Ich schenkte ihm ein beruhigendes Lächeln.

Marie, die links neben ihrem Mann Larry saß, sprach als nächste. »Also, ich fühle mich schon großartig hier. Ich liebe diesen kleinen Fluß, und ich freue mich darauf, die Gruppe besser kennenzulernen. Ich schlage mich im Moment mit den zahllosen Problemen einer berufstätigen Mutter herum. In den letzten Jahren schienen unsere Töchter ihrem Vater näher zu stehen als mir. Ich habe auch das Gefühl, daß ich irgendwie den Kontakt zu meiner Weiblichkeit verliere. Bei der Arbeit reagiere ich immer empfindlicher. Ich bin oft total genervt. Ich weiß nicht genau, aber ich denke, ich erhoffe mir für diese Woche ein bißchen persönliche Erneuerung und Heilung.

Die Geschlechterproblematik interessiert mich wirklich, aber ich möchte auch viel Zeit zum Spielen und Ausruhen haben. Damit komme ich zu meiner Angst: Ich habe Angst, daß alles zu sehr strukturiert sein wird. Mein ganzes Leben ist schon viel zu strukturiert. Deshalb möchte ich gern die Freiheit haben, irgendwie in die Gruppe reinzutreiben und auch wieder rauszutreiben, wie es gerade nötig ist, ohne das Gefühl zu haben, daß ich mich die ganze Zeit auf etwas konzentrieren muß.«

»Das sind haargenau auch meine Gefühle«, sagte Doris, als Marie ihr den Stein gab. »Ich möchte mehr über den Tanz zwischen

Frauen und Männern lernen, aber ich möchte auch spielen, ausruhen und etwas von der Schönheit aufsaugen, in der wir uns befinden. Ich hoffe auch, Dinge zu lernen, die mir bei meiner Arbeit mit Frauen und Männern nützlich sein können. Meine größte Angst ist, daß ich es nicht schaffe, bei der Wanderung Schritt zu halten. Ich liebe es, mich mit einem langsamen, genußvollen Schritt durch die Natur zu bewegen. Ich habe Angst, daß ich manchmal ein Klotz am Bein sein und dadurch Ärger bei den Männern hervorrufen könnte, die schneller wandern möchten.«

»Warum denkst du, daß so was von den Männern kommen würde?« unterbrach Susan sie. Wir wußten schon, daß sie eine fähige Langstreckenläuferin und auch Rennradfahrerin war, die – wie wir noch merken sollten – uns in Grund und Boden wandern konnte.

»Naja, das war eben meine Erfahrung in der Vergangenheit«, antwortete Doris. »Auf jeden Fall brauche ich genauso wie Marie die Freiheit, mich in meinem eigenen Tempo bewegen zu können.«

Alan guckte etwas unbehaglich, als der Stein an ihn weitergereicht wurde. »Ich weiß nicht genau, was ich sagen soll«, sagte er zögernd. »Merle hat mich im wesentlichen zu diesem Trip überredet. Ihr Therapeut dachte, daß es eine gute Idee für uns sei. Ich bin nicht so sicher. Als Junge war ich bei den Pfadfindern, und das gehört mit zu meinen glücklichsten Zeiten. So weiß ich wenigstens, daß ich mich in den Wäldern wohlfühlen werde. Ängste? Ich weiß nicht. Vielleicht, daß wir zu viel Zeit damit verbringen, herumzusitzen und über anstrengendes Zeug zu quasseln. Ich kann es kaum erwarten, daß wir endlich loswandern.«

Als er Merle den Stein gab, sagte sie nervös: »Ich hoffe, daß Alan und ich ein bißchen Einsicht in einige Probleme bekommen werden, die in unserer Beziehung aufgetaucht sind. Und ich hoffe, dieser Trip wird Alan helfen, etwas zur Ruhe zu kommen. Er braucht dringend Urlaub. Er arbeitet die ganze Zeit so hart. Deshalb hoffe ich, die Woche wird ihm helfen, etwas Energie zu tanken. Meine Angst ist«, sagte sie mit einem schnellen Blick auf Alan, »daß Alan die ganze Woche über unglücklich sein wird und daß er dadurch auch mir die Zeit vermiest.«

Mir fiel auf, daß Merle nicht viel über sich selbst sagte, über das, was sie wollte, hoffte oder fürchtete. Ihre Beziehung zu Alan schien ganz im Brennpunkt ihrer Aufmerksamkeit zu stehen. Nachdem sie gesprochen hatte, gab es ein etwas peinliches Schweigen. Das ging vielleicht etwas stärker ins Persönliche als einige anfangs erwartet hatten. Doch dann brach Dave das Eis, indem er heftig ausrief:

»Ich hoffe auf Fische. Wenn ich vor etwas Angst habe in dieser Woche, dann ist es, daß ich keinen einzigen fangen werde.« Es folgte Gelächter, und einige bekundeten ihre Zustimmung zu Daves Vorsatz. Er gab den Stein dann weiter an Andy, der sagte: »Ich habe in den letzten Wochen viel über diesen Trip nachgedacht. Bei meiner Arbeit mit Jugendlichen ist mir ziemlich klar geworden, daß Männer und Frauen wirklich unterschiedlich sind. Ich hoffe, mehr darüber zu erfahren, und ich habe eine Menge Fragen an die Frauen. So hoffe ich, daß es wirklich möglich sein wird, einige ehrliche Gespräche zu führen. Was ich fürchte, ist, daß ich – wenn mir wirklich die Gelegenheit gegeben wird, die Wahrheit zwischen Frauen und Männern zu ergründen – Angst haben werde, ehrlich über die Punkte zu sprechen, die mich am meisten stören. Ich habe einfach Angst, daß ich dann kneifen werde.«

Als nächste war Gloria dran. Als sie den Stein nahm und in der Runde herumguckte, sagte sie: »Ich empfinde mehr Angst als sonst etwas. Die Gruppen, an denen ich in den letzten Jahren teilgenommen habe, bestanden immer nur aus Frauen. Ehrlich gesagt, ich habe kein großes Vertrauen oder Respekt mehr für die Männer. Es scheint mir so, daß ihr Kerle alles kaputtmacht. Aber ich vertraue Liz und bin fasziniert von der Zukunftsvision, die sie und Aaron zu verwirklichen versuchen. Also ... bin ich hier.«

Ich sah Jerry an und war gespannt, wie er auf Glorias Aussage reagieren würde. Doch zu meiner Überraschung konnte ich keinen sichtbaren Reflex erkennen. Obwohl Liz und ich andere ähnliche Paare kennen – unverblümt auftretende Frauen mit leicht zurückhaltenden Männern –, fragte ich mich, was er mit einer Frau tat, die Männer nicht mochte, und andererseits wie sie eine Beziehung mit einem Mann haben konnte, wenn sie so über die Männer als Gruppe dachte.

Gloria gab den Stein weiter an Jerry, der sagte: »Ich freue mich wirklich, hier auf der Erde zu sitzen. Ich möchte mehr darüber lernen, was Frauen wünschen, und ich hoffe, daß die Männer die Frauen respektieren und sich anhören werden, was sie zu sagen haben. Meine Ängste? Ich denke, ich habe Angst davor, daß jemand, insbesondere die Männer mit ihrer Wut, die Kontrolle verlieren könnte.«

Er reichte den Stein weiter an Joel, der ihn ansah und sagte: »Also, ich habe mehr Angst vor der Wut der Frauen als vor der Wut der Männer. Ich weiß, wenn meine Frau Lisa sauer ist, kann sie mich mit Worten völlig fertig machen. Und jetzt mit so vielen von euch ...« Er verstummte und guckte die Frauen an. »Aber ich hoffe, daß wir ein schönes Abenteuer miteinander erleben können und daraus ein besseres Verständnis zwischen Männern und Frauen entsteht.«

Es folgte Lisa. Sie sagte nachdenklich: »Wow, dieser Stein wird langsam heiß. Da steckt eine Menge Energie in dieser Gruppe. Ich fühle mich aufgeregt und gleichzeitig erschrocken. Ich habe lange Zeit nichts derartiges gemacht. In den letzten zehn Jahren drehte sich mein Leben völlig um meine und Joels Karriere und zwischendrin um die Kinderversorgung. Ich hab kaum Zeit für mich selbst. Und wir haben keine Zeit füreinander«, sagte sie und sah zärtlich zu Joel hinüber.

»Ich habe das Gefühl, daß Männer und Frauen wirklich anfangen müssen zusammenzuarbeiten, um ein paar große Veränderungen in die Welt zu bringen. Wir arbeiten beide, und die Kinder gehen in den Kinderhort. Es ist immer so ein Druck da. Ich denke, was ich in dieser Woche brauche, ist ein bißchen kürzer zu treten und Zeit zu haben, um mit mir selbst und mit dir, Joel, zu sein.«

Susan nahm den Stein als nächste. Ich erinnerte mich daran, daß Liz mir gesagt hatte, sie sei eine Art Wilde, die gutmütig, aber manchmal unberechenbar war.

Während Susan den Stein streichelte, guckte sie im Kreis herum und sah jedem in die Augen, bevor sie ansetzte: »Ich habe wirklich Interesse an euch allen. Während ich euch alle sprechen hörte, kamen mir eine Menge Dinge in den Kopf, die schon gesagt worden sind. Ich denke, ich bin hier, weil ich mich gerade im Moment sehr durcheinander fühle, was meine Beziehungen zu Männern angeht. Ich liebe die Männer, aber alle meine Beziehungen enden mit einer Menge von Verletzungen, Frustrationen und Beschuldigungen.

Lange Zeit dachte ich immer, daß es die Schuld der Männer war. Jetzt bin ich nicht mehr so sicher. Ich sehe auch mich selbst und andere Frauen ganz schön beschissene Dinge tun. Ich hoffe, ich kann auf diesem Trip etwas Neues lernen, das mir für mein Privatleben nützlich ist. Meine Angst ist, daß wir möglicherweise alle auf ewig und hoffnungslos in diesen Krieg verstrickt sind. Wie deprimierend.«

Ich sprach als letzter. »Meine Hoffnung ist, daß wir unsere Wahrheiten zusammen durcharbeiten werden, ohne zurückzuweichen. Ich hoffe auch, daß wir tief in die Freude an unseren gemeinsamen Mysterien eintauchen werden. Das heißt, ich hoffe, daß wir nicht versuchen werden, alles zu klären, sondern vielmehr einigen tieferen Gefühlen in uns Raum geben werden, damit sie eine Ausdrucksmöglichkeit finden. Meine Ängste sind, daß ich mich wie ein Idiot benehme, daß ich meiner Aufgabe als Leiter nicht gewachsen bin, daß meine weichen Knöchel versagen und daß mein Schlafsack naß wird.«

Nachdem jetzt einige unserer Hoffnungen und Ängste herausgelassen waren, packten wir unsere Sachen zusammen und machten uns auf den Weg, den Blue Water Creek aufwärts, um die Lichtung zu erreichen, die wir für unser zweites Lager ausgewählt hatten. Dort sollte die erste der von uns geplanten Serie von Sitzungen zwischen Frauen und Männern stattfinden.

Wir hatten einen guten Start. Es gab viele gemeinsame Interessen und gute Absichten in der Gruppe. Es gab natürlich auch einige Spannungen, und zwar mehr als auf der Oberfläche sichtbar waren. Wir sollten bald merken, daß uns im zweiten Camp ein Feuerwerk erwartete.

2
Erstes Gipfeltreffen der Geschlechter

> Die Dinge, denen du standhältst, dauern. Konflikte suchen nach Lösung, so wie eine Notendissonanz in einer Melodie nach Auflösung sucht.
>
> *Danaan Perry*[1]

Wir brachten schnell unseren ersten Lagerplatz in Ordnung, schnallten unser Gepäck auf und machten uns auf den Weg, den Cedar Trail entlang. Wir waren in einer Höhe von etwa 300 Meter gestartet und wanderten den ganzen Morgen über bergauf. Nach einer scharfen Kurve führte uns der Weg an eine Stelle, von der aus wir eine Aussicht über eine riesige Waldfläche hatten. Die meisten von uns waren nicht auf den Anblick vorbereitet, der sich uns bot.

Wo ununterbrochene Waldflächen hätten sein sollen, lag ein zerklüftetes Schachbrett an Verwüstung. Riesige Landstücke waren bis auf den Grund kahlgeschlagen, und nur vereinzelt waren Bäume stehengeblieben. Neben diesen Abschnitten lagen in scharfem Kontrast Flächen mit ungestört wachsenden turmhohen Bäumen, die im Sonnenlicht glitzerten und flimmerten, das nun durch den bedeckten Morgenhimmel brach.

»Das ist grotesk«, schrie Gloria. »Wie ist das möglich in einem Staatsforst«.

Das fragte ich mich auch. Ein Blick auf Aarons topographische Karte lieferte uns die Erklärung. In den Randgebieten der Staatsdomäne war jede zweite Parzelle im Privatbesitz. Deshalb hatte der Kahlschlag im Schachbrettmuster stattgefunden. Jede zweite Quadratmeile war abgeholzt worden, und nicht einfach nur abgeholzt – der Wald war vergewaltigt worden.

»Das ist das Werk von Männern, die ihre Seele verloren haben«, rief Lisa aus. Andere schlossen sich an, nickten mit dem Kopf und pflichteten ihr energisch bei.

»Warte mal«, sagte Dave. »Was ist mit den Frauen, die ihre Männer jeden Tag zur Arbeit schicken? Behalten sie ihre Seelen, nur weil sie sich nicht die Hände schmutzig machen?« Eine gute Frage, auf die es keine einfache Antwort gab.

Dieser kurze Zusammenstoß war typisch für viele Diskussionen zwischen den Geschlechtern. Wie bei den meisten unserer Konflikte ist das Problem sehr komplex. Nur eine oberflächliche Analyse unserer Umweltkrise kann zur der Auffassung kommen, daß die Zerstörung der Natur einzig und allein das Werk durchgedrehter Männer ist, während die Frauen lediglich die unschuldigen Zuschauerinnen sind. In diesem Fall werden die Männer als Übeltäter identifiziert, während die Rolle der Frauen bei der Umweltzerstörung verdeckter ist. In Wirklichkeit machen Frauen – wie Dave klarmachen wollte – nicht nur mit Männern gemeinsame Sache beim Erwerb von Wohlstand, sie sind auch die Hauptverbraucher der hergestellten Güter. Frauen leben in Holzhäusern und benutzen Papierwaren. Frauen besitzen Aktien in vielen Gesellschaften, die unsere natürlichen Ressourcen ausbeuten.

Nach dieser Begegnung mit dem Desaster wanderten wir noch ungefähr eine Meile weiter, ließen die Zerstörung hinter uns und drangen tiefer in die ungestörte Würde des altgewachsenen Waldes ein. Zum Mittagessen machten wir Rast neben einem riesigen umgestürzten Baum. Der Baum war über dreißig Meter lang und lag quer auf dem Boden wie ein umgefallener Turm. Ein beträchtlicher Teil ragte über den Weg hinaus und hing dramatisch über dem Canyon. Einige von uns kletterten hinauf und genossen beim Essen die spektakuläre, mit leichtem Nervenkitzel verbundene Aussicht auf den Canyon und den tief unten liegenden Fluß.

Nach dem Essen ging es weiter durch einen unberührten Zedernwald, der sich in zunehmender Höhe mit Kiefern und riesigen Tannen mischte. Der süßliche Zederngeruch in der warmen Mittagssonne erfüllte die stille Sommerluft. In der Ferne hörte ich den Schrei eines Falken. Doch um uns herum war der Wald beeindrukkend still, da es in diesen Höhenlagen nur wenig Vogelleben gibt.

Zuckerstangen – Klapperschlangen

Als es heißer wurde, zogen wir die dickeren Kleidungsstücke aus, die wir am Morgen bei bedecktem Himmel angezogen hatten. Eine Zeitlang wanderte ich allein vor Liz, bis ich schließlich direkt hinter Susan ging, die gerade die Führung hatte. Wir waren auf einem engen Wegstück, das uns dazu zwang, hintereinander zu gehen. Ich konnte nicht umhin zu bemerken, daß Susan, nachdem sie ihr ausgebeultes Sweatshirt abgestreift hatte, sehr wenig anhatte. Ihr Top saß recht knapp und sie trug keinen BH. Ihre kurzen Jeans waren so hoch geschnitten, daß eine beträchtliche Portion ihrer nackten Gesäßbacken unter dem ausgefransten Saum herausragte.

Obwohl ich mich sehr um Respekt den Frauen gegenüber bemühe, fiel es mir schwer, nicht doch gelegentlich auf ihren Hintern zu gucken, wenn sie Felsen oder steilere Wegstrecken vor mir hochkraxelte. Im Laufe des Tages wechselten die Positionen in der Gruppe, und ich bemerkte, daß einige andere Männer irritierte Blicke in ihre Richtung warfen. Ich war also nicht überrascht, als dieses Thema später am Abend in unserer ersten Konfliktsitzung zur Sprache kam.

Am späten Nachmittag erreichten wir die Lichtung, die wir für unser zweites Lager ausersehen hatten. Wir waren jetzt nur wenig über dem Fluß, da wir den Nachmittag über von dem höher liegenden Pfad am Canyon-Rand bergab gewandert waren. Eine plätschernde Quelle entsprang am Hang und schnitt ein winziges Bachbett in die Erde am Rande der Lichtung. Sternblumen, wilde Iris, Riedgras und andere Wildblumen überschwemmten die Wiese.

Merle war an der Spitze und kam als erste auf die Lichtung. Sie war knapp zwanzig Meter vor mir, als sie plötzlich stehenblieb und sichtlich erstarrte. Sie wich langsam zurück und guckte über die Schulter flehentlich zu ihrem Mann Alan, der einige Schritte hinter ihr war. Mit den Augen machte sie ihm Zeichen und wies mit dem Kopf auf einen großen flachen Sandsteinblock, der mitten auf dem Weg zur Lichtung lag.

Alan ging vor, und ich folgte ihm. Dort lag königlich in der Sonne, ohne uns groß zu beachten, eine große, bräunliche Klapperschlange. Sie war etwa einen Meter lang und ungefähr so dick wie mein Handgelenk. Als Alan neben Merle war, erschrak die Schlange plötzlich und gab ein warnendes Rasseln von sich. Ich bekam eine Gänsehaut. Das Geräusch erregte auch die Aufmerksamkeit der anderen. Alle blieben stehen, und hinter mir bedeutete Liz den anderen, die nach und nach die Lichtung erreichten, still zu sein.

Alan, Merle und ich gingen ein paar Schritte zurück. Die Schlange war jetzt zweifellos aufgeregt und wachsam, blieb aber an ihrem Platz. Das überraschte mich, da Schlangen sich normalerweise, wenn sie aufgeschreckt werden, abwenden und fortgleiten. Vielleicht hatte sie Junge in der Nähe. Vielleicht war sie einfach streitlustig oder verärgert, weil ihr Nickerchen unterbrochen wurde. Wer weiß? Wir wußten nur, daß es nicht möglich war, an dem Stein vorbei auf die Lichtung zu gelangen.

Es folgte eine kurze Diskussion darüber, was zu tun sei. Alan, der ehemalige Pfadfinder, übernahm das Kommando. Er lieh sich Jerrys langen Wanderstock aus, hielt ihn ausgestreckt vor sich und stieß nach der Schlange. Anstatt zurückzuweichen, griff die Schlange jedoch mehrmals den Stock an und schien entschlossen, Alan zu erreichen, wenn sie nur gekonnt hätte. In offensichtlichem Frust oder vielleicht auch einfach aus erbärmlichem Schrecken heraus ging Alan einen Schritt zurück, schwang den Stock über seinem Kopf und schlug der Schlange auf den Kopf.

Dave schrie gellend: »Hey, laß sie in Ruhe! Wir können doch ein Stück zurückgehen und am Fluß entlang zur anderen Seite der Lichtung gehen.«

Aber es war zu spät. Alan ließ noch einmal den Stock auf sie niederfahren. Nach diesem zweiten Schlag zuckte die Schlange noch eine Weile und blieb dann reglos liegen. Offensichtlich war sie tot.

Ich war völlig fertig. Liz und ich hatten diese Leute hinaus in die Wälder gebracht in der Hoffnung, daß sie eine Woche lang relativ friedlich zusammenleben würden, und am ersten Tag beginnt einer der Männer, das heimische Wild abzuschlachten.

»Das war völlig unnötig«, erklärte Marie. »Was zur Hölle willst du beweisen?«

»Ach, wolltest du das Ding lieber im Camp herumliegen haben?« fragte Alan sarkastisch und vielleicht auch ein bißchen defensiv. »Möchtest du vielleicht mit der Schlange in deinem Schlafsack aufwachen?«

»Nein, das möchte ich nicht«, entgegnete Marie fest. »Aber du brauchtest sie nicht zu töten!«

»Ich hatte nicht den Eindruck, daß du oder irgendein anderer in der Sache irgend etwas zu unternehmen bereit war. Guck mal«, sagte er freundlicher, »ich war um Merles Sicherheit besorgt. Ich bin im Südwesten aufgewachsen, und wir haben die Schlangen immer getötet, wenn sie zu nah ans Haus oder an den Hof herankamen. Wir haben sie normalerweise nicht zum Essen eingeladen.«

Merle sprang ihrem Mann zur Seite, um ihn zu verteidigen. Sie sagte: »Wißt ihr, eine Klapperschlange hat meinen Hund getötet, als ich neun war. Und ich liebte ihn wahnsinnig. Alan kennt diese Geschichte und weiß, daß ich eine furchtbare Angst vor Schlangen habe. Er wollte mich nur beschützen. Ich persönlich denke, daß er sehr mutig war. Wir sollten ihm danken und ihn nicht angreifen.«

Alan fuhr fort: »Es tut mir wirklich leid, wenn ich euch verärgert habe. Ehrlich gesagt habe ich einfach versucht, das zu tun, was mir in dem Moment richtig erschien.«

Ich war gerührt von dem, was er sagte, und sofort ließ mein Ärger nach. Richtig oder falsch, er hatte ziemlich mutig gehandelt und das getan, was er für seine Pflicht als Mann hielt: seine Frau und auch uns andere vor Gefahr zu schützen. Ich dachte darüber nach, wie häufig gute Absichten von Männern negativ interpretiert werden, und ich wollte nicht noch eine weitere Stimme sein in dem wachsenden Chor, der heutzutage auf männliches Verhalten eindrischt. Ich meinte immer noch, daß es nicht nötig war, die Schlange zu töten, aber ich gab ihm einen beruhigenden Klaps auf die Schulter und sagte: »Okay, was geschehen ist, ist geschehen. Laßt uns das Camp aufbauen«. Wir gingen alle auf die Lichtung. Doch das letzte Wort über die Schlange war noch nicht gesprochen.

Das zweite Camp

Erleichtert befreiten wir uns von dem schweren Gepäck und begannen, auf der saftigen Wiese unser Lager aufzuschlagen. Es gab viel zu tun, und viele von uns wollten vor Einbruch der Dunkelheit noch kurz in den Fluß springen. Auf dem Lagerplatz wimmelte es vor Aktivität. Aaron und ich bauten unser Zelt auf, ein paar Meter weiter befestigten Joel und Andy eine Leine in einem Baum, um unsere Lebensmittel zum Schutz vor Bären und anderen Tieren aufzuhängen.

Doris sagte: »Wenn jemand etwas Holz sammelt, mache ich das Feuer an.« Holz war reichlich vorhanden. Innerhalb weniger Minuten hatten Jerry und Alan einen großen Haufen von Anmachholz und dickeren Ästen zusammengetragen. Als Doris anfing, die Feuerstelle vorzubereiten, kam Dave dazu und sagte: »Es funktioniert besser, wenn du die Zweige so anordnest.« Er zeigte ihr, wie man eine Art quadratische Struktur baute.

»Danke«, entgegnete Doris sichtlich bemüht, höflich zu bleiben, »aber ich habe meine eigene Methode, und die hat bisher immer geklappt.«

»Okay«, sagte Dave zweifelnd und ging weg.

Andy war mit der Leine fertig und ging zurück zu der Stelle, wo wir auf die Schlange gestoßen waren. Er verbrachte einige Zeit dort. Ich vermutete, daß er die Schlange begrub. Doch er hatte andere Pläne, wie wir einige Tage später entdecken sollten.

Susan war mit ihrem Zelt fertig und schlenderte zu einem Steinhaufen hinüber, den frühere Camper zurückgelassen hatten. »Hey Merle«, rief sie, »komm und hilf mir, eine Küche zu bauen. Hier ist ein guter Fleck für eine Arbeitsfläche zum Kochen.«

Sie fingen an, einige Steine und ein glattes Stück Treibholz in eine Art Behelfsküche zu verwandeln. Ich zog die Tischdecke hervor, die ich unter Aarons Protest eingepackt hatte, und Marie begann, Blumen zu pflücken, um unseren Speisesaal zu verschönern. Larry kam dazu und bot seine Hilfe an, aber Merle sagte schnell: »Nicht nötig, wir haben schon alles unter Kontrolle hier«. Larry zuckte mit den Achseln, hob die zusammenklappbare Schaufel auf und schlenderte mit Andy hinüber in den Wald auf der Suche nach einem guten Platz, um einen Abort zu graben.

Viele aus unserer Gruppe leben im Alltag nicht in der traditionellen Rollenverteilung. Wir haben unter uns Karrierefrauen und Hausmänner. Doch trotz all unseres Selbstwertgefühls als »neue« Frauen und Männer, die bereits ein höheres Bewußtsein über die geschlechtsspezifischen Rollen haben, tendierten die meisten von uns dazu, schnell in die gewohnten traditionellen Rollen der Arbeitsteilung zurückzufallen.

Mit Ausnahme von Doris beschäftigten sich die Frauen mit Kochen und ästhetischen Dingen. Die Männer bauten und trafen Sicherheitsvorkehrungen. Und auch Doris' Grenzübertritt an der Feuerstelle wurde von einem Mann in Frage gestellt, so wie Larry aus der Küchenarbeit verscheucht wurde, damit er nicht in Susans und Merles Domäne eindrang. Es war komisch und tragisch zugleich. Wir alle waren solch eine Mischung aus alten Gewohnheiten und neuen Bestrebungen.

Einige Gewohnheiten sind schwer zu ändern, selbst mit einem egalitären Bewußtsein. Und einige unserer Rollen sind vielleicht gar keine sozialen Rollen, sondern ein Habitus der Natur selbst. So wie zum Beispiel Frauen dazu tendieren, die Sphäre der Kleinkindversorgung zu beherrschen, tragen die Männer in den meisten Gesellschaften die Hauptverantwortung für Jagd, Gewaltabwehr, Kriegführung und andere Arten von Aggression. Es ist schwer herauszufinden, was wirklich »natürlich« ist. Vielleicht ist es gar nicht möglich oder nicht einmal wünschenswert.

Wichtiger ist, daß Frauen und Männer einander größere Freiheiten zugestehen, um auszuprobieren, welche Rollen und Lebensstile ihnen mehr zusagen. In der Vergangenheit haben wir vielleicht einfach die Rollen übernommen, für die wir im Interesse des Überlebens der Spezies am besten geeignet waren. Jetzt aber müssen wir uns globalen Aufgaben stellen, die neue Verhaltensweisen von Frauen und Männern verlangen. Einige »alte« Gewohnheiten wie blinde Fortpflanzung haben sich nun als hinderlich und für den Evolutionsprozeß nicht förderlich herausgestellt.

Einen empathischen Raum schaffen

Nachdem wir das Camp aufgebaut und zu Abend gegessen hatten, versammelten wir uns um das Feuer herum, um unsere erste Sitzung abzuhalten. Liz und ich hatten geplant, zu Beginn einige der Hauptkonflikte zwischen den Geschlechtern zur Sprache zu bringen. Wir forderten die Frauen und Männer auf, einander aufrichtig und direkt mitzuteilen, was ihnen beim anderen Geschlecht am meisten mißfiel und worüber sie sich am meisten ärgerten. Wie bei all unseren Übungen schlugen wir einige Grundregeln vor:

1. Wir sollten einander ohne Unterbrechung oder Kommentar zuhören. Alle werden die gleiche Möglichkeit zum Sprechen haben.
2. Selbstverständlich darf es keinerlei Gewalt, aus welchem Grund auch immer, gegen eine andere Person geben.
3. Wir sollten uns alle verpflichten, in der Gruppe zu bleiben und den ganzen Prozeß durchzuhalten. Niemand sollte aufstehen und die Sitzung verlassen (Pinkelpausen ausgenommen), ohne darüber mit einem von uns zu verhandeln.

»Und schließlich«, sagte ich, »möchten Liz und ich, daß ihr uns ein besonderes Recht einräumt. Wenn einer von uns die Hand über den Kopf hebt, so bedeutet das: ›Einen Moment! Stop, Zeit aus!‹ Wir bitten euch um eure Zustimmung, daß bei diesem Signal die sprechende Person innehält und wir alle den Ring verlassen und darüber sprechen, was gerade passiert ist.«

»Also, wenn irgend jemand hier mit diesen Spielregeln nicht leben kann, soll er es jetzt sagen«, rief Liz laut. Da es keine Einwände gab, machten wir weiter mit einigen einleitenden Ausführungen, die unserer Meinung nach ein gutes Hintergrundverständnis liefern und zur Schaffung eines Fundaments für die vor uns liegende Arbeit beitragen könnten.

Wir haben eine Menge gefühlsmäßiger Meinungen über uns als Männer und Frauen. Zum Teil sind es korrekte Einschätzungen des weitgefächerten Wesens der Kultur des anderen Geschlechts. Viele unserer globalen Charakterisierungen des anderen Geschlechts sind jedoch Projektionen. Projektionen sind wie Bilder, die auf eine Kinoleinwand geworfen werden. Sie verdunkeln unsere Fähigkeit, die wirkliche Beschaffenheit der Leinwand selbst zu erkennen.

Wir haben oft bestimmte Meinungen über Gruppen von Personen, die sich auf persönliche Erfahrungen mit einigen Individuen stützen. Wenn wir an Frauen und Männer als Gruppe denken, kommen all unsere vergangenen Assoziationen mit Vätern und Müttern, Geliebten, Geschwistern und anderen wichtigen Personen ins

Spiel. Wenn wir also die Beschwerden des anderen Geschlechts anhören, ist es wichtig, dieses Phänomen im Kopf zu behalten.

Um die Wahrheit in einer Weise mitzuteilen, daß die andere Person sie vollkommen anhören kann, müssen wir einen »Empathie-Raum« schaffen. Gute Therapeuten erzeugen solch eine Atmosphäre im Sitzungsraum. Überzeugende Schamanen und spirituelle Führer stellen einen Empathie-Raum durch ihre Rituale her. Als Männer und Frauen auf der Suche nach Heilung müssen wir lernen, eine Umgebung zu schaffen, in der heilsame Konflikte in einer Weise auftauchen können, daß Kommunikation gefördert und vertieft und nicht Polarisierung angefacht und verschärft wird.

Um unsere angeborene Fähigkeit zur Einfühlung, zur Empathie zu kultivieren, müssen wir lernen, gleichzeitig getrennt und in Beziehung miteinander zu sein. Das ist ein grundlegendes Ziel des menschlichen Reifungsprozesses. Es ist eine paradoxe Haltung, die die unterschiedliche »männliche und weibliche Art des Fühlens« umfaßt.

Einige gängige psychologische Theorien vertreten die Auffassung, daß Frauen einen Hang dazu haben, ihre Identität durch persönliche Bindungen und Beziehungen zu finden, während Männer dazu tendieren, ihre Identität durch Autonomie und Trennung zu entwickeln. Diese theoretischen Standpunkte sind jedoch problematisch.[2] Wie wir in den kommenden Kapiteln sehen werden, haben Frauen und Männer gleichermaßen Zugang zu Unabhängigkeit und Bindung, aber unterschiedliche Vertrautheit damit. Im Moment soll es genügen festzuhalten, daß Männer und Frauen auf viele unterschiedliche Weisen mit der Welt in Beziehung treten und daß es notwendig ist, sich zu diesen Unterschieden zu bekennen, wenn wir unsere empathischen Fähigkeiten steigern wollen.

Die Entwicklung der Empathie ist ein Grundstein für Partnerschaft auf jeder Ebene – zwischen Frauen und Männern, Eltern und Kindern, zwischen Nationen, zwischen BürgerInnen und Polizei wie auch in jeder anderen Beziehung. Empathie ist nicht das gleiche wie Verschmelzung. Sie setzt nicht Unterstützung oder sogar Einverständnis mit dem Standpunkt einer anderen Person voraus. Ein empathieerfüllter Raum ist nur ein Aufruf zum Verstehen, zu gutem Willen und etwas, das der Psychologe Carl Rogers »bedingungslose positive Achtung« der Menschlichkeit der anderen nennt.[3] Grundlegend für die Herstellung eines empathischen Raums ist die Annahme, daß *alle Personen in diesem Raum einen ihnen innewohnenden Wert haben.*

Viele von uns fürchten dennoch, daß unsere Fähigkeit vermindert wird, die eigene Stimme zu hören, wenn wir der Erzählung eines anderen intensiv zuhören. Wir haben Angst, wir könnten durch die Wirklichkeit der anderen überwältigt werden. Diese Angst, unsere Identität zu verlieren, ist einer der Faktoren, die uns daran hindern, den anderen zuzuhören. Sie hält uns in polarisierten Denkmustern von Schuld und Entfremdung gefangen. Durch diesen Mangel an Empathie wächst die Abwertung und Beherrschung des anderen Geschlechts.

Die Frauenbewegung entwertet häufig die Männer, indem sie ihnen einen wesentlichen Wert abspricht. In ihrem Buch *Pure Lust* beschreibt die feministische Theologin Mary Daly männliche Sexualität und Energie als »phallische Lust, gewalttätig und maßlos«. Sie meint, »diese Lust ist insofern rein, als sie von uneingeschränkter Böswilligkeit gekennzeichnet ist. Sie ist insofern rein, als sie ontologisch böse ist und das Fesseln und Brechen des weiblichen Seins zum Ziel hat«.[4]

Kay Leigh Hagen, Herausgeberin eines feministischen, die Männerbewegung angreifenden Buches, sagte vor kurzem: »Man kann Frauenbewegung und Männerbewegung nicht miteinander vergleichen. Frauen kämpfen um ihr Leben, Männer sind nur auf der Suche nach Seelenfrieden. Es ist, als vergleiche man Fingernägel mit Handgranaten.«[5] In *The Women's Room* sagt die Schriftstellerin Marilyn French: »Alle Männer sind Vergewaltiger, und das ist alles, was sie sind.«[6]

Ebenso haben Männer jahrhundertelang Frauen so charakterisiert, als seien sie von Natur aus weniger wert als Männer. Das Orthodoxe Jüdische Gebetbuch sagt: »Ich danke dir, oh Herr, daß du mich nicht als Frau erschaffen hast«.[7] Und Martin Luther stellte fest: »Gott schuf Adam als Herrn über alle lebenden Dinge, aber Eva raubte ihm alles«.[8] Napoleon äußerte: »Die Natur wollte, daß die Frauen unsere Sklaven sind ... Was für eine verrückte Idee, Gleichheit für sie zu fordern!«[9]

Auch in unserer modernen Kultur gibt es noch viele offen abwertende und herablassende Gefühle gegenüber Frauen. Auf der Linken hörten wir während der angeblich aufgeklärten sechziger Jahre Abby Hoffman und Stokely Carmichael sagen: »Die einzige Vereinigung, die ich mit der *Women's Liberation Movement* eingehen würde, ist im Bett, und die einzige Position für Frauen in Fragen der Bürgerrechte ist auf dem Bauch.« Und heute haben wir auf der Rechten Jerry Falwell, der die Frauenbewegung als einen »teuflischen Angriff auf die amerikanische Familie« bezeichnet, während der Bestsellerautor und Talkshowgast Rush Limbaugh Feminismus mit Nazismus vergleicht und das Wort »Femnazi« geprägt hat.

Zusätzlich zu den vielen tiefverwurzelten, polarisierten Vorstellungen, die die natürliche Trennung zwischen Frauen und Männern verschärfen, werden aufrichtige Versuche, einen empathischen Raum zu schaffen, häufig durch die Medien zunichte gemacht. Denn sie sprechen meistens nur über *einen* Aspekt des Konflikts zwischen Frauen und Männern – über den Krieg. Frieden ist nicht sehr sensationell. Er verkauft sich nicht so gut.

Um solch einen Frieden zu schaffen, müssen wir mehr tun, als uns einfach gegenseitig die unterschiedlichen Wirklichkeiten mitzuteilen. Die Politik und die Auseinandersetzung um die Hebung des Bewußtseins (consciousness-raising) sind nur ein erster Schritt. Wir müssen auch deutlich machen, daß *wir gehört haben, was gesagt worden ist.* Frauen brauchen die Gewißheit, daß Männer verstehen, auf welche Weise diese Kultur im wesentlichen sexistisch ist. Und Männer brauchen das Verständnis der Frauen dafür, daß die meisten Männer unter dem Druck des westlichen heroischen männlichen Rollenmodells ebenfalls sehr leiden.

Die umfassende Wirklichkeit ist, daß unsere Kultur bi-sexistisch ist und Frauen und Männer in unterschiedlicher, aber gleichermaßen schädlicher Weise verletzt. Wir wollen eine Gelegenheit schaffen, die ganze Wahrheit zu sagen. Die ganze Wahrheit besteht nicht nur im Aufzählen der Problempunkte, um männliche und weibliche Punkte gegeneinander aufzurechnen. Es geht auch darum, direkt und persönlich die *Gefühle* und wirklichen menschlichen Erfahrungen hinter den politischen und sozialen Fragen mitzuteilen.

Wie können wir also eine Situation schaffen, in der die polarisierten Lager von Frauen und Männern ihre gegenseitigen Wirklichkeiten erfahren können, ohne die eigenen Überzeugungen, Grenzen und die persönliche Integrität zu beeinträchtigen. Das war die Aufgabe für diese erste Sitzung.

Wahre Arbeit ist nicht »nett«

Aaron und ich wollten eine Umgebung schaffen, die sicher genug war, damit alle ihre tiefsten Wahrheiten und Verletzungen in bezug auf das andere Geschlecht aussprechen konnten, ohne die Gruppe weiter zu spalten. Doch gleichzeitig wollten wir nicht zu »nett«, zu »politically correct«, zu vorsichtig sein und vor lauter Angst, jemanden zu beleidigen, alle Konflikte vermeiden. Ein vermiedener Konflikt ist nicht vom Tisch. Er schwelt im Untergrund weiter wie die Feuer in aufgegebenen Kohlestollen, die in großen Feuersbrünsten unerwartet an die Oberfläche drängen.

Danaan Perry, ein internationaler Konflikt-Vermittler, vergleicht die Menschen mit oben zugestopften Vulkanen.[10] Innere Drucke bauen sich auf, die große Verwüstungen verursachen, wenn sie schließlich ausbrechen. Wenn die Lava jedoch langsam herausfließen kann, wird sie zwar sicherlich einige Bäume verbrennen, doch sie erzeugt auch neues Land, auf dem neues Leben wachsen kann. Indem wir die Lava unseres Konflikts fließen lassen, können wir hoffnungsfroh einen frischen soliden Boden schaffen, auf dem ein neues Bündnis zwischen den Geschlechtern entstehen kann.

Wenn du deinen Schatten nicht zur Party einlädst, kommt er, wenn du ihn am wenigsten erwartest. Deshalb sagten Aaron und ich der Gruppe: »Wir wollen nicht mit Sonetten und Psalmen beginnen. Vielmehr sollte unsere Zusammenkunft damit anfangen, daß jede/r dem anderen Geschlecht erzählt, was sie/ihn wirklich nervt.

Einiges von dem, was ihr sagen werdet, wird richtig sein. Laßt uns versuchen, das anzunehmen und daraus zu lernen. Vieles von dem Gesagten stimmt vielleicht nicht. Dann laßt uns diese Informationen als das nehmen, was sie sind: ein verzerrtes Bild der anderen von uns. Auch diese Information kann nützlich sein, vorausgesetzt wir beschäftigen uns nicht zu sehr damit, mit Verteidigungsreden darauf zu reagieren. Wir sollten statt dessen versuchen zu verstehen, inwiefern diese persönlichen Projektionen unser Denken beeinflussen.

Nach dieser Vorrede möchten wir euch ermuntern, die Wahrheit zu sagen. Wir sind hierher gekommen, um die Wahrheit zu sagen und zu hören, oder? Wir brauchen also nicht ›politically correct‹ zu sein oder unsere Gefühle als Projektionen hinzustellen, auch wenn dies – wie gesagt – meistens der Fall ist. Wir sollten uns auch nicht selbst herabsetzen, indem wir unsere Behauptungen als ›nur meine Gefühle‹ qualifizieren oder herabmindern. Nein! Es ist jetzt Zeit, alles herauszulassen. Unsere Gefühle stellen einen fundamentalen Aspekt unserer tiefsten Wahrheit dar. Sie sind weder richtig noch falsch. Sie sind einfach vitaler Ausdruck unserer Wirklichkeit. Wir schaffen hier voller Hoffnung einen Raum, der die Wahrheit in all ihrer Schönheit, ihrem Zauber und ihrem Schmerz aufnehmen kann.«

In diesem Stadium des Gesprächs ging es nicht so sehr um eine direkte Auseinandersetzung oder Debatte über Spezialfragen. Es ging vielmehr darum, ein Forum für den lebendigen Austausch von Informationen und unterschiedlichen Perspektiven in einer Atmosphäre zu schaffen, die uns die Gewähr gibt, gehört zu werden. In öffentlichen Debatten werden wir oft totgeschrien, angegriffen, oder man versucht, uns emotional oder intellektuell davon zu überzeugen, daß unser Standpunkt nicht richtig ist. Das ist einer der Gründe, warum Frauen und Männer so selten in direkte Kommunikation über ihre Probleme treten.

Einen Boden für den rituellen Konflikt schaffen

Eine der Möglichkeiten, einen empathischen Raum zu erzeugen, besteht in der Festlegung klarer Leitlinien für die Konfliktforschung. Bei einer anderen, etwas subtileren Methode geht es eher um Beziehungsgeflechte als um Gespräche. Zwischen uns bilden sich Energien, Gefühle und etwas recht Mysteriöses heraus, das einige Seele, Geist oder sogar Magie nennen. Um allen heilenden Geistern zu huldigen, die uns bei unserer Arbeit helfen könnten, begann Liz einen rituellen Raum zu schaffen, der das Unbekannte, das Unerwartete und das Ungesehene einlud, an unserem Prozeß teilzuhaben.

Die Schaffung eines rituellen Raums beinhaltet auch die Herstellung einer psychischen Grenzlinie um die Teilnehmer herum, die sie vor schädlichen Einflüssen schützt und alle möglichen Störungen im Zaum hält, die innerhalb des Kreises auftauchen könnten. Unabhängig von der persönlichen Haltung gegenüber spirituellen Überzeugungen vermitteln Eröffnungsriten den meisten Menschen ein beruhigendes Gefühl von Geborgenheit und psychologischer Unterstützung. Gebete – im Lexikon als innige Wünsche oder Bitten definiert – können einen gewissen förderlichen Rhythmus oder energetischen Ton in eine Gruppe bringen.

Liz nahm eine kleine Muschel aus ihrem Gepäck. Sie füllte sie mit etwas getrocknetem Zedernholz, das sie auf dem Weg gesammelt hatte, und zündete es mit einem Stück glühender Kohle an. Die Luft erfüllte sich sofort mit dem süßen und stechenden Rauch von Zeder. Sie hielt die Muschel hoch, ging im Kreis um die Gruppe herum, blieb vier Mal stehen und hieß die elementaren Mächte – Erde, Luft, Feuer und Wasser – willkommen. Im schattenwerfenden Licht des Lagerfeuers mit seinen vor dem dunklen Nachthimmel tanzenden und funkensprühenden Flammen sah sie sehr mythisch aus, wie eine Priesterin oder Schamanin aus einer anderen Zeit.

»Ich rufe die Ahnen, alle, die vor uns waren, unsere Großväter und Großmütter in unseren Kreis«, rief sie. »Kommt und teilt eure alte Weisheit mit uns. Hier ist Platz für euch.«

Sie bewegte sich auf den Mittelpunkt des Kreises zu, hob die Muschel mit dem brennenden Zedernholz hoch in die Luft und rief aus: »Ich rufe den Geist der Partnerschaft und den Geist des ehrenvollen Streites und der heiligen Schlacht herbei. Wir wissen so wenig darüber, wie man auf ehrliche Weise miteinander kämpft. Wir laden euch ein, damit ihr uns lehrt, wie Männer und Frauen auf eine neue und bessere Weise zusammen sein können.«

Während Liz betete, hatte ich das Gefühl, es trete eine Schar von wohlgesonnenen Wesen in unseren Kreis ein. Sie fuhr fort: »Ich rufe all das an, was weiblich und heilig ist, und all das, was männlich und heilig ist. Wir huldigen diesen großen Polaritäten des Universums in uns selbst und in der Natur. Wir öffnen uns, um mehr von diesen Mysterien zu lernen.«

»Und zuguterletzt«, sagte Liz und sah rundherum auf die dunklen Silhouetten der Bäume und nach oben zu den Sternen, »preisen und danken wir für diesen schönen Platz, an dem wir sind. Wir bitten die Geister dieses Landes, über uns zu wachen und uns zu leiten bei unserer gemeinsamen Arbeit.« Sie ging im Kreis um uns herum und fächelte den Zedernrauch über alle Teilnehmer. Wir hatten bei indianischen Medizinmännern diese traditionelle Methode kennengelernt, um Personen zu läutern, die an einer Zeremonie teilnehmen wollten.

Dann forderten wir die Männer auf, sich auf eine Seite des Feuers zu setzen, und die Frauen auf die andere. Wir legten ihnen ans Herz, die Energie ihrer Äußerungen auf das Feuer zu richten und nicht durch das Feuer hindurch auf das andere Geschlecht zu schleudern.

Wir schlugen vor, daß niemand länger als ein paar Minuten sprechen sollte, und daß wir beisammen bleiben würden, bis der Mond hinter dem Kamm im Westen untergehen würde. Um zu entscheiden, wer beginnen sollte, warfen wir eine chinesische Münze, die Lisa als Glücksbringer bei sich trug. Die Frauen gewannen.

Der Männer stellen sich dem Feuer der Frauen

Ich nahm meinen Platz bei den Frauen ein und setzte mich neben Gloria, die als erste sprach. Sie sagte ins Feuer hinein: »Was mich am meisten an den Männern ärgert, ist ihre physische und sexuelle Gewalttätigkeit gegenüber Frauen. Ich kenne keine Frau, die sich auf der Straße noch sicher fühlt. Ich arbeite als Freiwillige in einem Frauenhaus. Jeden Tag kommen Frauen zu uns, die grün und blau geprügelt sind. Darüber hinaus werden viele noch von ihrem Freund oder Ehemann vergewaltigt.[11]

Letztes Jahr sind über hunderttausend Frauen vergewaltigt worden, und die Zahlen sind immer noch im Steigen begriffen. Was ist los mit den Männern?« fragte sie und sah die Männer über das Feuer hinweg anklagend an.[12] »Die Männer sind so daran gewöhnt, wesentlich mehr Privilegien zu haben als die Frauen, daß sie denken, sie hätten das gottgewollte Recht, uns als eine niedere Spezies zu mißbrauchen. Ihr könnt mir über männliche Sensibilität erzählen, was ihr wollt. Aber im Laufe der Zeit komme ich mehr und mehr zu der Überzeugung, daß Männer einfach *von Grund auf* ausfallend, brutal, unsensibel und gleichgültig sind.

Ich weiß, wir sollten in dieser ersten Runde nicht persönlich werden, aber ich muß einfach sagen, daß ich immer noch total wütend und fassungslos darüber bin, daß Alan die Schlange getötet hat. Ich kaufe dir keine deiner Scheiß-Rationalisierungen ab, die du heute nachmittag abgegeben hast«, sagte sie, während sie vom Feuer aufsah und Alan direkt anguckte. »Die Schlange ist ein altes Symbol für die Große Göttin. Und ich denke, es ist kein Zufall, daß ein Mann sie am ersten Tag dieser Zusammenkunft getötet hat. Es war einfach ein weiterer unverfrorener Versuch eines Mannes, seine Herrschaft über die Frauen und die Natur zu demonstrieren. Wenn wir nicht so weit weg und am Ende der Welt wären, hätte ich mich schon davongemacht. Du glaubst, du kannst einfach alles, was dir in den Weg kommt, mit Gewalt nehmen? Nein, das kannst du nicht mehr. Nie mehr!«

Als Gloria leidenschaftlich schloß, gaben mehrere Frauen zustimmende Ausrufe von sich. Alan wollte antworten, doch Aaron griff ein und sagte: »Okay, das mag schwerfallen, aber laßt uns weitermachen, ohne die Frauen zu unterbrechen. Wir kommen auch noch dran.«

Dann nahm Lisa den Sprechstein und sagte: »Ich bin es wirklich leid, wie wenig Beziehung in unserer Kultur die Männer oft zu ihren Kindern haben. Joel und ich arbeiten beide, aber es bleibt immer an mir hängen, mir frei zu nehmen, wenn unser Sohn Gabe einen Arzttermin oder Elternabend hat, wenn er krank ist und zu Hause bleiben muß oder nachmittags von irgendeiner außerschulischen Aktivität abgeholt werden muß. Es wird einfach für selbstverständlich genommen, daß meine Zeit in der Regel weniger wichtig ist als seine, nur weil ich weniger Geld verdiene.

Ich weiß, daß Joel sich wirklich sehr bemüht, ein engagierter Vater zu sein. Aber ich habe trotzdem das Gefühl, immer an vorderster Front zu stehen, wenn es um elterliche Pflichten geht oder darum, die Familie zusammenzuhalten.[13] Wenn ich zum Beispiel einkaufen gehe, hat Joel nie Skrupel, mich um irgendwelche Besorgungen für ihn zu bitten. Doch wenn ich möchte, daß er auf dem Heimweg von der Arbeit etwas mitbringt, gibt er mir immer das Gefühl, daß ich ihm etwas aufzwinge. Das ist einfach nicht fair.«

Marie kam als nächste dran. »Ich bin wirklich böse darüber, daß die Männer den Frauen systematisch die gleiche politische und ökonomische Macht verweigern«, sagte sie.[14] »Ja, ich kenne Frauen, die für den Kongreß kandidieren und sich um sozialen Aufstieg bemühen. Aber die Realität ist, daß die meisten Frauen immer noch gegen das tiefsitzende männliche Vorurteil kämpfen müssen, Frauen seien ineffizient und unvernünftig. Viele Männer sind immer noch fest davon überzeugt, daß wir mit Streß und Verantwortung in leitenden Positionen nicht umgehen können, daß wir unter dem Druck zusammenbrechen werden und sie uns nicht vertrauen können, weil wir einfach zu emotional sind. Ich kann diese herablassende Scheiße einfach nicht mehr hinnehmen, die manche männliche Rechtsanwälte immer noch vor Gericht auftischen.

Letztes Jahr habe ich über dreißig Prozesse für Frauen geführt, denen die Beförderung oder der Aufstieg verweigert wurde, entweder nach einer regelrechten sexuellen Nötigung oder in Form einer versteckteren Diskriminierung. Männliche Manager übergehen gewöhnlich qualifizierte Frauen und versuchen, alle Macht im Club der Männer zu behalten. Das muß ein Ende haben«.

Dann sagte Merle: »Am meisten stört mich in diesen Tagen, daß Männer anscheinend nicht wissen, wie sie Bindungen und Vertrautheit zu Frauen herstellen können. Ich möchte wissen, warum Männer nie ein Feedback von den Frauen wollen. Es frustriert mich auch, daß Männer sich nicht öffnen und mitteilen, was sie wirklich fühlen. Es ist, als müßten wir jede kleinste Information aus ihnen herausquetschen, einfach nur um zu wissen, was in einer bestimmten Situation los ist. Wenn Alan von der Arbeit nach Hause kommt, liest er Zeitung und guckt Fernsehen. Er fragt mich nie, was ich gemacht habe oder wie ich mich fühle. Die meisten meiner Freundinnen klagen über das gleiche.

Wir können tun, was wir wollen, um ihre Aufmerksamkeit zu erregen, mit neuen Frisuren oder neuen Negligées, sie scheinen sich nicht sehr dafür zu interessieren. Was ist bloß passiert mit dem Kerl, der mir Blumen schenkte und mich zum Tanzen ausführte? Er verschwand ungefähr in der Zeit, als unsere Tochter Mary Jo geboren wurde, und seither wurde er nicht mehr gesehen. Manchmal fühle ich mich so allein ...« Ihre Stimme brach ab, sie sah weg und schwieg. Da ich rechts neben ihr saß, gab sie den Stein an mich weiter.

Immer wenn Aaron und ich diese Gruppen leiten, halten wir es für wichtig, daß auch wir voll daran teilnehmen. Und ich habe auch immer noch viele Probleme zu bearbeiten, sogar nach so vielen Jahren intensiver »Geschlechterversöhnungsarbeit«. Was mich zur Zeit am meisten beschäftigte, war das Gefühl der kollektiven Wunde, die alle Frauen bezüglich ihrer körperlichen Erscheinung mit sich herumtragen. Dieses Thema war in vielen meiner letzten Frauengruppen aufgetaucht, deshalb mußte ich den Männern etwas von meinem Ärger zu diesem Thema mitteilen.

Ich sagte: »Es gefällt mir nicht, wie Männer nur eine bestimmte Art von Schönheit in dieser Kultur zu schätzen und zu würdigen scheinen. Männer scheinen nur schlanke und junge Frauen zu wollen, die aussehen wie Fotomodelle in Zeitschriften. Dieses Bild ist für die meisten Frauen nahezu unerreichbar. Wir bringen uns halb um und verstümmeln uns mit Diäten und Chirurgie, um uns in etwas zu verwandeln, das euch gefällt. Das ist entmenschlichend.[15]

Ich kenne keine einzige Frau, die sich mit ihrem Körper wirklich gut fühlt. Sogar meine dreizehnjährige Tochter, die toll aussieht, macht sich ständig Gedanken über ihr Äußeres. Sie hat das aus dem Fernsehen, der Werbung und allen Medien, die ihr ständig einreden, daß sie nicht genug ist, nicht genug hat und daß sie einen Haufen Makeup und eine Menge anderes Zeugs braucht, um gut auszusehen. Dieser Schönheitstrip bringt uns um, und die Männer treiben das immer mehr auf die Spitze, indem sie ihre älteren Ehefrauen mit jüngeren Frauen betrügen.«

Danach sprach Doris: »Ich bin es satt, daß ich in jeder Beziehung mit einem Mann am Ende immer die Mama spiele. Ich bin stark und unabhängig. Warum endet es mit allen Männern, die ich treffe, so, daß sie emotional oder sogar finanziell von mir abhängig werden? Männer sind anscheinend einfach nicht fähig, für sich selbst zu sorgen. Sie benehmen sich wie kleine abhängige Jungs oder schlimmer noch wie Babys. Sie wollen, daß wir uns wie geduldige Mütter verhalten, wenn es ihnen schlecht geht, aber wenn es *uns* schlecht geht, dann sind sie mit anderen Dingen beschäftigt. Dann halten sie uns Vorträge darüber, daß wir lernen müssen, unsere Schmerzen selbst zu ertragen. Wenn wir eine Beziehung zu einem Mann aufrechterhalten wollen, müssen wir anscheinend immer geben und geben und geben, und dann einfach dankbar sein für jeden Kerl, der uns über den Weg läuft.

Meine Erfahrung als Single ist, daß Männer keine starken, unabhängigen Frauen wollen. Sie fühlen sich wohler mit hilflosen, unselbständigen Mädchen. Wenn wir entschlossen unsere Wünsche zum Ausdruck bringen, suchen die Männer das Weite und stempeln uns als zu aggressiv ab.«

Dann kam Susan zu Wort: »Mich macht es fix und fertig, und ich habe es absolut satt, von Männern als Sexobjekt angesehen zu werden! Warum starren die Männer immer auf deinen Busen, anstatt dir in die Augen zu gucken? Wenn ich bei der Arbeit durch die Büros gehen, spüre ich ihre Augen auf mir. Und manchmal höre ich sogar miese Bemerkungen, die sie mir nicht ins Gesicht sagen würden.[16] Wenn ich mit einem Mann ausgehe, höre ich geradezu, wie sich die Rädchen in seinem Kopf drehen, um herauszufinden, wie er mir am besten die Kleider vom Leib reißen kann, während er so tut, als interessiere er sich wirklich für das, was ich zu sagen habe und wer ich bin als Person.

Sogar hier auf diesem Workshop ärgert es mich, daß mehrere Männer mich heute mit ihren Augen betatscht haben. Ich fühle mich nicht sicher! Warum müssen Männer uns immer gleich anmachen? Können wir nicht einfach frei sein, uns zu kleiden und zu gehen, wie wir wollen, ohne das Gefühl zu haben, daß wir begafft und belästigt werden? Dann werfen sie uns vor, wir treiben ein kokettes Spiel, wenn wir uns attraktiv machen, aber nicht intim werden wollen.«

Susan hatte als letzte der Frauen gesprochen. Doch bevor sie den

Sprechstein zu den Männern hinüberreichen konnte, ergriff Dave das Wort.

Die Frauen stellen sich dem Feuer der Männer

»Okay, darauf muß ich direkt antworten«, sagte er. »Was sollen wir denn tun, wenn dein Hintern praktisch aus deinen kurzen Hosen herausspringt? Der war einfach da, direkt vor unserer Nase auf dem Weg, das war genauso wenig zu ignorieren wie ein strahlender Vollmond mitten am Nachthimmel. Wenn du nicht angeguckt werden willst, warum behältst du dann deinen Arsch nicht in der Hose?« Dann merkte Dave, daß er das »Feuer überquerte«. Er hielt inne mit einem Blick auf Susan und fuhr in allgemeinerer Weise fort.

»Ich fühle mich bei den Frauen sehr oft in einer Zwickmühle«, rief er aus. »Ich bin erst seit ungefähr einem Jahr wieder Single, und alle Regeln, die ich als Kind gelernt habe, gelten nicht mehr. Die Frauen stecken soviel Energie darein, sexy auszusehen –nicht nur einfach attraktiv – sondern sexuell aufreizend. Guckt euch nur die Annoncen und Artikel in den Frauenzeitschriften an. Sie sagen: ›Beherrsche den Sitzungssaal mit deinen hauchdünnen Leggings, deinen feucht glänzenden Lippen oder deinem exklusiven Parfüm!‹ Frauen versuchen ganz bewußt, unsere Aufmerksamkeit zu erregen, indem sie ganz schön ihren Sex-Appeal schärfen. Aber wenn die Männer dann zu heftig reagieren, werden sie als aggressive Idioten abgestempelt, oder als Schlappschwanz, wenn sie zuwenig anbeißen.

Ich habe das Gefühl, daß die meisten Frauen heutzutage unehrlich sind, was ihre versteckte Manipulation der Männer angeht, und die meisten Männer, mit denen ich in der letzten Zeit gesprochen habe, sind wütend darüber. Ich wünsche mir, daß Frauen sich wirklich ›befreien‹ und anfangen, offener mit ihren Wünschen zu sein, und dieses Versteckspiel mit den Männern beenden, die das Ratespiel und all die ungeschützten ersten Schritte tun müssen. Das gibt den Frauen die ganze Macht. Denn die Männer bekommen die Schuld, wenn sie sich nicht entsprechend der oft geheimen oder zumindest unklaren Regeln der Frauen voranwagen.«

Daraufhin nahm Dave den Stein von Susan, was er versäumt hatte, bevor er sprach, und gab ihn weiter an Alan, der sagte: »Ich bin auch wütend über die doppelte Moral, der die Männer immer ausgesetzt sind. Aber mir geht es nicht so sehr um Sex, sondern vielmehr um Arbeit und gemeinsame Verantwortung. Die meisten Frauen verdienen nicht so viel Geld wie die Männer, aber sie erwarten immer mehr, daß Männer den gleichen Teil bei der Hausarbeit übernehmen.

Seit Merle in ihre Frauengruppe eingetreten ist, beklagt sie sich ständig, daß ich nicht genug im Haushalt oder bei der Kinderversorgung tue. Ihre neuen Freundinnen erzählen ihr, daß sie eine unterdrückte Hausfrau ist. Verdammt noch mal, ich arbeite ungefähr fünfzig Stunden in der Woche. Ich bin eh schon so mager und manchmal kurz vorm Zusammenklappen. Sie hat Zeit für ihre Frauengruppe, ihre Soap-Operas, ihren Malkurs und ihren Gesundheitsclub. Nach der Arbeit bin ich so erschöpft, daß ich es einfach schön fände, etwas umsorgt zu werden. Aber dann sagt sie, daß sie zu müde ist, um sich den ganzen Tag um Haushalt und Kinder zu kümmern.

Ich kann verstehen, daß das auch anstrengend ist, aber sicherlich nicht so sehr wie zehn Stunden am Tag auf dem Bau. Wenn ich mich bei der Arbeit umgucke, sehe ich die Jungs mit kaputtem Rücken und fehlenden Fingern, und dann hab ich einfach nicht das Gefühl, daß das Hausfrauendasein so gefährlich oder demoralisierend ist, wie jeden Tag eine harte Arbeit zu machen. Ich denke, ich verdiene ein bißchen Achtung dafür, daß ich jeden Tag meinen Körper einsetze, um die Rechnungen zu bezahlen. Merle hat viel mehr Freizeit als ich, und ich finde, sie könnte mich zu Hause ruhig mal etwas herumhängen lassen. Oder sie sollte vielleicht auch ganztags arbeiten gehen und sehen, wie das ist. Für die Hausarbeit können wir dann ja jemanden einstellen.«

Dann sagte Larry: »Mich stört am meisten an den Frauen, daß sie ständig die Männer runtermachen. Sie benehmen sich so, als wären wir verantwortlich für alles Böse in der Welt. Im Moment haben sie es besonders auf die Väter abgesehen. Ihr wißt, die ›nichtswürdigen Väter‹, die ihre Familien verlassen und keinen Unterhalt für die Kinder zahlen. Und jeder Mann ist ein potentieller Kinderschänder, Vergewaltiger, Frauenprügler und wartet nur auf die Chance, das Leben irgendeiner Frau zu vermurksen. Frauen erkennen selten das große Maß an Hingabe, Würde, Engagement, Mut und Verantwortung der meisten Väter. Ich hab es wirklich satt, daß Männer immer was auf den Deckel kriegen. Ich bin ein Full-time-Vater, und wenn ich zu den Elternversammlungen gehe, bekomme ich oft ein merkwürdiges Verhalten von einigen Müttern zu spüren. Die benehmen sich, als wäre ich irgendwie etwas pervers, weil ich so viel mit meinen Kindern zu tun habe.«

Dann war Jerry dran. Er sagte: »Ich bin auf nichts bei den Frauen böse. Frauen haben genug Mißbrauch durch die Männer erfahren, und ich will nicht auch noch dazu beitragen, indem ich hier irgend etwas gegen sie sage. Ich bin sauer auf die *Männer*, weil sie sich so viel beklagen und einfach nicht verstehen, daß die Frauen in dieser Gesellschaft viel stärker unterdrückt sind als sie. Ich denke, Frauen und Männer könnten wesentlich besser miteinander auskommen, wenn die Männer einfach anerkennen würden, daß sie den Frauen gegenüber privilegiert sind, und sich darum bemühen würden, den Schaden, den wir Männer den Frauen jahrhundertelang zugefügt haben, wiedergutzumachen. Ich finde diese ganze Übung hier widerwärtig. Wir sollten die Frauen fragen, wie wir ihr Ringen um Gleichheit unterstützen können, anstatt unseren Ärger über sie zum Ausdruck zu bringen.«

Dieser Beitrag von Jerry löste bei mehreren Männern mißbilligendes Stöhnen und auf der gegenüberliegenden Seite Applaus von Gloria und Marie aus. Liz ermahnte die Frauen, unsere Abmachung einzuhalten und die Männer frei sprechen zu lassen, ohne irgendwelche möglicherweise hemmenden Kommentare.

Dann nahm Joel den Stein von Jerry und platzte heraus: »Frauen wollen gar keine Gleichstellung mehr, sie wollen Herrschaft und Kontrolle. An der Universität, wo ich arbeite, haben ›political correctness‹ und ›Positiv-Diskriminierung‹ in fast allen Abteilungen ein männerfeindliches Klima geschaffen. Vor kurzem bewarb sich ein hochqualifizierter Freund von mir um eine Stelle in meinem Institut. Er wurde abgelehnt. Statt dessen wurde eine weniger qualifizierte Frau eingestellt. Der Institutsleiter erklärte mir unverblümt: ›Wir können für die nächsten fünf Jahre keinen Mann mehr einstellen, es gibt zuviel Druck für die Einstellung von Frauen, unabhängig von der Qualifikation‹.

Ich gebe zu, daß es in der Vergangenheit Diskriminierung gegeben hat. Aber jetzt ist die Diskriminierung der Männer sogar noch unverfrorener und verschwörerischer, als es bei der Benachteiligung von Frauen jemals der Fall war. Wo ich auch hinkomme, wird in einer anti-männlichen Politik die gleiche Art von Sexismus und Ungerechtigkeit praktiziert wie in den alten, von Männern beherrschten Institutionen. Es ist jetzt einfach nur umgekehrt. Wird es dadurch richtig? Ich glaube nicht. Ich möchte herausfinden, wie eine wirkliche Gleichberechtigung zwischen Frauen und Männern herzustellen ist, ohne einfach alles auf den Kopf zu stellen und den Frauen Macht über die Männer zu geben.«

Andy sagte uns dann, daß er sich darüber aufregt, daß »Frauen sich immer über die Gewalt von Männern beklagen, als wären sie selbst völlig unschuldig. Sie benehmen sich, als stünden sie auf einem hohen Podest der Moral. Aber jeden Tag sehe ich im Jugendheim, welchen Schaden Frauen bei ihren Kindern angerichtet haben. Das ist nicht sehr schön. Tatsächlich ergeben die Regierungsstatistiken, die ich bei der Arbeit eingesehen habe, daß bei der Kindesmißhandlung Frauen die Mehrheit darstellen. Sie greifen auch ihre Partner mit der gleichen Häufigkeit an wie Männer. Es ist richtig, daß wir Männer die Verantwortung für die Menge an Gewalt übernehmen müssen, die wir in die Welt gebracht haben, und daß wir versuchen sollten, das Leben gewalttätiger Männer zu heilen. Aber ich hab auch wirklich die Frauen satt, die mit ihrer eigenen Gewalttätigkeit nicht klarkommen. Und dabei geht es nicht einfach nur um körperliche Gewalt. Frauen treiben auch emotionalen Mißbrauch. Diese Art von Gewalt hinterläßt keine Prellungen oder sichtbaren Narben, aber ich kann euch versichern, daß diese Wunden lange, lange Zeit schmerzen.«

Ich sprach als letzter. »Was mich heutzutage am meisten stört, sind die Angriffe der Frauenbewegung auf die Männerbewegung. Es stimmt sicherlich, daß es Gegenreaktionen gegen den Feminismus gibt. Aber fast alle Männer aus der Männerbewegung im ganzen Land, mit denen ich gesprochen haben, unterstützen voll und ganz die Initiativen der Frauen für volle Gleichstellung und Selbstbestimmung.

Die Männer fangen gerade erst an, ihre eigene Stimme zu finden und das Ausmaß ihrer Wunden wahrzunehmen. Wir entdecken auch jetzt erst die Tiefe unserer männlichen Spiritualität und Schönheit wieder. Aber ein großer Teil der Frauenbewegung hat geballte Versuche unternommen, die Arbeit zu unterminieren. Anstatt die Männer um ihre eigene Befreiung kämpfen zu lassen, versuchen viele Feministinnen, Männer und Männlichkeit aus der Sichtweise der Frauen zu definieren. Sie feiern den sanften, gehorsamen Mann, der der Göttin dient, die Schmerzen der Frauen mitträgt und weder eine eigene Autonomie noch Bedürfnisse oder Wunden kennt, lauter Dinge, gegen die die Frauen kämpfen müßten. Paah! Das ist, als würden die Männer sagen: ›Wir wollen die Frauen leidenschaftlich, stark und gleichberechtigt, solange sie weiterhin alles tun, was wir ihnen sagen.‹«

Es hatte eine Menge Hitze in dieser ersten Sitzung gegeben. Aber der Abend war nicht abgeschlossen, bevor wir uns nicht gegenseitig mitgeteilt hatten, was wir gehört hatten. So begann eine zweite Runde, in der wir alle einfach etwas von dem wiederholten, was wir ein anderes Gruppenmitglied hatten sagen hören. Das ging so lange, bis jede/r bestätigte, daß ihre/seine Äußerungen von der anderen Seite wahrgenommen worden waren. So waren zwar viele Konflikte auf den Tisch gekommen, aber bei jedem Schritt wurde jede Person darüber versichert, daß zumindest ein Mitglied des anderen Geschlechts das Vorgetragene gehört hatte, auch wenn dies nicht unbedingt Zustimmung bedeuten mußte.

Allein das Wissen, daß du gehört worden bist, ist schon sehr heilsam. Es macht die Atmosphäre milder. Es hilft, einen empathischen Raum zu schaffen, in dem es zumindest die Möglichkeit für ein wenig wirkliche Übereinstimmung gibt.

Die Frauen überschreiten den Fluß, und die Männer ersteigen den Kamm

Nach diesem Anfangstreffen war es klar, daß es eine Menge gab, mit dem wir uns gemeinsam auseinandersetzen mußten. Es gab viel Ärger, Mißtrauen und Mißverständnis zwischen uns. Eine unserer Ausgangsabmachungen war, den Prozeß durchzustehen. Das ist einer der Sicherheitsfaktoren bei unserer Arbeit. Wir müssen unsere Durchhalteverpflichtung ernst nehmen und uns weiterhin dem Feuer stellen, bis sich etwas ändert. Bevor wir am Abend auseinandergingen, kamen wir alle überein, die Sitzung jetzt mit gutem Gefühl abzubrechen und am nächsten Morgen direkt nach dem Frühstück fortzusetzen.

An diesem Abend war die Unterhaltung im Lager gedämpft. Da gab es nicht das lebhafte Scherzen und die Ausgelassenheit wie am Abend zuvor. Alle waren sichtlich erschüttert, unruhig oder zumindest zu tiefem und ruhigem Nachdenken über das Erlebte angeregt.

Liz und ich machten einen Rundgang durch das Lager und vergewisserten uns, daß es allen wirklich gut ging. Aus unseren Gesprächen erfuhren wir, daß es für die meisten von ihnen das erste Mal gewesen war, daß sie direkt mit der *kollektiven* Wut des anderen Geschlechts konfrontiert wurden. Wir alle haben das bereits in den Medien und innerhalb einer Zweier-Beziehung erlebt. Aber die kollektive Empörung einer ganzen Gruppe zu hören, die euch über das Feuer entgegentritt und am nächsten Morgen immer noch da ist, das ist für die meisten eine heftige und Veränderung auslösende Erfahrung.

Der Krieg zwischen den Geschlechtern ist bis heute überwiegend eine versteckte Operation gewesen, bei der jede Seite Vorteile suchte und aus dem Hinterhalt feuerte. Wir wollten eine Friedenskonferenz schaffen, die sicher genug war, damit alle ihre Waffen sichtbar für die anderen offenlegen konnten, ohne sie aufeinander abzufeuern.

Natürlich ist das Endziel die gemeinsame Abrüstung. Doch die beidseitige Abrüstung wird nur in dem Maße stattfinden, wie die Bereitschaft zu gegenseitiger Solidarität, Unterstützung und Verständnis demonstriert wird. Bevor wir unser Potential für ein Bündnis erfahren können, müssen wir unsere Wunden anerkennen. Der erste Schritt dazu ist die Offenlegung dieser Wunden vor allen und das Wissen, daß das andere Geschlecht sie wahrgenommen hat. Dann können wir in unseren kommenden Sitzungen die nächsten Schritte in Richtung Heilung vollziehen, indem wir die Verantwortung für die Schmerzen übernehmen, die wir in unserem Leben dem anderen Geschlecht möglicherweise zugefügt haben.

Als Liz und ich uns für die Nacht fertigmachten, hörten wir Pferdegetrampel auf dem Weg neben der Lichtung. Es mußten die Cowboys gewesen sein. Als wir uns am nächsten Morgen versammelten, schlugen mehrere Männer vor, daß wir vor Einberufung der nächsten Sitzung noch etwa drei Meilen weiter aufwärts wandern sollten, um zu dem Bergsee Summit Lake zu gelangen. Andy meinte, am See könnten wir besser ein mehrtägiges Camp einrichten, da wir dort schwimmen gehen könnten und ein abgelegeneres Lager etwas entfernt von dem Weg hätten, auf dem nachts Cowboys vorbeikamen.

Dave und Larry waren offensichtlich scharf darauf, fischen zu gehen. Ich war es insgeheim auch. Doch mehrere Frauen und Jerry wollten das Tempo unserer Wanderung verlangsamen. Sie wollten einen Tag ausruhen und unten am Fluß bleiben, um die Schönheit der Natur zu genießen, bevor es weiter hoch in die Berge ging.

Liz und ich hatten vorsorglich über die Möglichkeit diskutiert, an einem bestimmten Punkt der Wanderung Frauen und Männer zu trennen. Es gibt viele gute Gründe dafür, die wir später darlegen werden. Deshalb schlugen wir vor, daß Frauen und Männer einige Zeit allein in getrennten Gruppen verbringen sollten.

So beschlossen die Frauen, ihr Lager an einen abgeschiedeneren Platz auf der anderen Seite des Flusses zu verlegen, während die Männer, einschließlich des widerwilligen Jerry, allein den Canyon aufwärtswanderten. Bevor wir uns trennten, baten Liz und ich beide Gruppen, während der Trennung über die folgenden Fragen nachzudenken: Was ist euer Anteil an all dem? Wie habt ihr den Krieg zwischen den Geschlechtern angeheizt?

Wir vereinbarten, daß die Frauen am nächsten Tag den Männern zum Summit Lake folgen sollten – doch wie so viele Dinge auf dieser Wanderung, sollten unsere Pläne zerschlagen werden.

3
Im Frauen-Camp: eine neue Mythologie der Frauen

In Urzeiten war eine Frau einst die Sonne.

(Japanisches feministisches Motto)[1]

Es wurde plötzlich sehr ruhig im Camp, als die Männer den Pfad hoch gingen und wir ihnen nachsahen, bis sie einer nach dem anderen hinter dem Kamm verschwanden.

»Und was jetzt?« fragte Merle mit etwas Unbehagen.

»Laßt uns unsere Sachen packen und runter an den Fluß gehen«, schlug Susan vor.

»Das hört sich gut an«, sagte ich. »Ich wäre wirklich lieber etwas weiter weg vom Weg. Habt ihr die Pferde gehört, die hier heute nacht durchgekommen sind?«

»Ja«, sagte Doris. »Nach unserer Sitzung gestern abend war ich zu unruhig, um sofort schlafen zu gehen. Deshalb habe ich mich eine Zeitlang an die Glut des Feuers gesetzt, und da sah ich sie wie schwarze Schatten gegen die Nacht vorbeireiten.«

»Oh Gott. Hoffentlich kommen sie nicht noch mal hier vorbei, während die Männer weg sind«, rief Merle aus. »Ich bin bisher noch nie allein ohne Alan draußen in den Wäldern gewesen. Cowboys machen mich nervös.«

»Mich nicht«, sagte Susan. »Mit uns bist du in Sicherheit, Merle, und außerdem könnten wir sogar ein bißchen Spaß mit ihnen haben. Ehrlich, ein paar von den Kerlen sind echt cool«.

»Hey, Susan, wie kannst du so was denken?« empörte sich Gloria.

»Ich weiß, ich weiß, ... dafür sind wir nicht hier.« Susan seufzte. »Aber ich hätte nichts gegen eine kleine Romanze hier in der Wildnis mit einem ›echten‹ Mann, während wir so eifrig alle Probleme der Welt lösen.«

Einige Frauen lachten, und Lisa sagte. »Okay, laßt uns erst mal unsere Probleme lösen und runter zum Fluß gehen. Mein unmittelbares Problem ist, daß ich mich schmuddelig fühle, ich möchte mir die Haare waschen.«

Wir packten unsere Sachen und schleppten alles hinunter zu dem neuen Platz.

Die Frauen überqueren den Fluß, um ohne die Männer zu leben

»Toll ist es hier«, sagte Marie, als wir uns einrichteten. »Es ist viel privater und schön erfrischend, so direkt am Fluß.«

Wir bauten schnell und zügig unser neues Lager auf. Doris, unsere auserkorene Feueranmacherin, machte sich an die Arbeit, so daß wir etwas Wasser heiß machen konnten. Am späten Vormittag saßen wir alle um unseren neuen Herd herum und entspannten uns bei dampfendem Tee. Wir begannen, über unsere Gefühle zur Sitzung vom Vorabend zu sprechen.

»Wie fühlst du dich jetzt, Doris?« fragte ich. »Du sagtest vorhin, daß du gestern abend unruhig warst.«

Sie schwieg einen Moment, bevor sie antwortete. »Ich glaube, ich fühle mich entmutigt. Es gibt soviel Verletzung und Wut zwischen uns und ihnen«, sagte sie und zeigte in die Richtung, in die die Männer aufgebrochen waren. »Ich weiß nicht, wie wir da je herauskommen sollen.« Die anderen Frauen murmelten und nickten in offensichtlicher Zustimmung.

»Ich fühle mich irgendwie wütend«, sagte Lisa, »und mißverstanden von den Männern in unserer Gruppe. Es war wirklich hart, gestern abend da zu sitzen und all das Zeug, was sie sagten, einfach nur anzuhören. Ich habe die ganze Zeit geschwankt zwischen dem Wunsch, ihnen ins Gesicht zu schreien, daß sie Schweine sind, und dem Gefühl der Scham, wenn einige ihrer Beschwerden wahr klangen.«

»Ihr denkt, diese Männer hier sind schlecht, aber ihr solltet mal die Idioten auf meiner Arbeit sehen«, sagte Susan. »Es gibt in meiner Abteilung sehr wenige Frauen. Ich fühle mich fast durchweg fremd und isoliert unter meinen Kollegen. Ich muß sehr aufpassen, daß ich mich nicht wie ein ›emotionales‹ Weibchen benehme, und wehe, wenn ich mal anderer Meinung bin als einer der männlichen Führungskräfte. Anstatt daß sie mich als durchsetzungsfähig und qualifiziert ansehen, bin ich dann einfach als Zicke verschrien.«

Marie kam auf das Thema zurück und sagte: »Mein Gefühl ist Ärger und Verwirrung.«

»Ärger worüber?« fragte Lisa.

»Tja, je mehr ich versuche, mich in der Männerwelt durchzusetzen, um so wütender werde ich. Ich habe enorme Anstrengungen unternommen, um so zu werden, wie man sein muß, um Erfolg zu haben und Karriere zu machen. Seit meiner Kindheit habe ich immer Unabhängigkeit gewollt. Aber ich fühle mich immer noch frustriert in meinem Leben. Es scheint mir irgendwie leer und bedeutungslos. Ich fange an, mich vertrocknet und bitter zu fühlen. Von meiner Familie und den meisten meiner Freunde fühle ich mich jetzt isoliert, weil ich nie Zeit habe, mit ihnen in Verbindung zu bleiben. Manchmal weiß ich gar nicht mehr genau, was ich eigentlich erreichen will oder sogar wer ich bin als Frau.«

»Das hilft mir, meine momentanen Gefühle besser zu verstehen«, sagte Doris. Sie nahm das rote Seidentuch von ihrem Nacken und wischte sich den Schweiß ab, der ihr das Gesicht hinunterzulaufen begann. »Ich denke, sowohl Frauen als auch Männer sind verwirrter denn je darüber, wer sie sind und was sie vom anderen Geschlecht wollen. Wir könnten diese Themen endlos diskutieren. Und wir haben alle berechtigte Argumente. Aber ich glaube, die Heilung wird aus etwas kommen, das tiefer in uns allen liegt, aus etwas, über das die Natur vielleicht mehr weiß als wir.

Ich dachte gerade an meine Großmutter. Als wir Kinder waren, besuchten wir sie oft im Reservat. Das Haus war kaum mehr als eine Hütte, aber wir liebten sie. Sie war voller erdverbundener Weisheit. Wenn mein Bruder und ich uns zankten, sagte sie uns, wir sollten aufhören, hinausgehen und uns unter einen Baum setzen. Wir durften nicht eher zurückkommen, als bis der Baum zu uns gesprochen hatte, und dann mußten wir uns gegenseitig erzählen, was der Baum uns gesagt hatte. Wir gingen oft etwas genervt zu dem Baum, es kam uns wie Humbug vor, aber es klappte immer. Irgendwie fanden wir so an einen klareren Ort zurück.«

»Das ist eine gute Geschichte«, sagte Gloria. »Das Bild deiner Großmutter gefällt mir. Sie wirkt auf mich wie eine große Dame. Ich wußte gar nicht, daß du Indianerin bist«.

»Nur zu einem Viertel. Aber so hatte ich die Möglichkeit, viel über ihre Kultur zu lernen.«

»Wir sind also vielleicht wie diese Kinder, die sich unter den Baum setzen müssen. Willst du das sagen?« fragte Merle.

»Ich glaube, ja«, erwiderte Doris.

»Würden reinstes Schmelzwasser und große weiße Felsen es auch tun?« fragte Merle scherzhaft. »Es wird ganz schön heiß.«

»Laßt uns schwimmen gehen«, sagte Susan und fing an, sich die Kleider abzustreifen.

Es war eine Wohltat, einige Zeit ohne Männer zu verbringen und diese Pause zu haben, um uns zu erholen und uns näher zu kommen. Wir hatten noch viel nachzudenken über die Sitzung vom Vorabend. Mitzuteilen, was wir von den Männern wollen, ist schwierig, wenn wir noch nicht einmal uns selbst kennen. Was wir wollen, können wir oft besser entdecken, wenn wir ohne Männer sind. Die meisten von uns wollen jedoch nicht die ganze Zeit nur mit Frauen zusammen sein. Männer bereiten uns auch Vergnügen und tun uns viel Gutes. Der Separatismus, für den einige Feministinnen werben, ist für die meisten von uns keine realistische Alternative. Und doch, als ich herumguckte und die Frauen sah, wie sie sich die Haare wuschen und kämmten und in der Sonne lagen, schien es mir ziemlich unwahrscheinlich, daß wir uns in Anwesenheit der Männer jemals so entspannt und wohlgefühlt hätten.

Die Frauen am Wendepunkt

In den neunziger Jahren stehen die Frauen am Wendepunkt ihrer Identitätssuche. Die sechziger Jahre brachten ein stürmisches Auflodern von sozialen Veränderungen. Bürgerrechtsbewegung, Feminismus, Erleichterung der Geburtenkontrolle, Legalisierung der

Abtreibung, »Positiv-Diskriminierung« und sexuelle Revolution veränderten allesamt drastisch unsere Vorstellungen darüber, was es heißt, eine Frau zu sein.

Dennoch haben traditionelle Rollenmodelle immer noch einen ausschlaggebenden Einfluß auf unsere Psyche und das kollektive Bewußtsein der Gesellschaft. Mitten in diesen Zeiten des Wandels sind jedoch viele Frauen intensiv und engagiert auf der Suche nach einer neuen starken Identität. Wir bemühen uns um ein neues Verständnis davon, was es heißt, *feminin* und gleichzeitig stark zu sein in unserer heutigen Gesellschaft. Und da gibt es viele Hindernisse auf dieser Reise der Selbstentdeckung.

Die weibliche Kultur ist durch die moderne Kultur zersplittert, überschattet und in gewissem Grad sogar vernichtet worden. Es muß noch viel getan werden, um die verlorenen Fäden der »Mutterlinie« – wie die Jungianerin und Therapeutin Naomi Lowinsky es treffend nennt – wieder zusammenzuweben. Sie beschreibt die Mutterlinie als »die *Körper gewordene* Erfahrung der weiblichen Mysterien«. Lowinsky glaubt, daß »Frauen, denen der Kontakt mit ihrer Mutterlinie abhanden gekommen ist, verlorene Seelen sind, hungrige Gespenster, die Körper bewohnen, die ihnen nicht gehören, weil der weibliche Boden ihnen ein fremder Ort ist.«[2]

Viele Frauen von heute sind ihrer Mutterlinie beraubt worden. Daraus folgt, daß sie keine Verbindung mehr zum Wesen der tiefen Weiblichkeit selbst, zur weiblichen Seele haben. Der Verlust der Seele der Frauen hat seinen Ursprung in den kulturellen Entwicklungstendenzen der letzten Jahrtausende in Richtung auf abstraktes Denken, Logik und Individualität – lauter Werte, die traditionellerweise in der Sozialisierung der Männer betont werden. Dieser Bruch hat tiefgehende Implikationen für die körperliche, psychische und spirituelle Gesundheit der Frauen.

Die kulturelle Verlagerung der menschlichen Gesellschaft weg von Natur, Körper und tiefen Gefühlen ging weitgehend von der städtischen Philosophie der alten Griechen aus. Die Renaissance trieb ein mechanistisches Modell der Menschheit voran und verherrlichte wissenschaftliches Denken. Dieser Trend wurde während der europäischen Aufklärung weiter begünstigt. Die Vorherrschaft der jüdisch-christlichen Religion während dieser Periode mit ihrer primären Anbetung eines solaren männlichen Gottes versperrte den Frauen zudem immer mehr den Zugang zu den heiligen Bildern der Weiblichkeit, den alten Großen Göttinnen des Himmels und der Erde.

So wurde eine Kultur geschaffen, die den größten Teil des menschlichen Verhaltens nach den Standards männlicher Normalität beurteilt. Eine Politik, die auf dem Gleichsein von Männern und Frauen basiert, geht davon aus, daß Frauen, die in von den Standards männlicher Normalität beherrschte kulturelle Bereiche eindringen, die gleichen Probleme und Erwartungen haben wie Männer. Für viele Frauen endet die Jagd nach dieser Art Gleichheit damit, daß sie zwar erfolgreicher sind, sich aber weniger weiblich fühlen. Der Verlust der tiefen Weiblichkeit ist vielen Frauen von heute gemein, auch wenn *Weiblichkeit für verschiedene Frauen durchaus Unterschiedliches bedeutet*. Es ist den Frauen jedoch möglich, sich mit ihrer einzigartigen weiblichen Erfahrung zu identifizieren und diese wertvolle und starke Stimme in die Welt zu tragen, ohne zu versuchen, den Männern ähnlich zu werden.

Bei der Arbeit wird von Frauen zunehmend erwartet, die Bedürfnisse ihres Körpers, ihre Gefühlsäußerungen und ihr Bedürfnis nach familiären Bindungen zu verleugnen. Der Philosoph Sam Keen hat vertreten, daß dieses Problem nicht mehr mit einer männlichen Institution – dem Patriarchat – identifiziert werden kann, sondern daß es vielmehr ein »Ökonom-archat« ist, das gleichermaßen zerstörerisch für das Leben von Männern und Frauen ist.[3] Diese Machtstruktur kümmert sich wenig um die Bedürfnisse der Familien. Sie konzentriert sich vielmehr darauf, die größtmögliche Leistungsfähigkeit alleinstehender Männer und zunehmend auch – wie die Statistiken zeigen – alleinstehender Frauen zu entwickeln. Marie und einige andere Frauen aus unserer Gruppe brachten dieses Gefühl der Entfremdung zum Ausdruck, als wir am Fluß saßen und über unser Leben redeten.

Wir müssen immer mehr zu Superfrauen werden. Wir versuchen, unsere Rollen als Ehefrau, Mutter und Geliebte beizubehalten, während wir gleichzeitig nach kreativer, politischer und ökonomischer Stärke streben.

Freud untersuchte zwar vorwiegend Frauen, wertete seine Ergebnisse jedoch unweigerlich aus einem männlichen Blickwinkel aus.[4] Diese Auffassung hat zu einer starken männlichen Tendenz in der Entwicklungspsychologie geführt, die den höchsten Wert in Individualismus und Autonomie erblickt. In dieser Sichtweise besteht der Gipfel des Erfolgs für ein heranwachsendes Kind in der Fähigkeit, sich von seiner primären Versorgerin zu trennen und auf eigenen Beinen zu stehen.

Jüngere Untersuchungen auf dem Gebiet der Psychologie vermitteln neue Einsichten in die Psychologie der Frauen. Pionierinnen wie Carol Gilligan vertreten die Auffassung, daß eine gesunde weibliche Psyche sich auf einem einzigartigen, geschlechtsspezifischen Pfad entwickeln kann, auf dem das In-Beziehung-Stehen mit anderen von fundamentaler Bedeutung ist. Diese Wege führen im Idealfall zu einer gesunden und integrierten erwachsenen Frau, deren biologische, psychologische und psychische Realitäten sich grundlegend von denen eines Mannes unterscheiden.

Sogar heute spüren viele Frauen, daß ihre Identität und ihr Selbstwertgefühl mehr auf der Qualität ihrer Beziehungen als auf ihren Leistungen in der Welt draußen basieren. Wir sind aufgewachsen mit der Vorstellung von uns selbst als Umsorgende. Auch wenn diese Rolle heute viele Frauen einengt, ist sie doch weiterhin ein tiefgreifendes kulturelles Thema – die primäre Matrix, in der weibliche Identität entsteht. Der neuen weiblichen Psychologie zufolge durchtränkt diese Matrix die Beziehungen der Frauen zu sich selbst und zur Welt.

In den letzten Jahrzehnten hat sich unsere Gesellschaft von der lange aufrechterhaltenen Überzeugung entfernt, daß wir alle danach streben sollten, Mitglieder der gleichen homogenen Gruppe zu werden. Wir haben uns zum multikulturellen Denken und zur Vielfalt als einem fortschrittlicheren Ideal bekannt. Die Kulturanthropologie sagt uns, daß die Erfahrung einer intakten Kultur notwendig ist, um Gesundheit und Lebensfähigkeit einer ethnischen Gruppe zu erhalten. Ebenso ist es gefährlich für Frauen, ihre eigene weibliche Kultur aufzugeben, um sich in die vorherrschende männliche Kultur zu integrieren.

Die Verbindung mit der tiefen Weiblichkeit sollte jedoch nicht mit dem Neuen Traditionalismus verwechselt werden, der von Konservativen wie Marilyn Quayle und Barbara Bush propagiert wird. Eine der Möglichkeiten, die Verbindung mit der weiblichen Matrix wiederherzustellen, besteht darin, daß Frauen sich einfach miteinander treffen und über die tiefe spirituelle und psychische Erfahrung des Frauseins sprechen. Durch aufrichtiges Gespräch und tiefe Bindungen miteinander beginnen wir die Einzigartigkeit unserer Situation zu verstehen. Indem wir uns im Energiefeld anderer Frauen befinden, fangen wir an, das Wesen der weiblichen Seele auf vielen Ebenen zu fühlen. Genau das geschah jetzt, als wir diese Zeit miteinander verbrachten und meckerten und jammerten, die Sonne in uns aufsogen, seufzten, Tee tranken und einfach herumhingen am Blue Water Creek.

Im Mond-Haus

»Oh, verdammt«, schrie Merle, als sie von einem kurzen Bad im Fluß zurückkam. »Ich hab meine Periode bekommen, und ich habe gar nichts mitgenommen. Wie ärgerlich!«

»Ich hab ein paar extra Binden dabei«, sagte Susan. »Ich hab meine gestern bekommen.«

»Das ist mir so unangenehm«, sagte Merle. »Ich hätte sie erst in einer Woche kriegen sollen. Einen schlechteren Zeitpunkt hätte es nicht geben können.«

»Der Zeitpunkt könnte nicht besser sein«, warf ich ein. »Ich weiß nicht, wie oft ich mir gewünscht habe, in Gesellschaft von anderen Frauen meine Tage zu kriegen. Ich habe mich immer gefragt, wie das wohl in einem traditionellen Menstruations-Haus gewesen ist. In vielen anderen Kulturen haben die Frauen eine spezielles Haus – das Mond-Haus – in das sie gehen und sich eine erholsame, ruhige Zeit machen können. Andere Frauen kochen kräftigende Tees, spielen Musik und bringen dir Kissen. Wann haben wir je die Möglichkeit, uns unserem Zyklus einfach hinzugeben, ohne die beständige Ablenkung durch Arbeit, Kinder und Partner?«

»Ich habe immer das Bedürfnis, während der Zeit allein zu sein«, sagte Marie, »aber mein Leben ist so organisiert, daß es nahezu unmöglich ist. Ich arbeite den ganzen Tag. Und wenn ich dann nach Hause komme, brauchen Larry und die Mädchen meine ganze Aufmerksamkeit. Den ganzen Monat lang habe ich anscheinend alles im Griff, bis meine Periode kommt. Dann dreh ich einfach durch und schreie jeden an.«

»Ihr beide habt Glück«, sagte Gloria. »Ihr könnt euch jetzt dabei völlig entspannen. Wir werden euer Mond-Haus sein. Ihr könnt den ganzen Tag in der Sonne und im Wasser liegen, und wir anderen werden uns um alles kümmern. Was haltet ihr davon?« fragte sie und guckte uns an. Alle fanden das gut.

»Meine Großmutter sagte mir immer, daß dies für eine Frau die stärkste Zeit im Monat sei«, sagte Doris, die einen farbenprächtigen Sarong um ihren Unterleib geschlungen hatte und oben nichts trug. »Ich hab nie verstanden, was sie damit meinte, da ich immer gerade das Gegenteil empfunden hatte. Aber mit zunehmendem Alter begreife ich es allmählich. Unsere Periode ist rundherum Verwandlung. Doch eine Änderung fühlt sich nicht immer so großartig an, während sie stattfindet.«

»Insbesondere wenn sie nicht unterstützt wird durch deine Umgebung ... oder nicht mal durch uns selbst«, sagte Susan.

»Ich fühle mich wie eine Schlange, die sich jeden Monat häutet«, sagte Lisa. »Oder manchmal sehe ich mich durch ein Tor in etwas Unbekanntes hineingehen. Aber ich habe weder Zeit noch Raum, darauf zu achten und wirklich bei mir zu sein, so geht es irgendwie an mir vorbei, ohne daß ich mir dessen wirklich bewußt werde.«

»Ja«, erwiderte Merle, »und gerade jetzt fühle ich mich so, als wäre es Zeit, hinabzugleiten, mit einem dieser Felsen zu verschmelzen und einzuschlummern.«

Die Priorität ihrer biologischen Realitäten gehört mit zu den wichtigsten Dingen, die Frauen entdecken, wenn sie zusammen sind. Trotz aller heroischer Anstrengungen des Willens sind unsere Körper unwiderruflich von Natur aus zyklisch, zumindest in der ersten Hälfte unseres Lebens. Mit unseren Menstruationszyklen verändern wir uns hormonell, sind den ganzen Monat hindurch zunehmend und abnehmend sowohl körperlich als auch emotional.

In dem Bemühen, sich an die Standards der heroischen Männer-Kultur anzupassen, glaubten die Frauen, die Kraft aufbringen zu müssen, diese einzigartige weibliche Erfahrung zu verleugnen. Diese Verleugnung trägt zu dem körperlichen und emotionalen Unbehagen bei, das manche Frauen während ihrer Menstruation empfinden.

Trotz einiger fortschrittlicher Gedanken zur weiblichen Psychologie ist über die psychischen Effekte der Menstruation immer noch recht wenig geschrieben worden. Gut untersucht ist dagegen das Phänomen, daß das Selbstwertgefühl heranwachsender Mädchen in dieser Zeit drastisch abnimmt.[6] Es ist immer noch ein großes Tabu für Frauen – sogar für unerschrockene Feministinnen – die Unterschiede, die sie als das Ergebnis der Menstruation erleben, anzuerkennen. Es gibt die sehr tief verwurzelte, kulturellle Annahme, daß diese Unterschiede eine Frau dysfunktional und unterlegen machen.

Beim Einsetzen der Menstruation lernen die meisten jungen Frauen, daß in diesem Erlebnis etwas Tabuisiertes, Schmutziges und Unangenehmes steckt. Sie lernen, es zu verstecken, zu sterilisieren und in Anwesenheit von Männern zu verleugnen. Und die Gesellschaft entmutigt sie, während dieser Zeit ihre Gefühle auszudrücken.

Schlechte Laune, »die Tage« haben, Unwohlsein und andere Gefühlsäußerungen werden als unpassend angesehen in einer Kultur, die der Gefühlskontrolle einen hohen Stellenwert beimißt. In unserer Gesellschaft wird der Ich-Verlust – der Verlust des bewußten Willens über das Gefühl – oft als unerwünscht angesehen, es sei denn, er ist Teil der sexuellen Begegnung zwischen Frau und Mann. Deshalb werden in einer männerorientierten Kultur die die Menstruation betreffenden Gefühle oft pathologisiert. Der potentielle Wert der Menstruationserfahrung sowie die Unterstützung und sichere Einbettung der Frauen in die Kultur des weiblichen Geschlechts sind verloren gegangen.

In der gesamten westlichen Geschichte wurde die Menstruation mit abschätzigen Begriffen beschrieben. Plinius sagte: »Die Berührung durch eine menstruierende Frau kann die Früchte auf dem Feld verdorren lassen, den Wein sauer machen, Spiegel beschlagen, Eisen rosten lassen und Messerschneiden stumpf machen.«[7] Noch heute wollen orthodoxe Juden einer Frau nicht die Hand geben, weil sie möglicherweise gerade menstruiert.

Durch diese Abwertung ist die tiefe Reise der Seele, eingebettet in die biologische Erfahrung, verlorengegangen. Die seelenerfüllte Seite der Menstruation ist eine potentielle Goldmine für die Frauen. Wenn dieser Prozeß verstanden und in die weibliche Psyche integriert wird, kann er ein sehr bedeutsames Werkzeug zur Heilung und Stärkung der Frau werden. Der Menstruationszyklus öffnet uns ein Fenster in die tiefe emotionale Macht des Unbewußten.

Durch die Menstruation werden Frauen oft in die Nähe ihrer tiefsten Gefühle gebracht. Jeden Monat haben sie die *Möglichkeit*, sich den Tiefen des Gefühls hinzugeben, indem sie unkontrollierbaren Gefühlen erlauben, an die Oberfläche zu kommen. Es ist eine einmalige Zeit, in der das Ich seinen machtvollen Griff auf unsere Persönlichkeit verliert. Und eben dieses verminderte Funktionieren des Ichs macht die Menstruation so erschreckend für viele Frauen wie auch Männer. Unsere Kultur betet den Gott der Vernunft an. Tiefe Gefühle werden pathologisiert. Als Konsequenz gehen die seelen-bildenden Möglichkeiten der Menstruationserfahrung verloren und lassen viele Mädchen und Frauen mit dem Gefühl der Schmälerung zurück.

In anderen Zeiten und Kulturen wurde der weibliche Fruchtbarkeitszyklus als primäre Quelle für die Macht der Frau angesehen. Es war der Beweis ihrer überwältigenden und mysteriösen Fähigkeit, Leben zu schaffen. Viele primitive Gesellschaften verstanden die tiefe Bedeutung dieses Phänomens. Riten des Übergangs wurden in kulturelle Praktiken eingebaut, mit denen die heranwachsenden Mädchen beim Einsetzen der Menstruation in den größeren Kreis der Frauen aufgenommen wurden.[8]

In diesen Kulturen wurde ein Mädchen in der Pubertät aus der größeren Gemeinschaft herausgenommen und von den älteren Frauen unterwiesen. Von ihnen lernte sie alles, was sie brauchte, um die vollen Rechte und Pflichten einer reifen Frau zu erwerben. Durch die Initiation erfuhr sie auch etwas über die heilige Bedeutung ihres Menstruations- oder Fruchtbarkeitszyklus. In unserer Kultur jedoch gibt es keine vergleichbare Erfahrung für junge Frauen.

Wenn Frauen mit der weiblichen Seele in Verbindung sind, können sie sich mit Stärke, Tiefe und Weiblichkeit in die Welt begeben. Sie können die zerrissenen Fäden der weiblichen Kultur wieder zusammenweben. Initiierte Frauen sind eine Quelle der Inspiration und der Weisheit für jüngere Frauen, die darum kämpfen, in einer schwierigen und sich ändernden Welt ihr Selbstwertgefühl zu finden. Susan und Merle bekamen einen kurzen Eindruck von dieser Stärke und Heilung, da sie die Möglichkeit hatten, in ihren gewöhnlichen Verantwortlichkeiten eine Pause einzulegen und die volle Unterstützung durch andere Frauen zu genießen.

Während wir weiter über dieses Thema diskutierten, äußerte Gloria wehmütig: »Da ich jetzt in den Wechseljahren bin, kommt dieses Bewußtsein irgendwie zu spät für mich. Obwohl die Menopause in gewisser Weise ein Segen ist, bin ich auch traurig darüber, weil ich jetzt gerade anfange, das zutiefst spirituelle Wesen der Menstruation zu verstehen. Naja, vielleicht kann ich jetzt wenigstens jüngere Frauen darin unterweisen. Außerdem habe ich durch all dies auch begriffen, daß ich darauf getrimmt war, nicht nur die Menstruation, sondern auch die Menopause negativ zu sehen.

Die Menopause bedeutet, daß das Blut nun in meinem eigenen Körper zurückgehalten wird. Es wird nicht für die Mutterschaft mobilisiert. Anstatt sich auf das Hegen und Pflegen von anderen zu konzentrieren, wendet es sich nun dem Hegen und Pflegen von innerer Weisheit und der Vertiefung meiner weiblichen Seele zu. Ich denke, wir sollten den Begriff Menopause, der sich auf das Ende eines Zyklus bezieht, in ›Weisheitszeit‹ (wisdoming) abändern oder ein anderes Wort prägen, das die positive Metamorphose zum Ausdruck bringt, die dieser Wechsel für die Frauen bedeutet. Normalerweise hören wir darüber wenig mehr als: aufsteigende Hitzen, Hormone in Aufruhr und ›Leeres-Nest-Syndrom‹. Es scheint, daß jedes Stadium der Verwandlung der Frau sowohl als Grauen als auch als Segen gedeutet werden kann. Es hängt einfach davon ab, wie man es sieht.«

Wilde Schönheit, weibliches Feuer

Die Sonne stieg höher am kobaltblauen Himmel, während der zweite Tag unseres Zusammenseins verstrich. Der Tag wurde heiß. Wir streckten uns auf den großen weißen Felsen aus, die am Flußufer lagen, und ließen die Sonne in unsere Körper eindringen.

»Das ist ein unglaubliches Gefühl,« sagte Lisa.»Ich fühl' es direkt, wie der Streß aus meinem Leben wegschmilzt.«

Als wir uns in der Abgeschiedenheit dieses intimeren Platzes ausruhten, fühlten die meisten von uns sich sicher genug, um sich auszuziehen. Die Szene erinnerte an eine Schar von Naturgeistern, die in einem heiligen Teich badeten. Ich war berührt von dem Anblick dieser anmutigen Frauen, in all ihren Formen und Gestalten. »Seht uns an«, sagte ich. »Wir sind schön.«

»Ach komm, Liz.« reagierte Gloria. »Übertreib mal nicht. Ich fühle mich nicht sehr schön. Ich bin fett, faltig, bleich und schlaff. Es fällt mir ziemlich schwer, noch irgend jemandem meinen Körper zu zeigen. Das ist mir peinlich.«

»Ja«, sagte Marie. »Das geht mir auch so«.

»Es ist schon tragisch, wie wir diese negative Sicht von uns selbst verinnerlicht haben.« seufzte ich. »Ich war schon lange nicht mehr in einer Gruppe, in der jede Frau sich mit ihrem Körper echt wohl fühlte.«

»Wir haben wirklich den Sinn für unsere angeborene Schönheit und Besonderheit als Frauen verloren«, stimmte Lisa zu. »In meinen Frauenkursen bringe ich Mythen über Göttinnen aus anderen Kulturen und Zeiten mit ein. Es gibt wundervolle alte Bilder der weiblichen Seele, die die Frauen von heute zu vermeiden scheinen. Eine meiner Lieblingsgöttinnen ist Inanna, eine alte sumerische Göttin.[9]

Inanna war bekannt als die Königin von Himmel und Erde. In einer ihrer heiligen Hymnen heißt es: ›Wenn sie sich gegen den Apfelbaum lehnte, war ihre Vulva wunderschön anzusehen. Erfreut über ihre wunderschöne Vulva, applaudierte die junge Frau sich selbst.‹ Könnt ihr euch vorstellen, euch mit eurem Körper und eurer Sexualität so gut zu fühlen?«

»Das ist schwer«, gab Merle zu.

»Eher nicht«, stimmte Marie ein.

»So haben die Frauen auf der Jagd nach oberflächlicher Schönheit sich selbst verloren«, fuhr Lisa fort. »Und als Reaktion gibt es dann so viele Frauen, die ins andere Extrem gefallen sind und ihre weibliche Sinnlichkeit völlig verleugnen. In einer meiner Gruppen beleidigte ein Kerl ununterbrochen einige der Frauen, indem er sie

›Birkenstock-Mamas‹ nannte. Aber wißt ihr, da waren schrecklich viele Frauen in der Gruppe mit kurzem Haar, ohne Makeup, mit ausgebeulten Pullis, festen Schuhen und einem ständigen Stirnrunzeln.«

»Was sagst du da?« warf Gloria ein und sah auf ihre Birkenstock-Schuhe. »Frauen müssen rüschig und aufgedonnert und schick sein, sonst sind sie nicht mehr weiblich? Was für ein Scheiß!«

»Es muß eine andere Alternative geben«, sagte Doris, »in der unser Schönheitssinn sich verbindet mit wilder Energie und Stärke, die aus uns selbst kommen. Wo wir nicht bloß als Objekte für das Vergnügen der Männer, sondern zu unserer eigenen Freude und Befriedigung schön sind.«

»Wonach wir hier zu suchen scheinen«, sagte ich, »ist das Bild einer Weiblichkeit, die gleichzeitig schön und stark ist, eine Art wilde Schönheit.«

»Ja,« sagte Doris. »Genau! Wilde Schönheit. Das trifft genau das Bild, das ich von mir als Frau habe.«

Auf der Suche nach Aphrodite

Wir brauchen offensichtlich einen neuen Archetypus weiblicher Schönheit in der zeitgenössischen westlichen Kultur. Archetypen sind Themen oder Motive, die in der ganzen Welt auftauchen. In unterschiedlichen Kulturen können sich ähnliche Archetypen mit gewissen Nuancen herausbilden, aber die grundlegenden Merkmale finden sich durchweg in allen Kulturen. Zum Beispiel hat sich das Thema der Göttlichen Mutter als Jungfrau Maria in der westlichen Kultur manifestiert, als Kuan Yin in Japan, als Tara in Nepal und Tibet und als Yemaya in Westafrika.[10] Die Schablonen für die kulturellen Normen werden aus den Mythologien und ihren archetypischen Charakteren geformt.

In unserer Gesellschaft gibt es auf dem Gebiet der weiblichen Archetypen nicht viel. Die heiligen Bilder, mit denen die meisten von uns aufgewachsen sind, waren hauptsächlich männlich. Die wenigen weiblichen Bilder, die verfügbar *sind*, stellen die Frau entweder als mütterlich und mitleidend dar, aber ohne Sexualität und Stärke, oder als Zicke und Hure, ohne Zärtlichkeit und Liebe. Die Frauen sind jetzt auf der Suche nach neuen, weniger dichotomischen Bildern und berufen sich gleichzeitig wieder auf die alten Bilder als Quellen der Inspiration für die gegenwärtige weibliche Identitätsbildung.

Der Philosoph Friedrich Nietzsche arbeitet in seinem Buch *Die Geburt der Tragödie aus dem Geiste der Musik* zwei archetypische Impulse in bezug auf die Schönheit heraus, die durch die westliche Geschichte strömen – das Apollinische und das Dionysische.[11] Camille Paglia, Feministin und Autorin von *Sexual Persona*, schreibt: »Dionysos ist Empathie, die sympathetische Emotion, die uns in andere Menschen, an andere Orte, in andere Zeiten versetzt. Apollo ist das unerbittlich Kalte, das Trennende der westlichen Person und des westlich kategorialen Denkens.«[12]

Das dionysische Prinzip überschreitet die Grenzen, verschmilzt mit der Natur und weckt eine unbereinigte Leidenschaft. Die dionysischen Impulse führen uns über die Zwänge unseres individuellen Egos, über zivilisiertes Verhalten und die meisten moralischen Beschränkungen hinaus. Das Vergnügen, das die Leidenschaft bringt, ist oft von Furcht und Verwundbarkeit begleitet. Deshalb versuchen wir häufig, die Natur zu kontrollieren, um den Schmerz aus unserem Vergnügen zu eliminieren. Aber bei ihrem Bemühen, sich über die Natur zu erheben, laufen Männer wie Frauen Gefahr, den Lebenssaft zu verlieren, den die Archetypen der ungezähmten Wildheit bringen.

Die Vorherrschaft der apollinischen Energie in unserer Kultur hat die meisten dionysischen Energien in den Untergrund gedrängt. Die alten Götter und Göttinnen wie Pan, Dionysos, Inanna und Aphrodite – deren Wesen von Numinosität, Wildheit und Leidenschaft geprägt waren – sind verlorengegangen, verschluckt und unterdrückt worden. Doch was an einer Stelle in den Untergrund gedrängt wird, bricht an einer anderen Stelle irgendwann wieder hervor.

Die apollinische Ästhetik versucht, sich über die Natur zu erheben und sie zu verfeinern. Diese historisch verstärkte Tendenz hat zu der beispiellosen, vom Medienrummel geprägten Besessenheit von einem »unnatürlichen« idealisierten Schönheitsbild für Frauen beigetragen. Dieses idiosynkratische Ideal empfindet Widerwillen gegen Fett, Geruch, Körperbehaarung, Blutung, Gebären, Altern der Frauen und alles übrige, das den Geschmack von Sterblichkeit und Verbindung zur natürlichen Welt hat. Paglia sagt, daß »Dionysos' Schlick der fleischige Dung der fruchtbaren Gebärmutter [ist]. Nichts erregt seinen Abscheu, weil er alles Seiende in sich enthält. Abscheu ist eine apollinische Reaktion, ein ästhetisches Urteil. Abscheu zeigt stets irgendeine Abweichung oder Abwendung vom Mütterlichen an.«[13]

Der gegenwärtige Schönheitskult greift immer mehr zu chirurgischen Eingriffen, gefährlichen Diäten, zeitraubender Gymnastik und kostspieliger, vom Trend gesteuerter Mode. Schönheit ist zunehmend künstlich und undefinierbar. Für die meisten Frauen ist sie unerreichbar geworden. Viele Frauen fühlen sich, sogar wenn sie diesen Standards gerecht werden, durch das Streben nach Schönheit erschöpft und erledigt. Frauen leben immer noch in einem einschnürenden Netz, das zum Teil von den Erwartungen der Männer und zum anderen Teil von einem noch immer unentwickelten Sinn für die von äußeren Schönheitsnormen unabhängige, eingeborene weibliche Kraft gespannt wird.

Viele Frauen glauben, daß äußere Schönheit Macht bedeutet. Unsere Kultur unterstützt auf vielfache Weise die Überzeugung, daß Schönheit der Schlüssel für Erfolg ist. Da die Medien uns mit Bildern schöner Frauen überschwemmen, könnte man meinen, daß unsere Kultur die Schönheitsgöttin Aphrodite verehrt und schätzt. In Wirklichkeit haben diese Bilder der weiblichen Schönheit wenig mit dem Wesen der Schönheit zu tun. Die kontrollierte, manipulierte und vermarktete Schönheit hat nichts mit Aphrodite zu tun.

Der Archetypus der Aphrodite ist Ausdruck von weiblicher Anmut und Sinnlichkeit. Sie ist eine Göttin der Liebe. Sie vermittelt uns die Fähigkeit, zu fühlen, anzuziehen und zu verbinden, die Fähigkeit, Freude zu geben und zu empfangen. Sie ist gegenwärtig, wenn wir uns für Intimität und tiefe Gefühle öffnen. Aphrodite hat den Griff des Midas – was sie anfaßt, wird zu Gold – eine Energie, die alles, was sie berührt, verwandelt. Diese goldene Energie erfüllt jeden und alles mit Anmut, Wärme und Energie.

Aphrodite ist die Quelle der weiblichen kreativen und reproduktiven Energie des Universums. Sie ist die alchimistische Essenz, die Gegensätze dazu bringt, sich anzuziehen und zur Vereinigung zu gelangen. Wenn wir auf unsere tiefe Weiblichkeit eingestimmt sind, können wir diese Essenz stärken und schön werden. Hillman schreibt, daß Aphrodites Schönheit »die Art und Weise ist, in der die Götter unsere Sinne berühren, das Herz erreichen und uns ins Leben ziehen ... und wenn Schönheit der Seele eingeboren und ihr Wesen ist, dann zeigt sich Schönheit überall da, wo sich Seele zeigt.«[14]

Wenn wir Aphrodite erlauben, unsere Welt völlig zu bewohnen, müssen wir auch bereit sein, die Angst, ja sogar den Schrecken zu akzeptieren, die tiefe Liebe, Sexualität und Intimität begleiten können. Ein Element kann nicht ohne das andere existieren. Wir müssen bereit sein, über Sicherheit und Bequemlichkeit hinauszugehen, wenn wir Aphrodites tiefe weibliche Kraft und Schönheit in unserem Leben wollen. Wir müssen offen sein, uns von den tiefen Kräften der Natur besitzen und verzaubern zu lassen, im Vertrauen darauf, daß eine natürliche organische Weisheit uns leiten wird.

Aphroditische Schönheit kommt aus der Seele. Sie steht allen Frauen und allen Männern zur Verfügung. Sie ist kein Gebrauchsgegenstand, der gekauft oder verkauft werden kann. Wie Blumen auf einer Wiese oder ein großartiger Sonnenuntergang ist Aphrodite Teil unserer natürlichen Welt und Teil unseres natürlichen Wesens. Ihre Schönheit berührt all unsere Sinne. Wir sehen, fühlen und berühren sie und riechen sogar ihren süßen Duft. Doch am wichtigsten ist, daß wir in ihrer Gegenwart tiefer in all die unermeßlichen Freuden und Leiden des Lebens geführt werden.

Die Göttinnen der Sonne

Wir lagen ausgestreckt auf den Felsen, sogen die Wärme des Tages in uns hinein und plantschten von Zeit zu Zeit im Fluß herum. Wir gossen Unmengen von Sonnenschutzmitteln über uns aus, um unsere Haut zu schützen, und lagen da wie heidnische Gläubige in Verehrung des Großen Sonnengottes. Wir quasselten wie alte Freundinnen miteinander und ließen so den Nachmittag verstreichen. Es war eine sehr befriedigende und hegende Art, den Tag zu verbringen.

»All diese Sonne tut mir wirklich gut«, sagte Merle. »Ich habe das Gefühl, all meine Lebensenergie zu verlieren, wenn ich den ganzen Tag in geschlossenen Räumen bin.«

»Das kenne ich«, sagte Doris. »In meiner Agentur haben wir diese schrecklichen Neonlichter. Ich fühle mich gräßlich, wenn ich mich zu lange bei diesem Licht aufhalten muß. Es ist irgendwie unnatürlich und ungesund.«

»Ich fühle mich zunehmend wohler in meinem Körper,« sagte Gloria. »Als wir heute früh hier herunterkamen, war ich unglaublich selbstkritisch. Nach all diesen Gesprächen über Aphrodite und wilde Schönheit, dazu die Sonne und das Wasser, fange ich jetzt an, mich sehr sinnlich und weich zu fühlen.«

»Ja«, stimmte Marie ein. »Ich fühle mich so entspannt wie schon lange nicht mehr. Meine Arbeit hat mich bei lebendigem Leibe aufgefressen. Aber was glaubt ihr, warum fühlen wir uns weiblicher, wenn wir in der Natur sind und in der Sonne liegen? Ich dachte immer, die Sonne sei ein Symbol für männliche Energie.«

»Das ist eigentlich auch so«, sagte Lisa. »Und das hat mich lange Zeit gestört. Ich weiß nicht genau warum. Ich denke, ich fühle mich dadurch ausgeschlossen. Ich verstehe nicht, warum wir die Welt symbolisch zwischen den Geschlechtern aufteilen. Das ergibt für mich nicht viel Sinn. Soweit ich aus Biologie und Physik weiß, gibt es in allem männliche und weibliche Elemente.«

»Du hast recht«, sagte Susan. »Jetzt wo ich darüber nachdenke, in allen Geschichten, die ich jemals gelesen habe, ist die Erde immer die Große Mutter und der Himmel der Große Vater. Was stimmt daran nicht? Ich möchte mich gern mit der Großen Mutter identifizieren.«

»Also«, setzte Lisa ein. »ich habe mich immer mehr auf den Bergen als in den Tälern wohlgefühlt. Seit meiner frühen Kindheit war ich fasziniert vom Himmel und von der Sonne. Ich habe mir immer vorgestellt, ein Vogel zu sein und das Gefühl zu kennen, mit dem Wind zu fliegen. Aber man hat mir immer erzählt, daß dieser Teil der Natur männlich ist. Wo bleibe ich da also als Frau? Ich kann mich nicht in eine Erdmutter mit üppigen Brüsten einfühlen, die all ihre Kinder ernährt. Ich liebe meinen Sohn Gabe, aber meine Karriere war immer sehr wichtig für mich. Ich möchte aufsteigen und strahlen wie die Sonne und nicht nur auf die dunkle und mysteriöse Erde verwiesen sein.«

Die Sonne ist seit Urzeiten Gegenstand tiefer Verehrung gewesen. Sie spielte eine wichtige Rolle im mythologischen und religiösen Leben der meisten Kulturen. In vielen Mythologien wurde, wie Susan erwähnte, der Sonne die symbolische Identität einer männlichen Gottheit gegeben. Es hat jedoch zu allen Zeiten viele Kulturen gegeben, die sich die Sonne als weiblich – als Sonnengöttin – und Erde und Mond als männlich – als Erdvater und Mondvater – vorgestellt haben.

Die unterschiedlichen symbolischen Auffassungen können den Frauen und Männern in dieser Übergangszeit sehr viel geben. Um unser Weltbild zu revidieren und die Partnerschaft zwischen den Geschlechtern zu fördern, müssen wir die als Wahrheit akzeptierten Mythen kritisch unter die Lupe nehmen. Wie kam es dazu, daß die Weiblichkeit in das Dunkel des Erdbodens und das schwankende, nur reflektierte Licht des Mondes verbannt wurde? Wieso wurde die Wärme und Helligkeit der Sonne so oft mit männlicher Energie assoziiert?

Der Mond hat einen ganz anderen Charakter als die Sonne. Er hat ein zyklisches Wesen: Er nimmt zu, wird voll und nimmt dann ab bis zur Finsternis. Wie wir schon früher erörterten, haben Frauen, die sich im Einklang mit ihrem Menstruationszyklus fühlen, eine Hingabe an die tiefen biologischen Rhythmen erlebt. Sie haben eine »lunare« Stärke. Diese Stärke kann ihnen die Fähigkeit geben, sich innerlich zu wenden, leer zu werden, Zugang zu innerer Weisheit zu finden und dann wieder voll zu werden. Das ist ein starker Aspekt der lunaren Identifikation mit dem Mond. Doch diese Sichtweise der weiblichen Seele hat auch eine ernstzunehmende Kehrseite.

Der Mond ist verbunden mit Nacht, Traumwelt, Gefühl, Intuition und den unbewußten Teilen unserer Psyche. Wenn wir das weibliche Geschlecht allein dem Mond zuschreiben, können die

Frauen allzu leicht mit Schatten, Dunkelheit und Kälte gleichgesetzt werden. Diese Denkweise schafft eine mythologische Identität, die in Wirklichkeit die Stärke der Frauen in der äußeren Welt beeinträchtigt. Viele Frauen denken, um Erfolg in der Welt zu haben, müßten sie Zugang zu ihrer »inneren Männlichkeit« oder ihrem »animus« – wie C.G. Jung es nannte – finden. Sie haben kein mythologisches, psychologisches oder spirituelles Modell der Weiblichkeit, das in der Welt des »Tageslichts« stark ist.

Das Licht der Sonne ist beständig und allgegenwärtig. In symbolischem Sinn stellt die Sonne eine Kraft in Aktion dar, eine Kraft mit physikalischen Fähigkeiten und eine Kraft, die auf der materiellen Ebene etwas zu erschaffen vermag. Die Frauen brauchen gerade diese Stärke, um über die traditionellen Rollen von Mutter und Ehefrau hinauszugehen und Karriere zu machen. In der Tiefenpsychologie steht die Sonne für Ich-Stärke, was gewöhnlich für ein männliches Merkmal gehalten wird.

Die Sonne ist das Zentrum des Sonnensystems. Die Planeten kreisen um sie herum, und von ihr empfangen sie passiv Wärme, Energie und Licht. Die Erde hängt in ihrer Fruchtbarkeit von der Sonne ab. Ohne die Sonnenenergie bleibt die Erde Ödland und kann nichts hervorbringen. Viele Frauen haben die symbolische Deutung eines »geschlechtsspezifisch aufgeteilten« Universums in ihrer Psyche verinnerlicht. Sie nehmen die Erde als weiblich wahr. Daraus folgt ihre Tendenz, Männer und männliche Energie als notwendig für ihre Aktivierung in der Welt zu suchen. Sie fühlen sich nur wirklich lebendig, stark und energiegeladen, wenn sie eine Beziehung zu einem Mann haben.

Doch wenn wir uns daran erinnern, daß die Sonne sowohl weiblich als auch männlich ist, können wir den fruchtbaren Boden unserer eigenen Erde befruchten. Wir werden selbst-bestärkend. Wenn Frauen Zugang zur Sonnengöttin finden, gibt ihnen das enorme Energie, Kraft und Kreativität. Es kann ihnen direkten Zugang zu der sich verwirklichenden Stärke verschaffen, die vorwiegend im Bereich der Männer angesiedelt war.

Sonnen-Stärke kann Frauen den nötigen Mut und Willen geben, aus der Opfersituation und Abhängigkeit herauszutreten. Sie kann Frauen auch befähigen, aggressiv zu sein, wenn es nötig ist, indem sie energisch ihre eigenen Grenzen, das Wohlbefinden ihrer Familien und den Planeten schützen. Dann können sie aus einer Position der Stärke und der freien Entscheidung heraus Beziehungen zu Männern aufnehmen, und nicht aus Bedürftigkeit und Abhängigkeit.

Wir sind nach ihrem Bild gemacht

»Ach komm, Liz«, sagte Lisa, »ich bin in Dutzenden von Frauengruppen gewesen und habe nie etwas über die Sonnengöttin gehört. Jede Frau weiß, daß die Erde unsere Mutter ist. Ich glaube, du denkst dir das alles einfach aus.«

»Nein, das tu ich nicht. Es gibt eine Menge Beispiele für Sonnengöttinnen. In den nordischen Schöpfungsmythen gibt es einen Mann mit Namen Mundlifari, der zwei Kinder hat, eine Tochter, die Sonne, und einen Sohn, den Mond. Die weibliche Sonne hat in diesen Mythen viele Namen: Orb, Immerhell, All-Glühend, Feenrad. Es gibt auch eine schwedische Sonnengöttin mit Namen Lucia, die zur Wintersonnenwende mit einer Krone aus brennenden Kerzen auftaucht, als Symbol für die Rückkehr des Lichts.[15] Unter den nordamerikanischen Eingeborenenstämmen ist die Sonne bei den Eskimo, Yuchi und Cherokee weiblich.[16]

»Diese Vorstellung gefällt mir«, sagte Susan. »Es paßt genau in die Diskussion von vorhin über die wilde Schönheit. Ich stelle mir eine Frau mit wilder Schönheit als eine Frau vor, die etwas von dieser Sonnenenergie hat, die ihr Leben selbst bestimmt, anstatt immer nur auf die Menschen um sie herum zu reagieren.«

»Mir gefällt das auch«, sagte Merle. »Ich hab mich immer ganz schön passiv in meinem Leben gefühlt. Ich schien immer nur auf Alans Bedürfnisse und die meiner Kinder zu reagieren. Ich weiß meistens gar nicht, was ich will. Ich denke, eine Sonnengöttin hat keine Probleme damit, zu wissen, was sie will.«

Es gibt unzählige Bilder von Sonnengöttinnen überall auf der Welt. Die japanische Sonnengöttin Amaterasu ist vielleicht die bekannteste. Die Dynastien der japanischen Kaiser berufen sich auf sie als Stammutter. Einer der berühmtesten Mythen über Amaterasu hat mit dem jahreszeitlichen Zyklus der Sonne zu tun. Amaterasu streitet mit ihrem Bruder, der Ungestümer Mann genannt wird, weil er immer ihren Hof stört. Sie wird so wütend, daß sie sich in eine Erdhöhle zurückzieht.

Die Kami (die übrigen Götter und Göttinnen) erkennen das potentiell Unheilvolle in dieser Situation und stellen einen riesigen Spiegel in der Form der Sonne her, den sie Himmelsspiegel nennen. Dann veranstalten sie ein großes Fest mit viel lärmender Fröhlichkeit und obszönem Humor. Schließlich späht Amaterasu aus ihrer Höhle heraus, um zu sehen, was los ist. Sie sieht ihr Spiegelbild im Spiegel und denkt, daß eine Kami gefunden wurde, die schöner ist als sie selbst. Deshalb kommt sie aus der Höhle heraus, um der Thronräuberin die Stirn zu bieten. So wurde die Sonne der Welt zurückgegeben.[17]

Diejenigen, die Amaterasu lieben, bringen sie mit einem Scherz dazu, sich selbst als »die Schönste« zu erklären. Die Notwendigkeit, ihre Schönheit in der Welt geltend zu machen, bringt sie dazu, ihre dunkle, depressive Zuflucht in der Höhle zu verlassen. In Anlehnung an den Mythos von Amaterasu haben japanische Feministinnen, die den Rückgang an Kraft und Vitalität bei den Frauen beklagten, den Spruch entwickelt, mit dem dieses Kapitel begann: »In Urzeiten war eine Frau einst die Sonne.«

Durch das Verständnis der solaren Weiblichkeit geben wir auch der lunaren und irdischen Männlichkeit die Möglichkeit, sich zu entfalten. So können wir unser Weltbild ausdehnen und beide Geschlechter in allen elementaren und natürlichen Kräften vertreten sehen. Diese Sichtweise erzeugt Partnerschaft. Die Alternative ist, weiterhin das Universum aufzuteilen und einen Bereich dem weiblichen Geschlecht, einen anderen dem männlichen zuzuordnen. Solch eine nunmehr überholte Sichtweise erzeugt Krieg.

Das Frauen-Camp

Während wir an dem Abend gemeinsam um das Feuer herum saßen und überlegten, wer wir waren, bemerkten wir, wie wertvoll uns unsere gemeinsame Erfahrung war, so kurz die Zeit auch gewesen war. Einige der Frauen äußerten, daß sie nie zuvor empfunden hatten, was es bedeutet, in einer reinen Frauengruppe ohne Männer zu sein. Wir merkten, daß es etwas Besonderes war. Ich wies sie darauf hin, daß wir manchmal wie Amaterasu sind und nicht sehen können, wer wir sind als *Frauen* ohne den Spiegel anderer Frauen. Das bedeutet nicht, daß Männer nicht einen wesentlichen Platz in unserem Leben einnehmen. Es bedeutet vielmehr, daß es ein weibliches Energiefeld gibt, das in einer Gruppe entsteht und uns hilft, zu fühlen und zu erkennen, wer wir auf einer tieferen Ebene sind.

Wir hatten während unserer gemeinsamen Zeit eine ganze Menge an Intimität und Vertrauen gewonnen. Diese Verbundenheit und das Gefühl von Stärke als Frauen waren wichtig, als wir unsere nächste Aufgabe in Angriff nahmen: unsere Gefühle und Konfliktpunkte mit den Männern zu erforschen und herauszufinden, was wir zum Krieg der Geschlechter beitrugen.

Als der Mond aufging, fragte ich mich, ob die Männer es wohl bis zum Summit Lake geschafft hatten. Ich hoffte, daß es Aaron gut ging. Die Zeit mit den Frauen war großartig, aber er fehlte mir, und ich freute mich darauf, die Männer am nächsten Tag wieder zu treffen. Doch der Morgen sollte ein unerwartetes Hindernis für unsere Pläne bringen.

4
Im Männer-Camp: eine neue Mythologie der Männer

> Von Zeit zu Zeit geht es wie ein Rausch durch die in den Kulturzwang sich hineinschraubende Menschheit: das Altertum hat es erlebt in der aus Osten heranbrandenden Welle der dionysischen Orgien.
>
> *C. G. Jung*[1]

Es war bereits später Morgen, als wir unser Vormittagstreffen beendet, uns voneinander verabschiedet und unsere Sachen gepackt hatten. Ich saß allein mit Liz am äußersten Ende des Lagers. Dort nahmen wir ein letztes gemeinsames Frühstück aus Nüssen, Müsli mit Milchpulver und unseren letzten Stücken Frischobst zu uns. Wir tauschten unsere Eindrücke über den Verlauf des Workshops aus und faßten den Plan, uns am späten Vormittag des nächsten Tages auf halbem Wege zu treffen. Danach sollten beide Gruppen sich gegen Mittag am Grace Lake wieder zusammenfinden, einem kleinen runden Gletschersee, der noch etwa zwei Meilen Wanderung von den beiden separaten Camps am Blue Water Creek und am Summit Lake entfernt war.

Als ich meine Sachen auf den Rücken lud und den Weg hinaufwanderte, hatte ich gemischte Gefühle. Einerseits freute ich mich darauf, die Männer besser kennenzulernen und ohne die Frauen über unsere Probleme sprechen zu können. Andererseits war mir auch etwas beklommen zumute.

Es schien riskant, die Gruppen direkt nach der ersten Konfliktsitzung zu trennen. In unseren bisherigen Workshops haben Liz und ich die Gruppen höchstens für einige Stunden in separate Räume gebracht. Jetzt gingen wir meilenweit auseinander und das für eine längere Zeit. Am Vorabend war eine Menge Energie geschürt worden, und vielleicht war es nicht gut, die Feindseligkeiten zu lange schwelen zu lassen. Ich brannte darauf, dem friedensstiftenden Ziel unseres Trips näher zu kommen. Außerdem spürte ich schon, daß Liz mir fehlen würde. Ich war in der letzten Zeit soviel unterwegs gewesen, um Vorträge zu halten, daß wir nicht viel Zeit miteinander verbracht hatten. Und jetzt waren wir hier in dieser wunderschönen Gegend. Ich würde gern mit ihr schwimmen gehen, faulenzen und die mondbeschienenen Kämme ersteigen.

Die Männer, die vor uns kamen

Am frühen Nachmittag gelangten wir zu einer alten Forst-Hütte und machten eine Pause. Wir befanden uns jetzt weit oberhalb des Blue Water Creek. Der Fluß stürzte in Kaskaden durch den engen Canyon. Der Vorbau der Ranger-Station bot uns eine herrliche Sicht auf den Wasserfall und die schäumenden Stromschnellen unter uns. Das auf die Felsen aufschlagende Wasser versprühte einen feinen Dunst, in dem sich das Sonnenlicht brach und funkelnde Regenbogen schuf, die in der Luft über dem Rand des Canyons tanzten und schimmerten.

Ich entdeckte eine kleine verwitterte Messingplakette in dem Beton, der den Vorbau mit dem Felsen vermauerte. Die Inschrift besagte, daß 1935 diese Station die Männer der Arbeitsbeschaffungsmaßnahmen gebaut hatten. Als ich an jene Männer dachte, die vor zwei Generationen an diesem Platz gelagert und gearbeitet hatten, befiel mich Traurigkeit.

Die Große Depression war eine harte Zeit für dieses Land gewesen. Der Staat reagierte auf die Massenarbeitslosigkeit mit Fürsorgeeinrichtungen vorwiegend für Frauen und mit staatlichen Arbeitsprogrammen hauptsächlich für Männer. Im Moment macht unsere Gesellschaft wiederum eine ökonomische Krise durch.

Während wir uns noch weiter im Schatten der Hütte ausruhten, dachte ich über die Sitzung vom Vorabend nach und darüber, wie wenig die Probleme der Männer oft von den Frauen und von der Gesellschaft insgesamt verstanden werden. Ich zeigte den Männern die Plakette.

Andy sagte: »Das kann ich gut nachvollziehen. Du weißt, daß ich seit Jahren unterbeschäftigt bin. Ich verdiene im Jugendheim kaum das Nötigste zum Leben. Ich würde gern neue Fertigkeiten erlernen, wieder zur Schule gehen oder so etwas. Ich höre viel von Kursen oder Wiedereingliederungsprogrammen für Frauen. Doch für Männer scheint es keine speziellen Fortbildungsprogramme oder Unterstützungssysteme zu geben.«

»Das gehört zu den Dingen, die ich als ungerecht empfinde«, sagte Alan. »Für die Frauen gibt es jetzt eine Menge Sonderregelungen bei der Arbeit. Viele ihrer Beschwerden über ungleiches Einkommen sind sicherlich berechtigt. Aber jedesmal, wenn es etwas Anstrengendes oder Gefährliches zu tun gibt, wird ein Mann herangezogen. Diese Tatsache kommt mir schmerzlich zum Bewußtsein, wenn ich bedenke, daß bei Arbeitsunfällen zwanzigmal mehr Männer ihr Leben verlieren.«

Dann sprach Larry. »Ich habe bemerkt, daß die meisten Penner auf der Straße Männer sind. Es gibt zahlreiche Frauenhäuser, aber kein einziges Männerhaus in meiner Stadt«.

»Vielleicht solltest du eines aufmachen«, warf Jerry ein.

»Ja, okay, das ist keine so schlechte Idee«, erwiderte Larry.

»Obwohl es ziemlich schwer sein wird, da viele öffentliche Gelder nach meiner Erfahrung eher für Frauenzentren zur Verfügung stehen, und weniger für Männer. Aber ich wollte etwas anderes sagen. Wenn es um Gesundheit, Sicherheit und Wohlbefinden geht, scheint die Gesellschaft sich um Männer einfach nicht so viel zu kümmern wie um Frauen.«

Männliches Privileg oder Entbehrung?

Während wir weiter in Richtung Summit Lake wanderten, dachte ich noch über die Gefühle nach, die die Männer in der Schutzstation geäußert hatten. In unseren Gesprächen während der Wanderung am Nachmittag tauschten wir unsere Meinungen darüber aus, daß Männer und Frauen oft mit zweierlei Maß gemessen werden. Die Unterhaltungsliteratur ist heute voll von Geschichten über die Unterdrückung der Frauen. Es ist auch durchaus wichtig, daß feministische Autorinnen uns eine höheres Bewußtsein über die Wunden der Frauen vermittelt haben. Die während der Sitzung am Vorabend diskutierten Themen führten uns allen aufs neue die tiefe Wut vor Augen, die die meisten Frauen über die tatsächlichen Ungerechtigkeiten empfinden, die sie in einer sexistischen Gesellschaft erlitten haben. Und als bewußte Männer sollten wir vorbehaltlos ihre Forderungen nach Selbstbestimmung und sozialer, politischer und ökonomischer Gleichstellung unterstützen. Das scheint klar zu sein.

Es scheint jedoch in den gängigen Analysen über Geschlecht und Macht das Verständnis dafür zu fehlen, daß auch Männer leiden, entmachtet sind und Mißbrauch und Vernachlässigung erfahren. Während wir die Baumgrenze überschritten und auf dem granitenen Rückgrat unseres Vaters Erde gingen, der aus dem dünnen alpinen Boden des Blackheart-Kammes herausbrach, dachte ich über Glorias Überzeugung nach, daß Männer so viel privilegierter sind als Frauen.

Sicherlich, Männer erzeugen ihr Leiden zum großen Teil selbst. Sie stellen, wie Gloria bemerkte, die Mehrheit der physischen Gewalttäter dar. Das ist das tragische Erbe, das auf den Männern lastet. Selten wird jedoch darauf hingewiesen, daß Männer auch die Hauptopfer dieser Gewalt sind. In den USA sind 70% *aller* Opfer von Tätlichkeiten und 80% der Mordopfer Männer.[2] Dem Kongreß wurde ein Gesetzentwurf zur Gewalt gegen Frauen vorgelegt, in dem der Opferstatus der Frauen im Sinne eines Vergehens gegen die Bürgerrechte behandelt wird.[3] Doch wo haben wir eine parallele Besorgnis um Männer, die doch die breite *Mehrheit* der Opfer von Gewalttaten ausmachen? Während wir schweigend durch die immer dünner gesäten Fichten wanderten, hatte ich mehr Zeit als gewöhnlich, um über diese Dinge nachzudenken.

In den letzten Jahrzehnten hat die stärkere Beachtung der Verletzungen von Frauen jegliches Mitgefühl mit Männern vollkommen in den Schatten gestellt. Während meiner jahrelangen Beratungstätigkeit und Zusammenarbeit mit verschiedenen Sozialberatungsstellen ist mir klar geworden, daß in diesen Dingen zunehmend mit zweierlei Maß gemessen wird. Zum Beispiel richtet sich laut neuesten Schätzungen von vielen Psychotherapeuten zumindest ein

Drittel des sexuellen Kindesmißbrauchs gegen Jungen.[4] Doch mit diesem Problem befassen sich nur wenige Behandlungsprogramme, da sie sich in erster Linie auf die weiblichen Opfer konzentrieren. In meinen Männergruppen wird jedoch immer deutlicher, daß diese Art von Mißbrauch häufig vorkommt und bei Jungen in gleichem Maße psychische Probleme auslöst wie bei Mädchen.

Jungen machen den Hauptanteil der geprügelten Kinder aus. Prügeln ist bei weitem häufiger als sexueller Mißbrauch. Jedes Jahr kommt es zu Tausenden von Verletzungen und Hunderten von Todesfällen.[5] Physische Gewalt gegen Jungen wie Mädchen wird mehrheitlich von Frauen ausgeübt, und doch werden solche Zahlen selten in Artikeln über Gewalt in der Gesellschaft zitiert. Oder die Gewalt von Frauen wird mit ihrer eigenen Unterdrückung entschuldigt. Und woher kommt die Gewalt von Männern? Ist sie ein Virus aus dem Weltall? Die modernen Sozialtheorien ziehen nur selten die Möglichkeit in Erwägung, daß die männliche Gewalt eine verzweifelte Antwort auf psychische, soziale und emotionale Unterdrückung ist. Zum Beispiel wurden Männer, die als Erwachsene prügeln, oft selber als Kinder geschlagen.

Drei Millionen Jungen erleiden jährlich körperliche Bestrafungen in den Schulen.[6] Tausende dieser Jungen brauchen ärztliche Behandlung.

In jüngster Zeit haben sich Sonderbeauftragte zum Thema Selbstwertgefühl viel stärker um die mentale Gesundheit der Mädchen gesorgt. Das ist lobenswert. Aber die Selbstmordrate bei Jungen ist vier bis fünfmal höher als bei Mädchen.[7] Ist das nicht ein Indiz für die ernsten Probleme der Männer mit ihrem Selbstwertgefühl?

Sozial tolerierter Mißbrauch und Vernachlässigung von männlichen Personen ist einer der Hauptgründe für Wut und Gewalt von Männern. Gewalt gegen Männer ist nicht nur institutionalisiert und sozial sanktioniert, sie wird sogar oft zu einer Freizeitunterhaltung in Sportarten wie Boxen, wo 75% der Sportler unter Gehirnschäden leiden, oder Rennfahren, Hockey und Fußball, wo die mittlere Lebensdauer eines Berufsspielers bei vierundfünfzig Jahren liegt.

Leider spornen ältere Männer die jüngeren oft zu solch selbstzerstörerischen, heroischen Betätigungen an. Und Tausende von Mädchen bejubeln dieses gesundheitsschädliche Verhalten, bei dem sich gewalttätig Mann gegen Mann stellt. Viele Frauen jubeln die Männer auch in den Krieg. In den gängigen Diskussionen über die Geschlechterproblematik wird von seiten der Frauen oft die Tatsache nicht anerkannt, daß sie es unbewußt billigen, wenn Männer in dieser Weise mißhandelt werden.

Unsere jeweiligen sexistischen Haltungen erzeugen ein System der doppelten Moral für Männer in fast allen sozialen Institutionen. Zum Beispiel haben die Schulen in jüngster Zeit große Aufmerksamkeit auf Mädchen gerichtet, die in Mathematik und anderen wissenschaftlichen Fächern hinter den Jungen zurückbleiben. Aber leider wird nur selten erwähnt, daß Jungen in der Lesefähigkeit hinter den Mädchen liegen, und noch wichtiger, daß sie wesentlich häufiger die Ausbildung abbrechen.[8] Heute befinden sich Männer in einer beständig abnehmenden Minderheit unter den neuen College-Studenten.[9] Und mehr schwarze Männer sind im Gefängnis als im College.[10]

Als ich die Männer ansah, wie sie den Weg über die verstreuten Felsbrocken durch die Gletschermoräne hinaufstiegen, war ich fasziniert von ihrer Schönheit, wie sie in der Sonne schwitzend, mit den leuchtenden Farben von Kleidung und Gepäck gegen das gesprenkelte Grau des nackten Gesteins abstachen. Wie traurig, daß es wenig Initiativen zu geben scheint, um diese Schönheit zu beschützen.

Im Schnitt sterben Männer sieben Jahre früher als Frauen.[11] 1920 betrug die Kluft lediglich ein Jahr. Warum gibt es kein großes öffentliches Interesse daran, dieses Problem der *Sterblichkeits-Kluft* zwischen Frauen und Männern zu analysieren?[12]

Männer haben eine höhere Frequenz an Unfällen, Drogenmißbrauch, Selbstmord und Gewaltopfer zu verzeichnen als Frauen.[13] Und sogar die Kriegsveteranen leiden unter einer beträchtlichen sozialen Vernachlässigung. Vietnam-Veteranen stellen heute 25% aller Häftlinge und 30% aller Obdachlosen in unserem Land.[14] Fast doppelt so hoch wie die Zahl der im Kampf Gefallenen ist die Zahl derer, die sich nach der Rückkehr in die Heimat das Leben genommen haben.[15]

Viele Männer haben mit Selbstmißhandlung und Gewalt auf diese Wunden reagiert, die sie sich bei dem Versuch zugezogen hatten, dem heroischen Ideal der Männlichkeit in unserer Kultur gerecht zu werden. Ernsthaft verschlimmert wird das Problem noch durch eine soziale Struktur, die den Bedürfnissen der Männer zunehmend gleichgültig begegnet. Zwar stimmt es, wie Gloria, Marie, Jerry und andere auf unserer Sitzung herausarbeiteten, daß einige Männer aufgrund ihrer geschlechtsspezifischen Privilegien Zugang zu wichtigen politischen und ökonomischen Machtpositionen genießen. Aber dabei handelt es sich lediglich um eine kleine Minderheit der Bevölkerung, die mehr als ein Drittel des nationalen Reichtums kontrolliert.[16] Die übrigen 98% brauchen dringend Mitgefühl, Verständnis, soziales Engagement und Unterstützung.

Der alte Mythos der Männlichkeit geht davon aus, daß Leben und Sicherheit von Männern weniger wert sind als von Frauen, so wie ein alter Mythos der Weiblichkeit die Arbeit der Frauen für weniger wert hält als die der Männer. Da wir uns auf eine neue »Ära der Gleichheit« zubewegen, in der den Tätigkeiten der Frauen größerer Raum gegeben wird, ist gleichzeitig anzustreben, daß Männer das gleiche Recht auf Fürsorge und Schutz haben wie Frauen.

Der Feminismus hat sich vorrangig auf die Bedürfnisse von Mädchen und Frauen konzentriert, während die *meisten Männer darin gescheitert sind, eine ähnliche Sorge um die Bedürfnisse von Jungen und Männern durchzusetzen.* Das ist hauptsächlich den Männern zuzuschreiben. Wir können den Frauen nicht vorwerfen, daß sie sich auf sich selbst konzentriert haben. Männer müssen beginnen, den Bedürfnissen ihres eigenen Geschlechts besser gerecht zu werden.

Das Camp am Summit Lake

Der Weg zum Summit Lake war zwar nicht sehr lang, aber steil und felsig. Der Aufstieg war heiß und ging langsam voran. Infolgedessen kamen wir erst am späten Nachmittag an. Nach einer kurzen Pause wollten die meisten fischen oder auf Erkundungstour um den See herum gehen.

In der Abenddämmerung waren Jerry und ich schließlich die einzigen in unserem Lager. Grashüpfer huschten über die Bergwiesen, und die Grillen hatten bereits ihr Abendkonzert begonnen. Die Nacht war im Anzug, und auf dieser Höhe kann auch ein Hochsommerabend ganz schön kalt sein. Deshalb begann Jerry, eine Nachtration Feuerholz zu sammeln, während ich die Feuerstelle herrichtete, das Feuer anmachte und Wasser aufsetzte, um etwas Suppe und Kaffee zu kochen.

Als die Männer einer nach dem anderen in das Camp zurückkamen, schienen sie dankbar für das heiße Wasser und das Feuer zu sein, aber niemand sagte etwas. Dave, Alan und Joel waren voller Stolz, da sie acht Forellen gefangen hatten. Sie breiteten die glitzernden Fische auf einem Holzscheit neben dem Feuer aus, damit wir sie alle bewundern konnten. Wir überschütteten sie mit Lob für ihre Geschicklichkeit im Fischfang.

Die Fische waren bereits ausgenommen und fertig zum Grillen. Ich war froh, daß ich vorsorglich etwas Knoblauch, Kräuter und ein bißchen Öl mitgenommen hatte, anstatt all das Zeug bei Liz zu lassen. Während ich mich einerseits freute, Fisch zum Abendessen zu haben, ärgerte es mich doch ein wenig, daß alle auseinandergelaufen waren, ohne einen Gedanken an das Camp zu verschwenden. Diese Erfahrung vermittelte mir etwas Verständnis für eines der Themen, das viele Frauen ärgert. Ich fühlte mich ein bißchen wie eine vernachlässigte Ehefrau, die dafür zu sorgen hatte, daß ein nettes Heim auf die Männer wartete, wenn sie nach einem Tag der Jagd nach Hause kamen. Es kam mir zu Bewußtsein, wie oft die traditionelle weibliche Rolle im Haus unterschätzt wird, während die traditionelle männliche Rolle des Jägers und Versorgers den ganzen Ruhm einsteckt.

Es ging nicht so sehr um den Zeitaufwand, sondern darum, wie die Arbeit gewürdigt wird. Niemand hatte Jerry und mich für das Feuermachen und Kaffeekochen gelobt. Ein Teil meiner gegenwärtigen Experimente als Mann besteht darin, nicht mehr einfach automatisch meine Gefühle hinunterzuschlucken, sondern sie vielmehr auszudrücken, auch auf die Gefahr hin, das männliche heroische Tabu zu verletzen, das Gefühle mit Schwäche gleichsetzt. Ich sagte den Männern, daß ich das Gefühl hatte, daß meine Arbeit für zu selbstverständlich genommen worden sei. Jerry unterstützte mich. Unsere Beschwerde wurde von den anderen in befriedigender

Weise entgegengenommen, und so ließen wir es dabei bewenden und fuhren mit dem Kochen fort.

Nach dem Abendessen saßen wir am Feuer und stocherten mit Forellengräten in unseren Zähnen herum. Dave äußerte, daß »es sehr entspannend war, heute mal ohne die Frauen zu sein. Ich fühlte mich wirklich gelöst und leicht mit euch allen. Insbesondere habe ich die Stille genossen und das Lauschen auf die Geräusche dieser Gegend, als wir nebeneinander beim Angeln saßen. Es war, als hörte ich zum ersten Mal wirklich die Vögel, das Geräusch des Wassers, den Wind in den Bäumen. Frauen reden immer, wollen immer Beziehungen herstellen. Ich fühlte mich mit euch allen sehr verbunden, ohne daß wir viel sprechen mußten. Mit Gesten und Nicken haben wir unseren Wunsch nach Platzwechsel oder einfach unsere Freude am Augenblick ausgedrückt. Ich denke, darin unterscheiden sich Männer grundlegend von Frauen. Wir kommunizieren zu einem großen Teil schweigend.« Mehrere Männer nickten zustimmend.

Nach einer Pause sagte Larry: »Etwas anderes unterscheidet die Männer – und das gehört zu den Dingen, die ich an Männern schätze – und zwar ihre Fähigkeit, Dinge einfach fallen lassen zu können. Sie scheinen nicht so nachtragend zu sein wie Frauen. Wie zum Beispiel, als Aaron sich darüber beschwerte, durch Abwesenheit zur ›Haus-Frau‹ gemacht worden zu sein. Es wurde gesagt, gehört, und damit war es abgeschlossen. Und dann fühlten wir uns wieder alle wohl miteinander. Von einer Frau hätten wir einen Vortrag über die Rücksichtslosigkeit der Männer über uns ergehen lassen müssen, und dann wäre sie wahrscheinlich den ganzen Abend sauer gewesen.«

»Was glaubst du, warum ist das so?« fragte Joel.

»Ich glaube, es liegt daran, daß Frauen nie das Gefühl haben, von den Männern gehört zu werden«, antwortete Andy.

»Wenn das stimmt, ist einer der Gründe für dieses Gefühl der Frauen vielleicht das, worüber Dave gerade sprach«, bot ich an, »unsere männliche Art der Kommunikation. Als ich euch sagte, daß ich mich heute abend mißachtet fühlte, konnte ich an euren Augen, an eurer Körperhaltung und eurem Gesichtsausdruck ablesen, daß meine Beschwerde wirklich bei euch angekommen war, und es brauchte nichts mehr gesagt zu werden. Aber viele Frauen scheinen mehr verbalen Einsatz zu brauchen. Und wenn wir ihnen nicht ausreichend Rückmeldung geben, glauben sie nicht, daß wir sie gehört haben, und sagen es noch einmal. Das nennen wir dann Nörgeln. Aber das ist es eigentlich nicht. Es handelt sich einfach um die stärker verbale, weibliche Art der Kommunikation.«

Joel sagte: »Ich muß bei der Arbeit den ganzen Tag reden, und wenn ich dann nach Hause komme, wird von mir erwartet, daß ich intime Gespräche mit meiner Frau führe. Aber ich habe nicht einmal Zeit für Intimität mit mir selbst, viel weniger als sie. Ich versuche, für sie da zu sein, doch irgendwie ist es nie genug. Ich wünschte, sie könnte verstehen, daß ich mich manchmal einfach erholen und still sein muß, ohne daß das bedeutet, daß ich mich nicht für sie interessiere.«

Ganz untypischerweise sprachen wir noch eine Zeitlang weiter über das Nicht-Sprechen. Dann diskutierten wir über die Fesselung durch soziale Stereotype, die definieren, wer wir als Männer *mutmaßlich* sind. Wir sprachen darüber, was es bedeutet, in dieser Kultur ein Mann zu sein, wie man sich fühlt, wenn man dazu erzogen worden ist, nie Gefühle zu zeigen, immer cool und eben »ein Mann zu sein«.

Dave grübelte über dieses Thema und sagte: »Ich habe immer geglaubt, ich würde nur für das, was ich produziere, geliebt und niemals einfach für das, was ich bin.«

Alan stellte fest: »Ich habe das Gefühl, ich müsse alles mögliche für alle Leute sein, ein guter Vater, ein guter Liebhaber, erfolgreich im Geschäft und der beste Freund meiner Frau. Ich habe nicht das Gefühl, daß es noch irgendwo einen Raum gibt, wo ich auch mal versagen kann, ohne daß es gleich meinen Wert als Mann beeinträchtigt.«

Andy war der gleichen Meinung. »Männer dürfen nie Angst zeigen, und ich mußte immer stark sein. Seit meiner Kindheit war es mir klar, daß niemals jemand vorbeikommen und sich um mich kümmern würde, nur weil ich schön war, fürsorglich oder weil es Spaß machte, mit mir zusammen zu sein. Ich mußte nicht nur für meinen eigenen Lebensunterhalt arbeiten gehen, sondern ich mußte es, wenn ich in diesem Leben nicht allein sein wollte, auch irgendwie hinkriegen, eine Familie zu ernähren.«

Jerry gab überraschenderweise zu: »Ich hab es immer als sexistisch empfunden, daß nur die Männer wehrpflichtig sind. Ich bin in dem Wissen aufgewachsen, daß man in Kriegszeiten von mir erwartete, zu sterben oder ins Gefängnis zu gehen, wenn ich mich weigerte. Frauen haben eine Menge berechtigte Angst davor, daß möglicherweise Gewalt in ihr Leben treten könnte. Aber über ihren Köpfen schwebt nicht die ständige Bedrohung einer zukünftigen Einberufung zum Militär. Wenn wir wirklich eine nicht-sexistische Gesellschaft aufbauen wollen, wünschte ich mir, daß die Frauen dieses Thema ebenfalls anpacken, so wie ich und viele andere Männer in der Unterstützung von Fraueninitiativen aktiv gewesen sind.«

Während wir weiter über unser Leben und das Leben unserer Väter, Söhne und anderer Männer, die wir kannten, sprachen, wurde es deutlich, daß die meisten Männer immer noch das Gefühl haben, sie müßten einem schmerzverleugnenden, heroischen Männlichkeitsbild gerecht werden. Diese Rolle hat jedoch oft wenig mit den wirklichen Gefühlen der Männer zu tun. In den meisten Fällen trägt das alte Ideal der Männlichkeit mehr zur Einkerkerung unserer Seelen als zur Befreiung unseres Geistes bei. Viele von uns fühlen sich eingesperrt durch die stereotypen vorgeschriebenen Rollen und Verantwortlichkeiten.

Das neue sensiblere Bild der Männlichkeit scheint jedoch keine Lösung für unser Dilemma zu bieten. Diese Vision der Männlichkeit verleugnet Leidenschaft und Wildheit der Männer und deshalb empfinden die meisten Männer sie nicht als annehmbare Alternative. Wohin also sollen wir uns wenden auf der Suche nach einem neuen Mythos der Männlichkeit? Wenn Männer aus dem alten Mythos nicht spielerisch und kreativ ausbrechen können, wählen sie oft destruktive Verhaltensweisen wie Trinken, Drogen, sexuelle Obsessionen, oder setzen ihren Körper Gefahren aus in dem irrigen Versuch, derart mit ihrer emotionalen Betäubung fertig zu werden. Die Notwendigkeit, einen neuen Weg zu finden, wird deutlich, wann immer Männer beisammen sitzen und, anstatt sich nur aufzuplustern, den Mut finden, sich gegenseitig die Wahrheit über ihr persönliches Leben zu erzählen.

Wir redeten weiter bis tief in die Nacht. Eine Weile lang saßen wir schweigend um das Feuer herum und lauschten dem Zischen und Knistern des frischen Fichtenholzes. Der Rauch des Harzes erfüllte die Nachtluft. Fledermäuse huschten gespenstisch um den Feuerschein herum. Die Stille der Nacht wurde gelegentlich durch entfernte Eulenrufe unterbrochen. Jerry antwortete zurück: Huu, huu, huu. Joel fiel ein und huuhte auch. Andere schlossen sich dem Chor an, indem sie verschiedene Geräusche und Töne von sich gaben. Andy schlug in einer rhythmischen Begleitung zwei Stöcke gegeneinander.

Larry trommelte auf einem Holzscheit, und Dave schlug zwei Steine aufeinander. Wir machten eine sehr seltsame, aber doch irgendwie sehr vertraute Musik. Die meisten von uns hatten so etwas irgendwann als kleine Jungs schon mal gemacht.

Nach einer Weile stand Jerry auf und begann einen Tanz um das Feuer herum. Joel und ich standen auf und schlossen uns ihm an, während die anderen klatschten und uns zu immer wilderem Tanzen anfeuerten. Wir hüpften um das Feuer, über das Feuer und auch mitten durch das Feuer. Dann hielten wir schwitzend, lachend und erschöpft inne. Ich sah zu den Sternen hoch, die jetzt irgendwie heller schienen, und merkte, daß ich mich seit vielen Monaten nicht mehr so lebendig gefühlt hatte.

Larry sagte dann laut: »Das war wirklich toll. Ich fühle mich total gut. Ich glaube, ich hab sowas nicht mehr gemacht, seit ich mit zehn im Zeltlager war. Wißt ihr, es kommt mir wie eine Ironie vor, daß gerade Trommeln, Tanzen und das offene Zeigen von Gefühlen unter Männern von den Medien am meisten verspottet wird in ihren bizarren und verzerrten Berichten über die Männerbewegung.«

Wenn die Medien die Männer schon verspotten müssen, warum machen sie sich nicht lustig über die Männer, die sich beim Boxen gegenseitig bewußtlos schlagen oder sich beim Fußball die Knochen brechen? Tanzen, Singen, Musikmachen, Lachen und einfach Herumalbern gibt ein gutes Gefühl, wenn du dir erlaubst, aus dem Käfig des »Sei cool und nimm es wie ein Mann« auszubrechen, in dem die meisten von uns stecken.

Joel zog ein dünnes Bändchen mit Rilke-Gedichten aus seinem Gepäck hervor. Er sagte: »Ich habe hier ein gutes Gedicht, daß einiges von dem ausdrückt, was ich als eingesperrter Mann empfinde.«

Der Panther

Im Jardin des Plantes, Paris

Sein Blick ist vom Vorübergehn der Stäbe
so müd geworden, daß er nichts mehr hält.
Ihm ist, als ob es tausend Stäbe gäbe
und hinter tausend Stäben keine Welt.

Der weiche Gang geschmeidig starker Schritte,
der sich im allerkleinsten Kreise dreht,
ist wie ein Tanz von Kraft um eine Mitte,
in der betäubt ein großer Wille steht.

Nur manchmal schiebt der Vorhang der Pupille
sich lautlos auf. Dann geht ein Bild hinein,
geht durch der Glieder angespannte Stille –
und hört im Herzen auf zu sein. [17]

Wir waren alle wieder still geworden.

Ich entfernte mich etwas vom Feuer und sah eine Zeitlang auf das Mondlicht, das auf dem Wasser des Summit Lake schimmerte. Ich betrachtete die Bergkette im Westen und fühlte mich wie eine riesige Eule, die einfach in die Kluft da unten hüpfen und in die kalte und sternklare Nacht segeln konnte. Der Mond stand über der Kammlinie im Osten, als wir wieder schweigsam um das Feuer herum saßen. Andy setzte Wasser für eine heiße Schokolade auf. Alan sagte: »Oh Gott, es ist Jahre her, daß ich einfach so dasitze und den Nachthimmel ansehe. Es ist so klar heute nacht. Guckt mal, man kann wirklich den Mann im Mond sehen.«

Jerry sagte dann: »Na weißt du, das ist ein echt patriarchalischer Blick auf die Natur. Jede andere Kultur in der Welt sieht den Mond als Göttin. Aber da unsere Kultur die Frauen unterdrückt, erzählt man uns als Kindern, daß der Mond genauso wie der liebe Gott im Himmel ein Mann ist.«

»Also Jerry«, sagte ich herausfordernd, »du scheinst alles in der Natur als weiblich anzusehen. Gibt es eigentlich irgendwelche positiven Bilder der Männlichkeit, an die du glaubst?«

Nach kurzem Überlegen erwiderte er: »Nein, ich glaube nicht. Ihr wißt, Robert Bly zieht über die sogenannten Softies her. Und ich habe das Gefühl, daß du, Aaron, manchmal eine ähnliche Haltung einnimmst. Aber obwohl ich nicht schwul bin, habe ich mich immer mehr mit dem Weiblichen identifiziert. Es gibt keine männlichen Modelle, durch die ich mich selbst positiv als Mann erlebe. Ich bin immer sensibler und emotionaler als die meisten Männer gewesen. Frauen verstehen mich. Ich empfinde meine Seele, den Mond und die Erde als Reflexionen der Göttin, und ich denke, andere Männer wären ausgeglichener und ganzheitlicher, wenn auch sie ihre innere Weiblichkeit annehmen würden.«

»Das kann sein«, entgegnete ich. »Aber es ist doch seltsam, daß in vielen Kulturen der Mond als ein Bild der Männlichkeit angesehen wurde.«

»Ich denke, das ist einfach irgendeine Anmaßung der Männerbewegung«, antwortete Jerry. »Ich habe vorher nie etwas über einen Mond-Vater gehört.«

»Was ist mit Jerry Brown?« witzelte Alan.

Alle lachten.

»Das ist genau der Punkt«, fuhr ich fort. »Die Männer werden oft verspottet, wenn sie spirituell, nachdenklich, nach innen gekehrt, leidenschaftlich, idealistisch oder emotional sind. Aber das bedeutet nicht, daß sie feminin sind. Sie sind einfach auf eine andere Art männlich. Jerry, du scheinst eine Art lunaren Stil der Männlichkeit zu haben. Aber deine feministischen Freundinnen haben deinen Charakter für dich so definiert, daß du dich weniger in Einklang mit den Männern fühlst. Das ist irgendwie traurig, weil du wirklich ein schöner Mann bist. Man hat dir erzählt, daß deine Sensibilität aus deiner femininen Seite kommen muß. Aber wenn du kein Bild der Männlichkeit hast, das dir heilig ist, wie kannst du dir selbst heilig sein?

Die ägyptischen Götter Thoth und Osiris, der Bruder Mond der Eskimo, der ostindische Chandra und Soma, der Sumerische Nanna und zahllose andere im Verlauf der Zeiten entworfene heilige Bilder der Männlichkeit haben diese lunare Eigenschaft der Männlichkeit für die Männer ihrer Kulturen widergespiegelt.[18] Insofern kann ich dich, Jerry, einfach nicht als ›femininen Mann‹ sehen. Du bist anscheinend einfach in einer Art und Weise männlich, die sich von der harten, heroischen und ›solaren‹ Männlichkeit unterscheidet, auf die die meisten von uns abgerichtet worden sind.«

»Also wenn du es so herum drehst«, erwiderte Jerry, »fühle ich mich schon mehr im Einklang mit all euch Männern und auch mit meinem männlichen Körper. Bisher hat mir das nie jemand so dargelegt, und einem Teil in mir tut es sehr gut, das zu hören. Weißt du, ich sehe eine starke Frau ja auch nie als unweiblich an, warum sollte ich also mich selbst eigentlich für unmännlich halten? Ich schätze, ich muß all das erst noch etwas ordnen.«

Viele von uns, die auf der Suche nach der männlichen Seele sind, versuchen, mit ihrem Körper und ihren Gefühlen wieder in Verbindung zu kommen. In Ermangelung einer männlichen Initiation haben in den letzten Jahrzehnten viele Männer wie Jerry ihre Verbindung mit der Seele über das Weibliche gesucht. Weiblichkeit ist jedoch nicht die primäre Kur für männliche Wunden. Denn die Tendenz, Seele und Natur als eine weibliche Einheit zu personifizieren, hält in Wirklichkeit nur die Trennung der männlichen Psyche von ihrer eigenen maskulinen, lebensbejahenden Natur aufrecht.

Grüne Männlichkeit

Wir haben in den letzten Jahren viel über die Erdmutter oder Gäa gehört. Doch wenn wir die Natur *nur* als unsere Mutter ansehen, laufen wir Gefahr, für immer kleine Jungs in ihrem Dienst zu bleiben, abgespalten von der männlichen Kraft, Leben zu heilen und zu unterstützen. Wenn Männer sich keine maskuline Verbindung mit der Natur oder der Erde vorstellen können, wenn diese Verbindung als etwas »anderes« außerhalb ihrer selbst wahrgenommen wird, dann werden ihre Gefühle der Trennung unweigerlich weiterhin Entfremdung vom Leben erzeugen. Wir müssen unbedingt potente, generative, rundherum starke, reife Männer mit Engagement für das Leben werden. Auf der Suche nach Bildern dieses maskulinen Ideals sind einige Männer zu den alten männlichen Göttern der Erde zurückgekehrt. Eins dieser Bilder ist der Grüne Mann, eine männliche Personifizierung der Natur, der Erdvater.

Es gibt unzählige andere archetypische Bilder der männlichen Seele: Ehemann, Jäger, Schelm, Weiser, Werkzeugmacher, Pflanzer, Baumeister, Wächter und anderes. Der Jungsche Psychologe Robert Moore und der Theologe Douglas Gillette haben die primären Bilder der reifen männlichen Psyche als Liebhaber, Krieger, Magier und König beschrieben. Sam Keen ist wie Plato vom Staatsbürger fasziniert. Die Psychologen Samuel Osherson und Arthur Coleman lenken unsere Aufmerksamkeit auf den Vater. Robert Brace bekennt sich zum Wilden Mann. Der Professor für Männerforschung Shepherd Liss informiert uns über Schelmen und Fruchtbarkeitsgötter wie Kokopelli. Der Jungsche Analytiker Eugene Monick erweckt die tiefe Spiritualität der männlichen Sexualität durch seine Untersuchungen über Phallos. Andere, wie ich selbst, sind fasziniert von Bildern des Grünen Mannes, der sowohl ein Erdvater als auch der Ehemann der Großen Mutter ist.[19] Das neu aufkommende Bild der heiligen Männlichkeit ist kreativ, fruchtbar, hegend und pflegend, beschützend und mitfühlend, in Harmonie mit der Erde und dem Weiblichen stehend, und doch gleichzeitig erotisch, frei, wild, spielerisch, energiegeladen und heftig. Vater Natur erwacht nun wieder als ein gleichberechtigter Partner neben der auflebenden Göttin.

Eine der in der Psyche widerhallenden archetypischen, heiligen, erdverbundenen männlichen Gestalten ist Dionysos. Er war eine der ältesten Ausprägungen des Grünen Mannes – ein frühgriechischer Vegetationsgott für Geburt, Wachstum, Verfall, Tod und Wiedergeburt in der Landwirtschaft.[20] Bei C.G. Jung lesen wir:

»Bekanntlich besteht der Kulturprozeß in einer fortschreitenden Bändigung des Animalischen im Menschen; es ist ein Domestikationsprozeß, der nicht ohne Empörungen von seiten der freiheitsdurstigen Tiernatur durchgeführt werden kann. Von Zeit zu Zeit geht es wie ein Rausch durch die in den Kulturzwang sich hineinschraubende Menschheit: das Altertum hat es erlebt in der aus Osten heranbrandenden Welle der dionysischen Orgien.«[21]

Die Dionysos-Kulte hatten ihren Ursprung hauptsächlich in den Agrargesellschaften außerhalb der städtischen Kultur des klassischen Griechenlands.[22] Das hellenistische Griechenland als eine moderne Kultur wurde von den Bildern der solaren Himmelsvater-Götter wie Apollo oder Zeus – in anderen Gesellschaften Jehova – beherrscht. Der Dionysos-Kult stand im Widerspruch zu dieser apollinischen Welt, die Ordnung und Logik höher schätzte als die Wechselfälle und unkontrollierbaren, sinnlichen Mysterien der Natur.

In den dionysischen Riten wurde die alljährliche Regeneration der Natur verehrt. Sie entfesselten ekstatische Tänze und trancehafte Besessenheit, die den herrschenden Klassen von Griechenland fremd waren. So wurden die Anhänger des Dionysos-Kults als eine Bedrohung für die etablierte Ordnung der apollinischen, städtischen Gesellschaft wahrgenommen. Es überrascht also nicht, daß dieser Kult intensiver Verfolgung ausgesetzt war. Das ältere, wildere und sinnlichere Bild von Dionysos wurde später entschärft, als das frühe Christentum es für eine städtische Kultur annehmbar machte.

Für die Männer von heute, die eine Rückkehr zu den Sinnen suchen, ist das vorchristliche, dionysische Bild des Grünen Mannes eine Erinnerung an die Art und Weise, in der ein Mann mit der evokativen Schönheit und Macht der Natur direkt verbunden ist und sie gleichzeitig ausdrückt. Dieses lebenspendende männliche Wesen ist nicht einfach Sohn, Diener oder junger Geliebter der Erdmutter, wie es in einigen Schriften zu diesem Thema geschildert wird. Er ist eine Manifestation des Erdvaters – der mit-erschaffenden (co-creative) *maskulinen* Kraft der Erde, die tief in unserem kollektiven Unbewußten, in unserem mythologischen Erbe und in unseren Knochen steckt.

Wie können wir diese erdverbundene, leidenschaftliche Männlichkeit wieder erwecken, die der Psyche des Mannes von heute so sehr fehlt? Die Umweltbewegung, die den Schutz der Natur als ihr erstes Ziel sieht, ruft gerade nach solchen Männern, um die sozialen und politischen Institutionen zu erneuern. Männer aller politischen Überzeugungen haben begonnen, sich zum Ideal der »Öko-Maskulinität« zu bekennen.[23] Viele von uns spüren den gemeinsamen Wunsch wie auch die Notwendigkeit, die Erde zu schützen, zu heilen, zu hegen und zu pflegen.

Ein grüner Geist ist auch der Geist des Anfangens, mit der Fähigkeit, frische Ideen und neue Visionen aufzunehmen. In dieser neuen männlichen Philosophie sind die meisten von uns »Greenhorns«, die sich ihre Ideen erst auf dem Wege bilden, und keine »alten Hasen«, die verkrustete Dogmen aufrechterhalten und die Kadaver der heroischen Visionen von Männlichkeit mit sich herumschleppen. In unserer Zeit müssen männliche Initiation und maskuline Erneuerung wie in jeder anderen Kultur in einer neuen Frische zu uns kommen – aus unseren eigenen Träumen und Visionen. Genau das war uns in kleinem Ausmaß widerfahren, als wir uns um das Feuer versammelt und getrommelt, gesungen und getanzt hatten.

Gemeinsam durch die Wildnis zu ziehen ist eine der ältesten Beschäftigungen der Männer. In der Natur sind wir zu Hause. Etwas, das in den Tiefen der männlichen Psyche schläft, erwacht, wenn wir uns selbst die Möglichkeit geben, die vom betäubenden Lärm des städtischen Lebens befreite Natur zu würdigen und zu schätzen. Als wir in jener Nacht am Feuer saßen, schienen wir in den unzähligen Generationen von Männern mitzuschwingen, die vor uns gekommen waren, um zu träumen, zu jagen, zu spielen und einfach voller Frieden in der großen und grünen natürlichen Welt zu sein.

Woher kommt die Vorstellung, daß die Natur nur unsere Mutter ist? Können wir die Natur mit neuen Augen ansehen, gereinigt von jahrzehntelanger feministischer Theologie, die behauptet, daß die Natur *ausschließlich* eine Reflexion der heiligen Weiblichkeit ist? Der Grüne Mann zeigt sich sofort, sobald wir beginnen, die Natur mit männlichen Augen anzusehen. Erinnern uns diese aufgerichteten großen Bäume an die Mutter oder an etwas anderes? Was ist mit jenen Bergkegeln, die an der Spitze donnern und manchmal sogar aufbrechen und die Erde mit reicher, fruchtbarer Asche überdekken? Sind das die Brüste der Erd-Mutter? Ich glaube nicht.

In der ägyptischen Mythologie war der Grüne Mann Osiris der Sohn des Erdvaters Geb und der Himmelsmutter Nut.[24] In jenem Teil der Welt wurde durch den über die Ufer tretenden Nil frisches Schwemmland abgelagert, das jedes Frühjahr die Felder fruchtbar machte. Das jährliche Ergrünen der Welt wurde auf alten Gemälden als Ergebnis von Osiris' überfließendem Samenerguß dargestellt. Kokopelli, der buckelige Schelm (trickster) der amerikanischen Indianer, säte Saat aus, wo immer er ging. Er tanzte stets und machte Musik.[25]

Der Grüne Mann ist Partner der Erdmutter, er beherrscht weder das weibliche Prinzip, noch wird er durch es beherrscht. Seine Wälder mit den aufgerichteten Bäumen umfassen und umschlingen leidenschaftlich die Erde. Der alte Tanz der ineinander verflochtenen heiligen Männlichkeit und Weiblichkeit ist in jedem Moment allgegenwärtig. Wenn wir der männlichen Psyche die grüne Energie zurückgeben, können wir vielleicht besser die Saat der neuen männlichen Vision großziehen, die in unserer Kultur zum Vorschein kommt, und ebenfalls das Gleichgewicht in unseren Beziehungen mit Frauen wiederherstellen.

Von diesen alten Bildern, die mit dem Aufkommen der monotheistischen Kulturen rund um die Welt vergessen oder verboten wurden, können die Männer von heute viel lernen, um sich wie Osiris für das Wieder-Ergrünen der Welt einzusetzen, wenn die Spezies überleben soll. Durch die Übernahme der alten Bilder, die immer noch in unserer modernen Psyche mitschwingen, können wir unsere Erfahrung von uns selbst und vom Leben um uns herum vertiefen.

Wenn die Männer mehr über die »natürlichen« Archetypen der Männlichkeit wissen wollen, müssen sie eine Zeit in einer wilden Umgebung verbringen und sich selbst erlauben, auf vielfache Weise die Wildheit durch ihren Körper ziehen zu lassen. Wenn wir besser verstehen, wer wir in der Tiefe sind, können wir das Leben an der Oberfläche bereichern. Wenn wir den alten Göttern der Männer näherkommen und sie ehren, können wir uns selbst und die reichen, psychischen Wurzeln unseres Bewußtseins besser kennenlernen.

Der Erdvater, ein neuer Mythos der Männlichkeit

Der Mond wanderte über die Kammspitzen im Westen des Summit Lake, als wir das Feuer ausgehen ließen, um den Abend zu beenden. Doch obwohl wir alle sehr müde waren, wollte die Unterhaltung kein Ende nehmen. Die Schleusentore des Gefühls waren aufgestoßen worden, und fast alle Männer hatten eine Menge zu sagen. Der Gesprächsstoff reichte von den Mythen des Erdvaters zum Vatersein selbst.

Da der Mythos der Männlichkeit eine Verwandlung durchmacht, ändert sich auch das Bild der Vaterschaft. Viele Männer wenden sich von dem postindustriellen Bild des von seinen Kindern isolierten Vaters ab und reduzieren ihre Arbeit außer Haus, um mehr Zeit mit ihren Kindern zu verbringen und ihnen ein unmittelbarer Vater zu sein.

Frauen empfinden das Bild der Erdmutter allein als ein unterdrückendes Ideal, das ihre Phantasie beschränkt. Ebenso ist für die Männer das spirituelle Ideal des männlichen Himmelsvaters unzureichend, um sich Männlichkeit als hegend und pflegend und lebenserhaltend neu vorzustellen. Die psychische und spirituelle Entwicklung der Männer ist unausgeglichen, wenn sie sich auf solare Archetypen beschränken.

Das heroische Modell der Männlichkeit ist von Natur aus beherrschend und unterdrückend. Die Sonnen-Gottheiten sind abstrakt oder sogar transzendent. Sie sind unserer Vorstellungsgabe oft unzugänglich – sie entsprechen genau dem Bild eines fernen und entkörperlichten Vaters. Für die meisten Männer ist eine Bewegung in Richtung Herd, Erde, Gemeinschaft und Familie jedoch nicht einfach.

»Die Väter haben in unserer Kultur ein trauriges Schicksal«, sagte Alan. »Die Frauen geben an jedem Problem in der Welt den Männern die Schuld. Doch immer mehr Familien sind ohne Väter. Es scheint also nicht die Anwesenheit von Vätern zu sein, die Schaden anrichtet, sondern vielmehr ihre Abwesenheit. Das war so zumindest für mich, der ich ohne Vater aufgewachsen bin. Er ist im Korea-Krieg gefallen, als ich erst acht war. Ich vermisse ihn wirklich. Ich wünschte, er wäre heute abend hier. Ich mußte heute daran denken, wie er mich immer zum Fischen mitnahm, als ich noch ein kleiner Junge war, und wie glücklich ich mit ihm zusammen war. Wir hatten so wenig Zeit miteinander. Wie konnte ich lernen, ein Mann zu sein und selbst Vater zu werden, wenn es niemanden in meiner Umgebung gab, den ich nachahmen konnte?

Ich denke, ich verhalte mich einigermaßen richtig mit meinen Kindern, indem ich mehr oder weniger improvisiere. Aber ich wünschte, ich hätte mehr Erinnerungen, von denen ich zehren könnte und mich öfter fragen könnte, wie hätte mein Alter sich bei diesem oder jenem Problem verhalten? Nach diesem Abend heute denke ich, daß ich vielleicht in einer Männergruppe, wie einige von euch sie schon haben, mehr darüber lernen könnte, wie man ein guter Vater ist.«

Joel sagte dann: »Gestern abend hat es mich irgendwie gestört, daß Lisa sich über meine zu geringe Beteiligung an den elterlichen Aufgaben beklagte. Ich kümmere mich um die gesamte Instandhaltung des Hauses und die Reparaturen, halte das Auto in Ordnung, mache die Buchführung und auch die ganze Gartenarbeit.[26] Das sind keine Hobbys. Ich mache auch mehr Überstunden als Lisa. Wo soll ich noch die Zeit finden für eine gleichmäßig verteilte Elternarbeit?

Tatsache ist, daß ich meinen Sohn wirklich vermisse. Ich finde es wunderschön, die Zeit mit ihm zu verbringen. Ich habe einfach noch nicht herausgefunden, wie ich meinen Aufgaben gerecht werden und gleichzeitig ein Full-time-Vater sein kann. Manchmal finde ich es schwierig, überhaupt zu wissen, wie man ein guter Vater ist. Lisa scheint immer alles im Griff zu haben. Wenn ich versuche, mich mehr einzuschalten, passiert es oft, daß sie als Expertin für den häuslichen Bereich alles an sich reißt. Doch vielleicht erziehen Väter auch einfach anders. Ich tendiere dazu, ihn in Aktivitäten einzubeziehen, die darauf ausgerichtet sind, sich in der Welt durchzuschlagen. Sie scheint sich mehr auf sein emotionales Leben zu konzentrieren. Ich glaube nicht, daß eines besser als das andere ist. Kinder brauchen beides. Aber mein Erziehungsstil scheint weniger wert zu sein. Lisa wird von Natur aus als Mutter bestätigt, aber ich muß es mir irgendwie verdienen.«

»Ich kann meine beiden ersten Kinder nicht einmal mehr sehen«, sagte Dave, »weil ihre Mutter zurück an die Ostküste gegangen ist. Ich habe ein Geschäft im Westen, und sie wußte, daß ich nicht weg kann. Sie mußte nicht wegziehen. Ihr neuer Freund hat eine Rolle in New York, und sie wollte in seiner Nähe sein. Ich habe mich um das Sorgerecht bemüht, und die Kinder wären auch gern bei mir geblieben. Aber das Gericht sprach ihr das Sorgerecht zu, weil heutzutage immer noch die allgemeine Auffassung herrscht, daß Mütter mit Kindern besser umgehen können als Väter. Und ich kann nichts dagegen tun.

Jetzt kann ich die Kinder nur in den Ferien sehen, zweimal im Jahr. Ich vermisse sie wirklich. Sie wachsen so schnell. Ich vermisse all die kleinen Alltagsdinge, aus denen eine feste Beziehung entsteht. Und trotzdem zahle ich weiter Unterhalt, obwohl sie einen wesentlich großzügigeren Lebensstil hat als ich. Ich kann noch nicht einmal erzwingen, daß sie das Geld für die Kinder ausgibt. Ich zahle, weil ich möchte, daß die Kinder bekommen, was sie brauchen. Aber wie das alles abläuft, ärgert mich Jahr für Jahr mehr.«

»Vielleicht ist das kein großer Trost«, sagte Andy, »aber du hast wenigstens noch Kinder. Ich hatte eine Freundin, die vor einigen Jahren schwanger war. Sie beschloß abzutreiben, auch nachdem ich gesagt hatte, daß ich das Sorgerecht und die volle finanzielle Verantwortung für das Kind übernehmen würde. Sie sagte einfach: ›Mach dich nicht lächerlich, ein Mann kann ein Kind nicht ohne Frau aufziehen. Und ich möchte diese Frau nicht sein. Also werde ich abtreiben.‹ Ich war niedergeschmettert und bin noch heute traurig, wenn ich darüber spreche.

Ich begreif' das einfach nicht. Es gibt diese ganze Diskussion über die Entscheidungsfreiheit der Frauen, aber Männer haben überhaupt keine Wahl. Es ist irgendwie lächerlich, unsere Gesellschaft patriarchalisch zu nennen, wo doch die Männer nahezu keinerlei väterliche Macht haben. Wenn die Frau beschließt, ein Baby zu kriegen, das du nicht willst oder für das du vielleicht einfach nicht sorgen kannst, dann mußt du bezahlen, oder du gehst ins Gefängnis. Aber wenn du ein Kind willst, und sie will nicht, dann hast du keine Chance, Vater zu werden. Wenn es um Elternrechte geht, scheinen Väter zu Bürgern zweiter Klasse zu werden.«

»Vaterschaft ist heute sicherlich weniger angesehen als in der Vergangenheit«, stimmte ich zu. »Ich habe durch meine Erfahrung als Stiefvater festgestellt, wie unbeachtet und unterbewertet Männer in ihrem Vatersein sind. Ich kümmere mich sehr engagiert um meine Stieftochter Noelani. Und Liz bewundert das und freut sich an meinem Vatersein. Aber in der Welt draußen habe ich das Gefühl, daß ich nur für meine berufliche Tätigkeit Anerkennung finde.

Letztes Jahr habe ich einen wichtigen Fernsehauftritt abgelehnt, um nicht unsere familiären Pläne zum Erntedankfest zu durchkreuzen. Meinem Verleger fiel es damals sehr schwer zu verstehen, wie ich solch eine Entscheidung treffen konnte. Und auch bei vielen anderen Gelegenheiten habe ich, wenn es nötig war, meine familiären Verpflichtungen über meine Karriere gestellt. Ich finde das in Ordnung. Ich glaube nämlich, daß meine Familie mehr wert ist als alles andere in meiner Welt. Sie gibt mir mehr Kraft als jeder mögliche Erfolg in der Welt draußen. Aber nur selten sagt jemand zu mir: ›Hey, Aaron, du bist wirklich ein toller Vater.‹

Vaterschaft bedeutet: zeugen, ernähren, aufziehen und beschützen. Männer können nun die Ehre der väterlichen Berufung wiederherstellen. Der absterbende Mythos der Männlichkeit beschäftigte sich vorwiegend mit materiellem Erfolg und Machterwerb um jeden Preis. Der neue Mythos definiert Erfolg nach der Fähigkeit, unseren Kindern Vater zu sein, die Erde zu hegen und zu pflegen, ausgeglichene Partnerschaften mit Frauen herzustellen und die gesellschaftlichen Einrichtungen kooperativ in einer Weise zu leiten, die uns alle stärkt und unser eigenes Wohlbefinden erhöht.

Erst im letzten Jahrzehnt habe ich durch die Entwicklung tieferer Freundschaften mit Männern und durch das gegenseitige »Bevatern« in Gruppen wie hier am Summit Lake begonnen, ein ungeschmälert positives Verhältnis zu meiner eigenen Männlichkeit und der anderer Männer zu entwickeln. Und aus meiner Arbeit weiß ich, daß dies auch für Dutzende und Tausende anderer Männer gilt. Männer, die nicht durch ihre Väter auf eine reife Männlichkeit vorbereitet wurden, erhalten eine zweite Chance, in der Sicherheit einer Gemeinschaft mit anderen aufrichtigen, offenen und fürsorglichen Männern erwachsen zu werden. Es ist nicht alles verloren.

In vielen alten Kulturen machte die ›zweite Geburt‹ eines Jünglings ihn erst bereit für die heiligen wie auch für die weltlichen Pflichten eines erwachsenen Mannes. In den Dionysos-Mythen kommt es nach der Zerfleischung zur Auferstehung des Gottes, ein Symbol dafür, daß wir durch das Ablegen unserer alten Existenzweisen als Männer die Möglichkeit erhalten, ein neues Leben entstehen zu lassen. Es kann jedoch auch geschehen, daß uns in Ermangelung des energischen Schutzes durch den Vater unsere Verwundbarkeit vollkommen zerstört. Deshalb riskieren es die meisten Männer nie, sich gegenseitig in ihrer Authentizität zu offenbaren.

Im alten Mythos der Männlichkeit benutzten wir unsere wechselseitigen Schwächen im Wettbewerb, um Vorteile zu erringen. Im neuen Mythos erforschen wir dagegen gemeinsam unsere Verwundbarkeiten und bieten uns gegenseitig Unterstützung und Heilung an. Wir schaffen Zusammenhänge wie diesen Wildnistrip, in denen ein Mann in aller Sicherheit die Erfahrung machen kann, zu zerbrechen und dann gestützt zu werden, anstatt dafür getadelt zu werden, daß er seine echten Gefühle zum Ausdruck gebracht und versucht hat, sein Leben auf eine bessere Weise wieder zusammenzusetzen.«

Wir wünschten uns eine gute Nacht. Obwohl wir uns erst am Morgen von den Frauen getrennt hatten, kam es uns vor, als wäre bereits eine Woche vergangen. Es war eine gute Männergruppe. Wir waren in vieler Hinsicht unterschiedlich. Und doch fühlten wir alle ein gemeinsames Band in unseren Wunden und Hoffnungen. Wir waren alle zutiefst durch die stereotypen Ideen von Männlichkeit beeinflußt, mit denen wir aufgewachsen sind. Und wir versuchten alle, jeder auf seine Weise, eine bessere Existenzweise in der Welt zu finden, ohne unsere Selbstachtung, Würde und Identität als Männer aufzugeben.

Es fiel schwer zu glauben, daß wir am kommenden Nachmittag die Frauen wieder treffen würden. Das war zwar unser Plan, doch nachdem die Männer so intim einen Tag miteinander verbracht hatten, wirkte die Geschlechterarbeit nun fast wie eine aufgesetzte Idee. Ich sagte den Männern, daß ich am nächsten Morgen zurückwandern würde, um Liz zu treffen, und daß ich nachmittags wieder bei ihnen sein würde, bevor wir uns mit den Frauen am Grace Lake treffen würden, der etwa eine Wander-Stunde entfernt lag. Ich gab Andy die topographische Karte, und er übernahm die Aufgabe, die Gruppe am nächsten Tag zu führen. Der letzte Mondschein schimmerte einen Moment lang über der Kammlinie im Westen und verschwand. Wenige Augenblicke später war ich in der tiefen und schweigenden Dunkelheit der Gebirgsnacht eingeschlafen.

5
Von Ängsten überschwemmt

Männer und Frauen, Frauen und Männer, das
wird nie klappen.

Erica Jong[1]

»Was!?« rief Aaron. »Du machst wohl Witze, Liz! Was soll das heißen, die Frauen wollen sich nicht mit den Männern treffen? So haben wir nicht gewettet. Unsere Abmachung ist, daß diese Treffen stattfinden. Deshalb sind wir doch hier herausgekommen, oder?«

Er war offensichtlich ziemlich genervt. Nachdem er zum Summit Lake hoch und jetzt wieder heruntergewandert war, hatte er eine große Blase am rechten Zeh bekommen, die er gerade untersuchte, als ich nach der kurzen Wanderung von unserem Camp am Blue Water Creek bei ihm ankam.

»Also, Aaron«, erklärte ich, »eine der Frauen bat heute morgen, bevor ich aufbrach, um eine Versammlung. Sie sagte, sie wolle nicht zu den Männern gehen. Wir diskutierten ausführlich darüber, konnten aber zu keiner Einigung kommen. Schließlich äußerten zwei der anderen Frauen, daß sie es auch mehr genossen, nur unter Frauen zu sein. Sie schlossen sich der ersten Frau an und sagten, es sei noch zu früh, um wieder zusammenzukommen. Deshalb bin ich auch erst so spät hier. Ich hab einfach weiter mit ihnen beraten, in der Hoffnung, eine Lösung zu finden. Doch die eine Frau war besonders unnachgiebig. Sie fühlt sich nicht sicher und möchte nicht kommen, bevor das nicht der Fall ist. Deshalb warten jetzt alle auf meine Rückkehr, damit wir weiter darüber reden können.«

»Die Männer sind in diesem Moment wahrscheinlich schon auf dem Weg zum Grace Lake«, lachte Aaron etwas bitter. »Weißt du, das Witzige ist, wir hatten auch eine großartige Zeit miteinander. Aber wir wären nie auf den Gedanken gekommen, die Sitzung zu verschieben. Was ist los?«

»Es ist hauptsächlich Glorias Ding«, erwiderte ich und merkte, daß ich instinktiv meine Geschlechtssolidarität wahren wollte, indem ich versucht hatte, die Frauen anonym zu lassen. Doch Aaron war mein Partner, und er mußte die ganze Geschichte kennen, um mir zu helfen, das Problem zu lösen. »Ich glaube, sie hat einfach Angst vor Männern. Aber es äußert sich in einer Art Haß. Und je länger sie darüber redet, wie vermurkst die Männer sind, um so mehr steckt sie die anderen an. Inzwischen hat die halbe Gruppe euch Kerle zu bösen Buben erklärt, und wir sind plötzlich dabei, eine Frauengruppe einzurichten und kein Geschlechtertreffen.«

Aaron holte tief Luft, lachte wieder und sagte: »Na gut, so überraschend ist es eigentlich gar nicht, daß das passieren konnte. Was sollen wir also jetzt weiter tun?«

Wir saßen auf einer umgestürzten Zeder und beobachteten eine Zeitlang schweigend einen Specht, der am anderen Ende des Stammes hämmerte. Diese Art des Umgangs mit Problemen war uns sehr vertraut. Statt eine Menge Diskussionen und Argumente auszutauschen, hören wir manchmal für eine Weile einfach auf und hängen gemeinsam herum, bis etwas Klarheit aufsteigt. Ich seufzte, legte meinen Kopf in Aarons Schoß, gab mich der Schönheit und der Erquickung des Augenblicks hin und dachte darüber nach, wie wir Frauen zu dieser Situation mit den Männern gekommen waren.

Der neue Sexismus

Ich hatte nun seit fast zwanzig Jahren verschiedene Frauengruppen besucht und geleitet, und es war für mich nichts Neues, daß an den Männern als Gruppe Wut abgelassen wird. Aber heute morgen war ich enttäuscht und frustriert. Wir waren hier herausgekommen, um den Männern zu begegnen, nicht um eine weitere Frauengruppe aufzumachen. Und doch kann es leicht passieren, daß in einer Gruppe von Frauen Zorn aufkommt. Ich dachte zurück an unser morgendliches Treffen. Nach der Ärger-Sitzung vor zwei Tagen war Gloria schon empört darüber gewesen, daß sie sich die Probleme der Männer hatte anhören müssen. Und heute morgen, als wir im Begriff waren, uns wieder mit den Männern zu treffen, begann sie die Gefühle herauszulassen, die sie seit der ersten Sitzung in sich hineingefressen hatte.

»Ich bin einfach nicht mehr bereit, irgendeinen verletzten Männer-Scheiß zu hören. Ich weigere mich, sie wieder zu treffen, bevor sie sich nicht bei uns für all den Schaden entschuldigen, den sie den Frauen in den letzten zweitausend Jahren zugefügt haben. Woher nehmen sie das Recht, sich über irgend etwas zu beklagen?« fragte Gloria. »Sie waren es, die die Welt ruiniert haben. Und jetzt haben sie den Nerv, uns mit Problemen zu kommen? Frauen waren die Opfer des Patriarchats, aber doch nicht die Männer! Und es sind mit Sicherheit die Frauen, die jetzt die Welt retten werden. Dies ist eine großartige Gruppe von Frauen, und ich will diese Zeit, die wir haben, um uns gegenseitig zu umsorgen, nicht verlieren. Ich möchte unsere gemeinsame Zeit einfach nicht dadurch besudeln, daß wir sofort zu den Männern zurückrennen. Okay?«

Ich verstand, was Gloria empfand. Trotzdem konnte ich am Ende ihre Position nicht mehr gutheißen. Unsere Gewohnheit, den Männern an all unseren Problemen die Schuld zu geben, kann hilfreich sein, um in Frauengruppen ein gemeinsames Identitätsgefühl zu schaffen. Wut ist für viele Frauen eine starke Quelle von Energie und Motivation auf der Suche nach neuen, authentischeren kulturellen Rollen. Und doch gibt es eine üble Kehrseite dieser regelmäßigen anti-männlichen Gefühlsäußerungen. Eine derartige Herstellung von Verbundenheit zwischen Frauen hat in vielen Fällen das falsche Unterlegenheitsgefühl der Frauen der fünfziger Jahre in ein ebenso falsches Überlegenheitsgefühl der Frauen der neunziger Jahre verwandelt. Beide Positionen haben mit Partnerschaft und Schaffung einer gerechteren Gesellschaft für beide Geschlechter wenig zu tun.

In feministischen Veröffentlichungen wird oft vertreten, daß Frauen in einer tieferen Verbindung und in stärkerem Einklang mit der Erde, den Kindern und dem Leben stehen als Männer. Infolgedessen glauben viele Frauen heute, daß die Rettung allein durch das weibliche Geschlecht kommen wird. Diese Philosophie geht davon aus, daß die Menschheit durch das Einflößen weiblicher Werte und Eigenschaften in Männer wie in Frauen erlöst werde. Diese Überzeugung breitet sich auch in Bereichen der Frauenforschung, Soziologie, Erziehung und Psychologie aus. Das ist zweifellos Teil eines gewaltigen Entfaltungsprozesses weiblicher Kraft, aber eine fragwürdige Praxis, wenn der Preis die Herabsetzung der Männer ist.

Diese Überlegenheitshaltung wird oft als Kompensation für eine lange Geschichte der Unterdrückung gerechtfertigt. Doch allzu oft wird dadurch unsere Fähigkeit behindert, neue Partnerschaften mit Männern zu bilden. Männer aus dem Umkreis der aufkommenden Männerbewegung berichten, daß sie sich hauptsächlich der Aufgabe widmen, Krieg und Rassismus zu beenden, Männerleben zu heilen und Gewalt zu verringern, verantwortliche Vaterschaften zu pflegen, die Umweltbewegung zu unterstützen und gleichberechtigte Partnerschaften zwischen den Geschlechtern aufzubauen, lauter Zielsetzungen also, die der Feminismus ideologisch voll unterschreiben kann. Warum also dauert der Geschlechterkrieg selbst solchen Männern gegenüber an, die willens und bereit sind, uns offen und aufrichtig als Gleichgestellten zu begegnen, und die den aufrichtigen Wunsch haben, wirkliche Bündnisse und Partnerschaften mit uns zu schmieden?

Die von unserer Gesellschaft auf Kriegführen gedrillten Männer haben oft Schwierigkeiten, sich auf Friedenszeiten und ein bürgerliches Dasein einzustellen. Sie können anscheinend einfach nicht aufhören zu kämpfen und nehmen ihren Krieg mit auf die Straßen unseres Landes. In ähnlicher Weise scheinen viele Frauen, die in vorderster Front im Geschlechterkrieg gestanden haben, unfähig zu sein, sich an veränderte soziale Realitäten zu gewöhnen, die sie jetzt dazu zwingen, sich mit Männern auf der Suche nach Geschlechtergerechtigkeit für beide Geschlechter zu verbünden. Wenn Frauen sich völlig darauf konzentrieren, Männer auf einen minderwertigen Status zu reduzieren, behindern sie ihr Erstarken letzten Endes eher, als daß sie es fördern. Viele der Initiativen der Frauen sind richtig, doch wenn wir die extreme Position der ehemals männlichen Unterdrücker einnehmen, bringen wir genau die negative Haltung in die Welt, für die wir die Männer kritisiert haben.

Ich bin entgegen der Auffassung einiger Autorinnen nicht der Meinung, daß Frauen, die sich jetzt mit dem »Schatten« der Frauenbewegung auseinandersetzen, uns in den Rücken fallen. Auch sind wir keine Schachfiguren der sogenannten patriarchalischen Männer. Absolut nicht! Wir wollen vielmehr unser Verhalten verbessern und im Bündnis mit wohlgesonnenen Männern eine Geschlechtergerechtigkeits-Bewegung entwickeln. Wenn sich die Pionierinnen der Frauenbewegung wie so viele alte Politiker des Kalten Krieges nicht mit den Zeiten ändern können, dann werden sich die Zeiten über sie hinwegbewegen.

»Hey Liz, es ist schon spät«, sagte Aaron und schreckte mich aus meinen Phantasien auf. »Es ist besser, ich gehe hoch zum Grace Lake und sage den Jungs, was los ist.«

»Was willst du ihnen sagen?«

»Ich weiß noch nicht genau. Ich denke, ich werde ihnen wohl einfach die Wahrheit sagen. Ohne Namen zu nennen, werde ich ihnen berichten, daß einige der Frauen noch nicht wieder mit uns zusammenkommen wollen. Aber wir können es nicht einfach dabei belassen. Wir müssen eine Alternative entwickeln, damit die Jungs nicht nur rumhängen und auf die Frauen warten.«

»Okay, ich habe eine Idee.« Ich zog meine topographische Karte aus dem Gepäck und sagte: »Wie wäre es, wenn du mit den Männern etwa hierher an die Nordseite des Sees gehst? Und ich werde den Frauen vorschlagen, daß wir zur Südseite wandern. Auf diese Weise können wir problemlos hin und her gehen, um miteinander zu sprechen oder zu verhandeln, und können doch in getrennten Lagern bleiben.«

»Das hört sich gut an«, sagte Aaron und sprang vom Baumstamm auf. »Es wäre hilfreich, Liz, wenn die Frauen uns wissen ließen, welches ihre Probleme sind und wovor sie Angst haben. Wenn sie es uns nicht direkt sagen wollen, könnten sie es uns vielleicht über dich mitteilen. Wir Männer könnten den nächsten Schritt erleichtern und die Sitzung zu einem sicheren Raum machen, indem wir ihnen anbieten, einfach nur zuzuhören, ohne zu antworten, wenn sie dies wünschen.«

»Okay, das werde ich ihnen vorschlagen. Auf jeden Fall treffen wir zwei uns irgendwie heute nachmittag am Grace Lake.« Aaron nahm sein Tagesgepäck auf, jammerte etwas, als er den ersten Schritt mit seinem lädierten Zeh tat, und entfernte sich in Richtung Grace Lake.

Ich war eigentlich nicht vollkommen überrascht, als Liz mir sagte, daß die Frauen nicht zur zweiten Sitzung kommen wollten. Unser gemeinsames Vorhaben war schließlich kühn und bedrohlich. Wenn ich auf meinen vielen Männertreffen vorschlage, Geschlechterversöhnungs-Sitzungen durchzuführen, höre ich manchmal Kommentare wie: »Gut, das ist eine tolle Idee, Aaron. Vielleicht werden wir in etwa fünf Jahren soweit sein, nachdem wir einige unserer Wunden geheilt und ein solides Gefühl unseres eigenen maskulinen Bodens entwickelt haben.« Andere sagen: »Frauen fordern uns immer auf, unsere Gefühle mitzuteilen, aber ich wette meine Tao-Trommel und mein Buck-Messer: Wenn wir ihnen die Wahrheiten sagen, die wir uns auf unseren Treffen sagen, werden sie spätestens nach fünf Minuten versuchen, uns den Stöpsel wieder in den Mund zu stopfen, so fest sie nur können.«

Die meisten Männer glauben nicht, daß Frauen wirklich hören wollen, wie Männer die Dinge aus ihrer Sicht erleben. Sie haben das Gefühl, daß Frauen nur bereit sind, sich mit ihnen zu treffen, um sie zu indoktrinieren oder ihre Wut abzulassen. Selten kommen sie, um zuzuhören und die Dinge von beiden Seiten zu diskutieren. Wir hatten mit den Männern, die sich unserer Gruppe anschließen wollten, abgeklärt, daß es nicht Absicht dieses Treffens sei, »Männer runterzuputzen«. Sie mußten allerdings ihre uneingeschränkte Bereitschaft erklären, alle Wahrheiten der Frauen anzuhören, wenn sie ihre eigenen mitteilen wollten.

Trotz dieser Abmachung hätte es ebenso passieren können, daß die Männer sich geweigert hätten, zum nächsten Treffen zu kommen. Männer haben eine lange Tradition in der Tendenz, den berechtigten Klagen der Frauen ein taubes Ohr zuzuwenden. Unzählige freimütig redende Frauen sind von Männern als Zicken und Xanthippen, als nörglig, bissig, schrill und hysterisch abgetan worden. Der Krieg zwischen den Geschlechtern ist alt. Es ist verständlich, daß Friedensschluß zwischen den Geschlechtern genauso kompliziert und schwierig ist wie in jeder anderen politischen Verhandlung.

Menschen unterschiedlicher Volksgruppen und kultureller Herkunft leben zusammengewürfelt in unserer Gesellschaft und haben viele Konflikte miteinander, die von ihren unterschiedlichen Wertesystemen herrühren. Während unserer ganzen nationalen Geschichte haben diese Konflikte Rassen- und Klassenkämpfe ausgelöst. Frauen und Männer haben oft ähnliche Konflikte miteinander, die ebenfalls aus den Wertesystemen ihrer geschlechtsspezifischen Kultur entstehen und nicht nur in unserer sozialen und kulturellen Geschichte verwurzelt sind, sondern tief in unsere Mythologien zurückreichen.

Die historische Wunde zwischen Frauen und Männern ist tief in unsere kollektive Psyche eingekerbt. Es ist, als wäre sie in unseren Genen enthalten. Der Geschlechterkrieg hat seine Wurzeln in der archetypischen Matrix der menschlichen Gesellschaft. Diese in Mythen und Geschichten überlieferte Matrix legt das Fundament für die Strukturierung der geschlechtsspezifischen Bilder in unserer heutigen Kultur.

Unsere kulturellen Mythen agieren wie alte Schablonen des kollektiven Bewußtseins für die Rollen, die wir als Frauen und Männer heute spielen. Die Art und Weise, in der jene Kraft in einer bestimmten Kultur definiert und ausgedrückt wird, hängt häufig von den religiösen Überzeugungen jener Kultur ab. Jedem religiösen Glauben liegt eine organisierende Mythologie zugrunde. Mythologie ist die Geschichte der kulturellen Seele, das in der Tiefe organisierende Prinzip jeder speziellen Kultur. Indem wir unsere mythologischen Grundlagen erforschen, können wir die Wurzeln für einen großen Teil der gegenwärtigen Entzweiung zwischen Frauen und Männern freilegen.

Die amerikanische Kultur ist zwar eine Mischung aus vielen Kulturen – aus afrikanischer, spanischer, indianischer, asiatischer und anderen Kulturen – ist historisch gesehen aber insbesondere von europäischen Einflüssen geprägt worden. Die europäische Kultur hat ihre philosophischen Ursprünge vorwiegend im alten Griechenland. Viele der griechischen Mythologien waren von den verworrenen und unregelmäßigen Fäden des Geschlechterkonflikts durchzogen. Es gibt zum Beispiel zahllose Geschichten über Streit und Täuschung im Verhältnis von Hera und ihrem Ehemann Zeus, den beiden wichtigsten Göttern des griechischen Olymps.

In jener männerbeherrschten Gesellschaft wurde Hera oft als nörgelig und bissig geschildert. Zeus wurde im allgemeinen als Schürzenjäger oder noch schlimmer als Vergewaltiger dargestellt, der wenig Respekt für die Gefühle seiner Frau und anderer Frauen zeigte. Hera bat einmal den weisen Seher Teiresias – der als einziger als Mann und auch als Frau gelebt hatte –, einen Streit zwischen ihr und Zeus zu entscheiden über die Frage, welches Geschlecht größeren Genuß aus Sex zöge. Als Teiresias ohne zu zögern antwortete, daß es die Frauen seien, blendete Hera ihn vor Wut. Sie war wie viele andere Frauen davon überzeugt, daß beim Sex die Männer den Löwenanteil herausschlügen.

Die Ehe von Hera und Zeus diente in vielerlei Hinsicht als mythologischer Grundstein für die Einrichtung der Ehe in der westlichen Zivilisation. Die Sexualität der Frauen ist jahrhundertelang unterdrückt und verleugnet worden. Dies ist eine der vielen Ungerechtigkeiten, gegen die die Frauenbewegung Sturm läuft. Da die allgemeine Auffassung herrscht, daß Männer größeren Spaß am Sex haben, hat sich ein soziales System entwickelt, in dem Männer glauben, sie müßten sich die Frauen entweder durch Beherrschung oder durch Bezahlung dienstbar machen, um das höherwertige sexuelle »Geschenk« von den Frauen zu bekommen.

Die traditionelle Ehe im westlichen Verständnis war nicht so sehr eine Partnerschaft, sondern eher ein politischer Handel zwischen unterschiedlichen Machtpositionen – ökonomische Stärke der Männer gegenüber sexueller und umsorgender Stärke der Frauen. Jetzt ist all dies jedoch im Wandel begriffen, da die Frauen das gleiche Vergnügen an Sex und die gleiche Fähigkeit zur Einkommensbeschaffung für sich in Anspruch nehmen. Und die Männer machen ihre ebenso große Fähigkeit geltend, für sich selbst und andere zu sorgen. In *Myth of Male Power* spricht Warren Farrel von einer Entwicklung, die von »Phase I«-Beziehungen, die das Überleben zum Ziel haben, zu »Phase II«-Beziehungen führt, die Erfüllung anstreben. Dieser Wechsel geht jedoch langsam vonstatten.

Werfen wir einen Blick zurück auf die frühgriechische Kultur, so stellen wir fest, daß die Eltern von Hera und Zeus, Kronos und Rhea, nicht besser waren als ihre Kinder, und auch ihre Großeltern Gaia und Uranos nicht, die mythologischen Schöpfer des Lebens auf diesem Planet. Diese uralten Mythen sind voller Geschichten von Verrat, komplizierten Intrigen, Machtkämpfen, Untreue, Vergewaltigungen, Kastration und Gewalt.

Uranos verlangte ununterbrochen Sex mit Gaia, schwängerte sie und erlaubte ihr dann nicht zu gebären. Sie schwoll an und wurde so wütend und aufbegehrend, daß sie ihren Sohn Kronos überredete, seinen Vater zu kastrieren, um so seine Unersättlichkeit zu bremsen. Kronos wurde dann zum beherrschenden Himmelsgott. Er aber verschlang beständig seine Kinder, eine mörderische Angewohnheit, die Rhea erzürnte. Deshalb verbannte Rhea ihren Gemahl Kronos mit Hilfe ihres Sohns Zeus vom Olymp in die tiefste Finsternis der Hölle. Auf diese Weise wurde Zeus Herr im Himmel. Diese Geschichten zeigen uns, daß der Ödipus-Mythos, der Sigmund Freud so faszinierte – der Sohn ermordet den Vater, um die Liebe der Mutter zu erringen – tief in unserer kollektiven Mythologie verwurzelt ist.

Unsere herrschenden mythologischen und spirituellen Traditionen überliefern uns kein Bild einer heilsamen Partnerschaft zwischen Frauen und Männern. Der jüdisch-christliche Gott hat überhaupt keine Frau mehr, hat keinerlei Partnerschaft mit dem Weiblichem. Sogar Jesus' Mutter verleugnet Josephs Beitrag an der Erschaffung ihres Kindes. Adam und Eva, das erste Paar des Alten Testaments, lassen ihre nette, kleine Vereinbarung mit Gott einfach sausen. Die Beziehung von Adam und Eva, ein weiterer grundlegender Mythos, basiert auf Evas Unterwürfigkeit und Gehorsam. Eva hat nicht nur einen niederen Status als Adam – sie wurde als nachträglicher Einfall erschaffen –, ihr wird auch die Verantwortung für den moralischen Niedergang der Menschheit aufgebürdet.

Unsere religiösen Traditionen besitzen kein heiliges Bild des Weiblichen, in dem Frauen nicht als unterlegen oder als zerstörerisch für Männer geschildert würden. Ist es ein Wunder, daß Frauen Männern gegenüber mißtrauisch geworden sind?

Angst und Abneigung am Grace Lake – die Geschichte der Frauen

Ich schlenderte langsam zum Frauen-Camp am Blue Water Creek zurück. Ich hatte über vieles nachzudenken. Die Frauen umringten mich erwartungsvoll, als ich am Fluß ankam, in dem sie gerade ihr morgendliches Bad genommen hatten.

»Also, Liz, was hast du mit Aaron besprochen?« fragte Merle.

»Wir haben uns auf einen Kompromiß geeinigt, den ich euch vorschlagen möchte«, antwortete ich.

»Ach komm, Liz«, sagte Lisa und verzog das Gesicht, während Gloria zu stöhnen begann.

»Warte mal, hört mir erst mal zu«, fuhr ich fort. »Was tun Frauen normalerweise, wenn sie Angst haben oder böse sind? Sie entfernen sich von den Männern. Tatsächlich höre ich oft von Frauen, daß sie sich stark fühlen, wenn sie ohne Männer sind, doch wenn sie dann wieder *mit* Männern zusammen sind, verlieren sie ihre Stimme und ihren Willen. Unsere Aufgabe hier ist, mit dieser wundervollen weiblichen Kraft in Verbindung zu bleiben, die wir miteinander erlebt haben, und gleichzeitig im Dialog mit den Männern zu sein. Habt ihr jemals darauf geachtet, was passiert, wenn ihr euch in eurer Beziehung ängstlich oder bedroht fühlt? Was tut ihr normalerweise mit der Angst?«

Susan antwortete: »Wenn ich in einer Beziehung anfange, mich dem Mann gegenüber verwundbar oder bedürftig zu fühlen, dann schleiche ich mich in der Regel wie eine Diebin davon.«

»Wenn ich mich bedroht fühle durch etwas, was Joel tut, werde ich normalerweise total sauer auf ihn«, sagte Lisa. »Es ist eine Art Präventivschlag im Geschlechterkrieg. Als wir dann aber zusammen in der Beratung waren, wollte der Berater, daß ich die Angst ausdrücke, die hinter der Wut steckt. Als ich das tun konnte, war es erstaunlich, wie aufnahmefähig er wurde. Er konnte stillsitzen und mir zuhören, anstatt in sein Arbeitszimmer zu stürmen und die Tür hinter sich zuzuschlagen.«

»Also, Gloria«, sagte ich. »Heute morgen haben wir einiges von deiner Wut über die Männer gehört. Ich würde gern wissen, ob hinter der Wut auch bei dir eine Angst steckt, die du nicht ausgedrückt hast.«

»Ja, ich habe Angst vor dem, was du jetzt gerade tust, Liz. Du gehst zu Aaron, und dann kommst du zurück und willst die Frauengruppe verkaufen, indem du unsere Ängste psychoanalysierst, anstatt deine Einheit mit uns zu demonstrieren und zuzugeben, daß die Männer Idioten sind und wir ganz eindeutig viel mehr Spaß ohne sie haben.«

»Aber Gloria, wir sind hierher gekommen, um uns mit ihnen auseinanderzusetzen, oder? Also, daß wir uns wohler fühlen, wenn wir unter uns sind, ist in diesem Fall kein ausreichender Grund, uns nicht wieder mit den Männern zu treffen. Das hat nichts mit Ausverkauf zu tun! Es geht einfach darum, die Gelegenheit zu ergreifen, um gerade diese Problempunkte in einer produktiveren Weise zu behandeln, als wir es normalerweise tun. Es ist klar, daß einige von uns Angst haben, daß wir nicht mit den Männern zusammensein und gleichzeitig das besondere Gefühl behalten können, das wir gemeinsam gefunden haben.«

»Ja«, sagte Doris. »Wenn die Männer dabei sind, kann ich mit Sicherheit nicht in meinem Sarong herumlaufen und meinen Busen so herumhängen lassen.«

Marie sagte dann wehmütig: »Für mich geht es darum, daß ich mich so entspannt und behaglich mit euch allen fühle, ich möchte das einfach nicht aufgeben.«

»Also, was sollen wir tun?« fragte ich beharrlich. Niemand antwortete und ich sagte: »Ich schlage vor, daß wir nicht mit all unseren Gefühlen hier kleben bleiben, sondern zum Grace Lake gehen, dort unser eigenes separates Camp aufschlagen und den Männern ganz genau mitteilen, wovor wir Angst haben und welche Wirkung ihre Anwesenheit auf uns hat. Tatsache ist, daß wir früher oder später wieder mit den Männern koexistieren müssen. Und wenn es einen Weg gibt, finden wir ihn besser hier, wo wir die Chance dazu haben.

Um einen sicheren Raum für uns zu schaffen, will Aaron die Männer bitten, einfach zu kommen und sich schweigend anzuhören, was wir zu sagen haben. Dann werden sie gehen, um unsere Punkte unter sich zu besprechen. Wir müssen gar nichts mit ihnen diskutieren, wenn wir das nicht wollen. Ist irgendwer dagegen, so vorzugehen?«

Keine protestierte, und dann sagte Gloria: »Na gut, was mich angeht, ich möchte den Männern einfach dies sagen: Ich bin immer noch genervt, daß ich mir all den Scheiß anhören mußte, den sie in der Ärger-Sitzung von sich gegeben haben. Ich hoffe, die armen verletzten Jungs können das verkraften.«

Bevor wir dann unser neues Camp an der Südseite des Grace Lake aufgebaut und unser Abendessen gekocht hatten, war es schon dunkel. Danach versammelten sich die Frauen an der Stelle, die Aaron und ich als einen guten Sitzungsplatz ausgesucht hatten. Ich hörte etwas Murren, als wir uns alle an das Feuer setzten, das Aaron und ich hergerichtet hatten. Die meisten Frauen guckten leicht nervös, als wir im Halbkreis saßen. Dann kamen die Männer und setzten sich im Halbkreis den Frauen gegenüber.

Aaron und ich ermahnten alle Anwesenden, in gemeinsamer Verantwortung gute Grenzen zu bewahren, im ganzen Prozeß für sich selbst und die anderen Sorge zu tragen und nur soviel Risiko einzugehen, wie jede/r einzelne dann auch auffangen könne.

Aaron und ich sprachen kurz darüber, was wir zu erreichen hofften. Wie wollten, daß die Männer mit »weichen« Ohren zuhörten. An diesem Punkt des Workshop war es unsere Absicht, die Fähigkeit zu entwickeln, zuzuhören und das andere Geschlecht anzunehmen ohne das Bedürfnis, irgend etwas zu kritisieren, zu antworten, zu analysieren oder zu korrigieren.

Wir baten alle, sich etwas Zeit zu nehmen, um sich ihrer selbst bewußter zu werden, ihres Körpers, des Raumes, den sie einnahmen, ihrer Verbindung mit der Erde und dem Himmel und mit dem großen Umkreis des Lebens um uns herum. Dann begannen wir die Sitzung. Ich sprach zu den Männern und sagte: »Ich nehme an, Aaron hat euch erzählt, daß wir einige Probleme hatten, heute zurückzukommen. Viele Ängste kamen auf, die wir euch gern mitteilen würden«. Ich wandte mich an die Frauen und fragte: »Wer möchte anfangen?«

Nach einigen Minuten peinlichen Schweigens ergriff Doris das Wort. »Als ich im Frauen-Camp war, lief ich mit nackter Brust herum und hatte nur mein Tuch um die Hüften geschlungen. Ich fühlte mich frei und leicht mit meinem Körper. Und ich war auch stolz. Jetzt merke ich, daß ich ihn bedeckt halten möchte, und anstatt mich als einen schönen Naturgeist zu sehen, fühle ich mich etwas über fünfzig, unansehnlich und pummelig. Ich denke, ich habe Angst vor eurem harten, kritischen Auge und davor, daß ich mich dadurch unattraktiv fühle«, sagte sie und guckte die Männer an.

Lisa war die nächste: »Ich hab mich in den beiden letzten Tagen so sorglos gefühlt. Wenn ich nur unter Frauen bin, höre ich aus irgendeinem Grunde auf, so hart daran zu arbeiten, die perfekte verantwortungsbewußte Ehefrau, Mutter und Lehrerin zu sein. Ich ließ es einfach irgendwie laufen und hatte das Gefühl, von den Frauen einfach so, wie ich in dem Moment war, gemocht zu werden. Irgendein neuer Teil von mir ist zum Vorschein gekommen, eine Art wilde Frau«, sagte sie mit einem Lachen. »Ich habe Angst, sie wieder zu verlieren. Sie macht mir großen Spaß, und ich weiß einfach nicht, ob ich so albern und frei unter Männern sein kann. Ich habe Angst vor eurer Verachtung.«

»Das geht mir auch so«, warf Marie ein und sah zu ihrem Mann Larry hinüber. »Ich habe Angst vor dem Zorn der Männer. Männer sind angsteinflößend, wenn sie wirklich böse werden. Und auch wenn wir alle einig sind, daß in unseren Sitzungen hier keine Gewalt zugelassen würde, und es unwahrscheinlich scheint, daß so etwas in dieser Gruppe geschehen würde, habe ich immer noch Angst vor einem Wutausbruch der Männer. Ich kann mich einfach nicht vollkommen gelöst fühlen, wenn wir alle zusammen sind.«

»Ich fühle mich gerade jetzt auch sehr verwundbar und irgendwie emotional ausgelaugt«, sagte Merle und war den Tränen nahe. »Als wir ohne die Männer waren, hatte ich das Gefühl, daß es ganz okay so war. Aber hier habe ich Angst, verurteilt zu werden, weil ich schwach bin. Ich fühle mich nicht im entferntesten so sicher und akzeptiert in dem, wie ich wirklich bin mit all meinen wechselnden Stimmungen.«

Susan, die neben Merle saß, streckte die Hand aus und legte den Arm um sie. »Ich habe mich in diesen letzten paar Tagen sehr stark gefühlt«. Sie stand auf, während sie eine Hand auf Merles Schulter liegen ließ. Das Feuer schien leuchtend auf ihre zerzauste rote Haarmähne. Sie sah strahlend, beschützend und energiegeladen aus. »Ich fühle mich wirklich *groß* gerade jetzt. Ich möchte dieses Gefühl nicht verlieren. Und ich habe Angst«, sagte sie und sah zu den Männern, »weil ihr die Macht habt, daß ich mich wieder klein fühle.«

Dann sprach ich. »Wenn ich mit Männern zusammen bin, habe ich oft Angst, etwas Falsches zu tun oder zu sagen. Ich habe das Gefühl, ich muß sehr aufpassen bei euch, insbesondere wenn ich eine Art Führungsfunktion ausübe. Ich denke oft, wenn ich mich nicht genau richtig ausdrücke, haltet ihr mich für eine Zicke. Ich sehe mich selbst auf Zehenspitzen herumgehen. Aber mit den Frauen red' ich einfach drauf los, sage und tu', was ich will. Irgendwie sind die Spielregeln alle viel klarer, wenn wir Frauen unter uns sind.«

Gloria sprach als letzte. Sie sah elend aus. »Ich bin so böse und so verletzt, es ist wie ein Faß ohne Boden. Ich habe Angst vor dem Zorn, mit dem ich euch verletzten will,« sagte sie und sah durch das Feuer auf die Männer. »Und ich kann nicht glauben, daß ich euch das sage, aber es ist meine Wahrheit. Manchmal gerate ich so in Wut über die Männer, daß ich mich wie ein Hurrikan fühle, der darauf wartet, loszubrechen. Ich denke, daß die Wut auf die Männer zum Mittelpunkt meiner Identität geworden ist. Sie treibt mich seit Jahren an. Aber ständig sauer zu sein, ist kein sehr gutes Gefühl.

Ich bin von Männern mißbraucht worden. Ich wurde von meinem betrunkenen Vater belästigt. Ich wurde von meinem ersten Freund geschlagen. Ich möchte einfach ausruhen und mich unter Männern wieder lebendig fühlen, aber ich weiß nicht, was ich mit all diesen Gefühlen tun soll. Ich habe sie so lange gehabt, ich habe Angst, daß ich nicht mehr weiß, wer ich bin, wenn ich sie aufgebe. Ich habe auch das Gefühl, daß mein Zorn mir Sicherheit gibt, denn solange ich auf der Hut bin, werdet ihr Kerle nie in der Lage sein, mich zu verletzen. Also habe ich Angst, von euch geändert zu werden, ich fühle mich sicherer, wenn ich euch einfach in Schach halte, als meine ewigen Feinde.«

Sie holte tief Luft und sagte: »All dies zu sagen, ist ganz schön gräßlich für mich. Aber es gibt auch ein gutes Gefühl«, sagte sie seufzend. Gloria sah plötzlich gelöster aus, als ich sie je seit Beginn der Wanderung gesehen hatte.

Wir waren eine Weile still und ließen alles etwas sacken. Die Männer schienen gedämpfter zu sein, als ich sie bisher gesehen hatte. Ich denke, sie fühlten sich überwältigt von der Aufrichtigkeit, der wir gerade begegnet waren. Ich guckte durch das Feuer zu Liz und sah dann zum erstenmal an dem Abend allen anderen Frauen direkt in die Augen. Nach einiger Zeit sagte ich: »Ich achte den Mut, den es euch gekostet hat, uns das alles mitzuteilen, und das Vertrauen, das ihr uns entgegengebracht habt, indem ihr euch selbst so verwundbar gemacht habt. Mir fällt auf, daß es euch viel leichter fällt, uns eure Wut mitzuteilen als eure Angst. Auf jeden Fall ist es für uns alle nicht einfach, uns gegenseitig die Wahrheit zu sagen, und dafür bewundere ich euch.

Wie ich es mit Liz abgesprochen hatte, werden wir euch jetzt verlassen und unter uns diskutieren, was wir gehört haben. Aber vorher bitte ich euch um Erlaubnis, euch wie in unserer letzten Sitzung wiederholen zu dürfen, was wir von euch gehört haben, damit ihr sicher seid, daß eure Botschaften angekommen sind. Hat irgend jemand etwas dagegen?«

Niemand hatte einen Einwand. Dann wiederholten wir – in manchen Fällen beinahe wortwörtlich – was die Frauen gesagt hatten. Jedesmal wenn wir einen Punkt nicht richtig in den Griff bekamen, was mehrmals geschah, sagte eine Frau es noch einmal, und wir wiederholten es ein weiteres Mal. Ich sah, wie die Gesichter der Frauen allmählich weicher wurden. Dann fragte ich: »Ist irgend jemand noch unzufrieden, fühlt sich eine von euch nicht gehört?« Niemand antwortete, und damit war diese Phase der Sitzung abgeschlossen. Doch als wir dann aufstanden, um zurück in unser Camp zu gehen, sagte Susan:

»Hey, wartet mal. Wir haben grad' all unser Innerstes ausgeschüttet. Und ich freue mich, daß ihr jetzt geht, darüber sprecht und dann zurückkommt, um uns mitteilen, was ihr über all dies denkt. Aber vorher möchte ich gern wissen, wie es euch Kerlen geht? Habt ihr gar keine Angst vor den Frauen?«

»Natürlich haben wir die«, antwortete ich. »Ich glaube, daß wir genauso viele Ängste vor den Frauen haben wie ihr vor uns. Heute kamen wir nur zum Zuhören hierher, um euch das Sicherheitsgefühl zu geben, das euch ermöglichen soll, zu uns zurückzukehren. Aber meine Hoffnung war, daß in der Zwischenzeit auch ihr bereit sein würdet, unsere Ängste anzuhören.« Ich sah langsam in der Runde der Frauen herum. »Möchtet ihr sie jetzt hören?«

Sie sahen einander an und nickten zustimmend.

Dann fragte ich die Männer: »Ist irgend jemand von euch nicht einverstanden damit, den Frauen unsere Ängste mitzuteilen?«

Dave sagte: »Ja, ich. Ich will das eigentlich nicht. Ich bin nämlich nicht sicher, ob ich überhaupt irgendwelche Angst vor den Frauen habe.«

»Bist du dann dagegen, daß die anderen Männer es tun, während du hier in der Sitzung bei uns bleibst?« fragte ich zurück.

»Nein, nein, nur zu, schlagt euch selbst k.o.!«

Andy stand auf und sah die Frauen an. »Ich habe Angst, daß ihr euch über mich lustig macht, wenn ich euch gegenüber irgendeine Schwäche zeige. Aber in meiner Männergruppe spüre ich Mitgefühl und Verständnis, wenn ich ihnen erzähle, daß ich es müde bin, unentwegt zu versuchen, ein Held zu sein.«

»Ich fürchte, ich kann vor euch einfach nicht ich selbst sein und herumjuxen, wie ich es mit den Jungs kann«, sagte Alan. »Ich glaube, etwas an unserem Humor ist schon irgendwie vulgär, aber ich mag es. Und besonders das Herumalbern und Tanzen um das Feuer letzte Nacht hat mir Spaß gemacht. Obwohl wir nichts taten oder sagten, was Frauen verletzen könnte – zumindest glaube ich das –, kann ich mir einfach nicht vorstellen, so herumzumachen, wenn Frauen dabei sind.«

Ich sah, wie Liz neugierig zu mir herübersah,und bemerkte einige fragende Blicke auf den Gesichtern der anderen Frauen. Aber wir hatten meiner Meinung nach ein Recht auf unsere männlichen Geheimnisse, und deshalb hatte ich Liz bei unserem Treffen am Nachmittag nichts von unserem mitternächtlichen Mondtanz erzählt.

Joel fuhr fort: »Ich habe das Gefühl, ich muß sehr aufpassen, was ich sage und wie ich es sage, damit ich nicht irgendeine der neuen Regeln der ›political correctness‹ verletze. Es ist manchmal sehr ermüdend, jede Äußerung mit einem Meßgerät zu prüfen, um herauszufinden, was Frauen vielleicht verletzt oder nicht. Bei Männern weiß ich, was kränkend ist, und wenn ich versehentlich einem Mann auf den Fuß trete, weiß ich, daß er es mich direkt wissen läßt. Aber bei Frauen bin ich nie sicher. Ich habe auch Angst, daß ich es oft nur durch andere erfahre, wenn ich eine Frau verletzte – Tage, Wochen oder sogar Jahre später. Deshalb bin ich irgendwie ständig auf der Hut. Es ist schwer zu entspannen, wenn Frauen dabei sind.«

Larry sah sich in der ganzen Gruppe der Frauen um und sagte dann zögernd: »Im wesentlichen habe ich Angst vor eurer Wut. Ich habe das Gefühl, daß der Zorn der Frauen oft wie ein Seitenhieb kommt oder mich von hinten anspringt und mich dann einfach vollkommen aus dem Gleichgewicht wirft. Männer scheinen mehr geradeheraus zu sein, und obwohl ich darunter auch leide, kann ich damit besser umgehen. Wenn Marie sauer auf mich ist, fühle ich mich plötzlich wie ein fünfjähriges Kind. Ich fühle mich dann beschämt und gelähmt. Wenn Männer auf mich böse sind, bleibe ich weiterhin ein Erwachsener, ich weiß, wie ich mich verteidigen kann. Ich habe keine Hemmungen, all meine Kraft zu mobilisieren, um der Situation zu begegnen.«

Ich sagte: »Ich fürchte am meisten, von Frauen als minderwertig angesehen zu werden: Bei anderen Männern kann ich Fehler machen, weil sie verstehen, daß jeder seine Grenzen hat. Aber bei Frauen habe ich Angst, daß sie mich auf einem unrealistischen Leistungsniveau halten und daß ich bei einem Versagen keine Vergebung finde und mich dann schämen muß.«

»Was ich am meisten bei den Frauen fürchte«, sagte Jerry und sah zu Gloria, »ist, daß sie mich verlassen könnten. Ich fühle, daß ich Gloria viel stärker brauche als sie mich. Deshalb mache ich immer alles mögliche, um sicherzustellen, daß ich ihr gefalle und nichts tue, was sie erzürnen könnte. Ich stelle normalerweise ihre Bedürfnisse über meine eigenen. Wenn sie mich verlassen würde, hätte sie ihre Frauengruppen als Unterstützung, aber alles, was ich habe, ist sie. Dadurch fühle ich mich in unserer Beziehung ziemlich im Ungleichgewicht.«

Dann stand Dave auf, wandte sich uns zu und sagte: »Okay, ich hab' meine Meinung geändert. Ich habe auch eine Angst, die ich aussprechen möchte. Ich habe Angst davor, wie stark ich mich von dir, Susan, angezogen fühle«, sagte er und wandte seinen Kopf langsam von den Männern ab, bis er sie direkt ansah. »Ich fürchte die sexuelle Macht der Frauen über mich. Ich kenne dich noch nicht einmal richtig, und doch beherrschst du meine Gedanken und Gefühle in einer Weise, wie es bei Männern, egal wie stark unsere männliche Verbundenheit ist, nie eintreten könnte.

Und nun habe ich Angst, daß all ihr Frauen denken könntet, ich bin ein Schwein, das Frauen belästigt, oder ein Sex-Besessener. Aber die Wahrheit ist, daß mich Susans Schönheit und Kraft fasziniert, und ich kann einfach nicht sehen, was daran so falsch ist. Wie sagt man heutzutage einer Frau, daß man sich von ihr angezogen fühlt, ohne sie zu beleidigen? Das möchte ich wirklich von euch Frauen lernen, weil sich in der letzten Zeit alle Regeln geändert haben und ich das einfach nicht mehr kapier'.«

Als die Männer fertig waren, sagte Liz uns: »Ich möchte, daß ihr wißt, daß wir euch aufrichtig zugehört haben. Wir haben euren Frust und euren Kummer gehört. Wir wissen nicht, wie wir es in Ordnung bringen können. Wir wissen auch nicht, ob wir überhaupt dazu beitragen können, es in Ordnung zu bringen. Die Knoten, mit denen wir uns gegenseitig wie uns selbst gefesselt haben, sind dick und kompliziert. Aber ich möchte euch für eure Offenheit und eure Aufrichtigkeit danken. Und ich hoffe, daß uns das Anhören eurer Ängste hilft, euch besser zu verstehen.«

Wir tragen den gleichen Kummer

Nachdem Dave gesprochen hatte, fragten Aaron und ich alle Mitglieder der Gruppe, ob sie die Sitzung weiterführen wollten. Alle stimmten zu und sagten, es sei ein fruchtbares Treffen und wir sollten weitermachen. Wir eröffneten dann die Feedback-Runde. Aaron und ich baten alle, sich zu bemühen, Ich-Statements zu machen, über die Gefühle zu sprechen, die die empfangenen Informationen bei ihnen ausgelöst haben, anstatt die Äußerungen der anderen zu kritisieren. Und wir hielten fest, daß wir bereits viel geschafft hatten, einfach dadurch, daß wir in der Lage waren, zusammenzusitzen und einander zuzuhören.

Es war natürlich unmöglich, all unsere Konflikte an einem Abend zu entwirren, aber alle waren zutiefst engagiert, fasziniert und willens, mehr über die Wunden zu hören, mit denen jedes Geschlecht zu kämpfen hatte. Im Verlaufe des Abends wurde klar, daß unter allem Zorn und aller Angst, die wir während der letzten Tage mitgeteilt hatten, eine tiefe Quelle von Kummer lag.

»Mir fällt es schwer, wirklich aufzunehmen, was die Männer sagten«, stellte Lisa fest, während sie ihren heißen Tee schlürfte. »Ich nehme es weiterhin persönlich und fühle mich irgendwie beschämt.«

»Ich auch«, sagte Merle. »Ich hab das gleiche Problem. Obwohl ich nicht umhin kann, in vielem von dem, was die Männer sagten, die Wahrheit zu entdecken, ist es schmerzhaft, mit dem ganzen Zeug konfrontiert zu werden.«

Da die Frauen eine lange Geschichte darin haben, durch den »alten Sexismus« für alles beschuldigt zu werden, sind sie verständlicherweise empfindlich gegenüber jeder Andeutung von Schuld oder negativer Charakterisierung ihres Verhaltens. Wir sind daran gewöhnt, zu hören, daß jedes Problem bei der Kindererziehung und in der Beziehung unser Fehler ist. Frauen auf der Suche nach ihrer eigenen Kraft und dem Bedürfnis nach höherer Selbstachtung haben daher oft gewisse Widerstände, ihren »Schatten« zu sehen. Und doch spürten wir, daß es nötig war, genau das als einen Schritt hin zu tieferem Verständnis und Vertrauen zu tun.

Dave erzählte uns, wie schwer es gewesen war, uns seine Gefühle aufrichtig mitzuteilen. »Jetzt wo ich all das gesagt habe, fühle ich mich sehr ungeschützt«. Andere Männer stimmten ihm zu, daß es unbehaglich für sie ist, auf diese Weise zu sprechen. Mehrere gestanden, daß sie nicht wußten, wie sie mit den Tränen von Frauen umgehen sollten und daß sie sich auch irgendwie beschämt fühlten, nachdem sie den Frauen zugehört hatten.

Der »Schuld-Zyklus« bei Frauen und Männern ist ohne Frage einer der Gründe, warum beide Geschlechter in der Vergangenheit so selten bereit waren, sich die Wunden des anderen Geschlechts anzuhören. Jedenfalls hatten wir nun eine Atmosphäre geschaffen, in der wir uns nicht mehr von den Schuldgefühlen einfach verschlingen ließen oder uns aufregten, sondern fähig waren, unsere Gefühle auszuprechen und die gewohnten Verhaltensmuster zu erkennen, in die wir immer wieder fallen. Während wir weitersprachen, stellten viele von uns fest, daß wir ziemlich wenig Hoffnung hatten, jemals unsere Wunden heilen zu können.

Marie stand auf und warf ein Stück Holz ins Feuer. Sie wärmte ihre Hände über der Glut und sagte: »Es macht mich traurig zu hören, wieviel Angst es bereitet, wenn wir einfach nur wir selbst sein wollen.«

»Trotz all meiner Wut auf die Männer als Gruppe«, sagte Gloria, »Jerry liebe ich wirklich. Es macht mich traurig zu hören, daß er sich durch meine Unabhängigkeit und Verbindung mit anderen Frauen unsicher fühlt. Ich wünschte, er könnte so viel Halt bei anderen Männern finden wie ich bei anderen Frauen.«

Jerry gab zu, daß er sich spirituell und emotional den Frauen unterlegen fühlte. Er fühlte sich verloren und unfähig, sich heilig oder in irgendeiner Weise besonders zu fühlen, im Vergleich zu der Schönheit, die er in den Frauen sah. Andy sagte, daß er vollkommen verwirrt darüber war, was Frauen von ihm wollten. Joel sprach darüber, wie schwierig es für ihn war, sein inneres, künstlerisches Wesen mit den Bedürfnissen seiner Familie nach Aufmerksamkeit und Zeit in Einklang zu bringen.

»Als wir im Männer-Camp miteinander sprachen«, erzählte Alan, »bemerkten wir, daß wir uns eingesperrt fühlten. Die Männer waren einmal frei wie die Antilopen in der Prärie. Ich hab gehört, daß viele Indianer nur etwa drei oder vier Stunden am Tag arbeiteten. Jetzt tragen auch sie Schlips oder schwere Stiefel und arbeiten die ganze Zeit. Aber wir haben aus den Augen verloren, wofür wir so hart arbeiten. Wir haben unsere Wildheit und unsere Freiheit verloren. Es ist wie ein furchtbarer Preis, der bezahlt werden muß für Liebe, Sicherheit und Akzeptanz. Wir wissen nicht genau, wie sich das ändern kann. Ich hatte das Gefühl, daß wir eure Hilfe brauchen und nicht wissen, wie wir euch fragen sollen. Ich habe Angst, daß ihr einfach antworten werdet: ›Wir haben selbst schon genug Probleme, auch ohne euch aus eurer Scheiße herauszuhelfen.‹«

Wir unterhielten uns noch etwas ungezwungener weiter und führten ein offenes Gespräch zwischen Frauen und Männern. Die Fragestellungen waren weitgestreut und komplex. Viele der Themen der Frauen kreisten um ihre Angst davor, daß Männer ihnen das Gefühl geben, bedroht oder klein zu sein. Viele der Männerthemen konzentrierten sich auf ihre Angst vor der Macht der Frauen, sie zu verändern oder auf unterschiedlichste Weise zu unterwerfen.

Die Männer fürchten zum Beispiel, in eine heftige Konkurrenz untereinander getrieben zu werden, um die Zuneigung der Frauen zu gewinnen. Das ist einer der Gründe, warum Männer es nötig haben, sich manchmal ohne Frauen zu treffen. Männer, die Frieden und Brüderlichkeit suchen, finden dies oft leichter in einer gleichgeschlechtlichen Gruppe. Wenn Männer über die Notwendigkeit diskutieren, sich im Rahmen ihrer Identitätsbildung von der Mutter zu lösen, dann betrachten Frauen das oft als eine Verdammung der Frau.

Während wir bis spät abends redeten, ging der Mond auf und warf ein schimmerndes Licht auf den See und die Bäume um uns herum. Diese Gruppe von Abenteurern, die sich um ein kleines Feuer drängten und von den unermeßlichen Wäldern umgeben waren, schien ein geeignetes Symbol für die Geschlechter-Wildnis zu sein, in der wir uns befanden. Es wurde klar, daß die Probleme von Männern und Frauen zwar oft unterschiedlich, die Gefühle von Wut, Frust und Traurigkeit jedoch sehr ähnlich sind. Mehrere von uns sagten, sie hätten bemerkt, daß Männer und Frauen sich in ihrem Leben gleichermaßen als Opfer und unverstanden fühlten. Wir schlossen mit der Feststellung, daß beide Gruppen gleichermaßen dazu tendierten, etwas von diesen Gefühlen dem anderen Geschlecht anzulasten.

Es reichte nicht, uns gegenseitig über unsere Probleme zu informieren. Wie Gloria so deutlich dargelegt hatte, wollte sie von den Männern hören, daß sie die Verantwortung für die Art und Weise übernähmen, in der sie Frauen verletzt haben. Und wir vermuteten, daß die Männer ein ähnliches Bedürfnis in bezug auf die Frauen hatten. Bisher hatten beide Seiten es vermieden, viel Verantwortung für ihren Beitrag zu diesem Krieg zu übernehmen. Als die Sitzung sich auflöste und Frauen und Männer sich für den Rückweg fertigmachten, baten Aaron und ich deshalb beide Gruppen, bis zum nächsten Gespräch über die Frage nachzudenken, die wir beim letzten Treffen aufgeworfen hatten: »Was tragt ihr zum Krieg zwischen

Frauen und Männern bei, und welche Waffen seid ihr bereit abzulegen, um größeren Frieden zu schaffen?«

Als Aaron und ich uns gute Nacht sagten, schoß eine strahlende Sternschnuppe durch den mitternächtlichen Himmel und spiegelte sich im See. Feuer, Wasser, Erde und Himmel, alles zusammen in einem gewaltigen Augenblick. Das war ein verheißungsvolles Zeichen für die Rückkehr von Licht und Ganzheit in unsere gemeinsame Arbeit, und wir waren voller Hoffnung für die kommenden Tage.

6
Den Schatten erkennen

> Schatten-Arbeit leisten bedeutet in die dunklen Ecken unserer Sinne spähen, in denen sich geheime Schuld versteckt und gewaltige Stimmen zum Schweigen gebracht wurden ... [es kann] zu echter Selbstannahme und wirklichem Mitgefühl für die anderen führen.
>
> Ken Wilber[1]

Am nächsten Morgen wachte ich früh auf, gerade als die Sonne über den Bergkamm stieg. Es war still und friedlich. Nur die krähenden Rufe von ein paar Eichelhähern und das gelegentliche Platschen der im See springenden Fische war zu hören. Vom Männer-Camp stieg schon Rauch auf. Ich war etwas neidisch bei der Vorstellung, daß sie sich Forellen zum Frühstück brieten. Fast war ich versucht, zu ihnen hinüberzugehen und mir Angelgerät zu holen, aber genau in dem Moment setzte sich Doris schläfrig auf und grinste mich breit an.

»Was für ein Tag!« rief sie und blickte auf die Dunstschleier, die über dem See schwirrten.

»Ja, und was für eine Nacht!« erwiderte ich in Anspielung auf die Sitzung vom Abend zuvor.

Wir lachten beide. Nach und nach standen alle Frauen auf und versammelten sich am Feuer. Nach vier Tagen Wildnis waren wir eine recht buntgescheckte Gesellschaft. Aber trotz Mangel an Makeup, gestyltem Haar und sauberer Kleidung sahen alle entspannter und lebendiger aus als zu Beginn der Tour. Wenn ich mit Aaron draußen in den Wäldern bin, benutze ich oft ein kleines bißchen Makeup, während Aaron *immer* aufhört, sich zu rasieren. Seit ich aber im Frauen-Camp war, hatte ich mich – wie auch die anderen Frauen – darum überhaupt nicht mehr gekümmert. Und trotzdem sahen sie für mich jetzt schöner aus als am ersten Tag.

Jede Frau hatte in den vergangenen Tagen sehr intime Dinge von sich selbst mutig preisgegeben. Das gab mir ein intensives Gefühl von Nähe zu ihnen allen, das die kurze Zeit, die wir miteinander verbracht hatten, bei weitem sprengte. Es war, als wären wir bereits seit Jahren Schwestern. Während Lisa in einem großen Topf mit heißen Getreideflocken rührte, begannen wir, unsere Gefühle über das letzte Treffen mit den Männern zu ordnen. Nach einer kurzen Diskussion kam unter anderem zum Vorschein, daß wir zwar offensichtlich die Gewalt der Männer fürchteten, uns aber auch ärgerten, wenn sie ihre wirkliche Verwundbarkeit verleugneten. Das Ding mit dem Helden stößt uns wirklich ab.

Jetzt waren wir plötzlich mit einer Gruppe von Männern konfrontiert, die zugaben, daß sie unter all dem Getöse doch nicht so hart waren. Sie waren sauer, verletzt, ängstlich, verloren und voller Kummer. Sie waren ja Menschen! Sie hatten Gefühle genau wie wir! Doch da wir darauf konditioniert waren, nur stoische Krieger, die sich nie beklagen, als »wirkliche« Männer anzusehen, empfanden wir manchmal einen gewissen Widerstand, Männer »weinen« zu sehen.

Würden die sogenannten sensiblen Männer in der Lage sein, uns in einer Gefahrensituation zu beschützen? Vielleicht nicht. Das war ein beunruhigender Gedanke. Während wir über die Sitzung sprachen, bemerkten wir aber auch, daß wir weniger sauer auf die Männer waren, weil sie aufgehört hatten, »Scheiß zu reden«, und angefangen hatten, uns die Wahrheit zu sagen. Und wenn wir wirklich wollten, daß die Männer sich änderten, war es vielleicht an der Zeit, uns selbst zu beschützen, anstatt zu erwarten, daß die Männer weiterhin die zähen Burschen spielen.

Das Opfer und die Prinzessin

»Als ich die Männer mit so viel Ehrlichkeit und Aufrichtigkeit sprechen hörte, sah ich sie plötzlich in einem ganz anderen Licht«, sagte Gloria. »Zu wissen, daß auch sie leiden, hilft mir irgendwie, weniger Wut zu empfinden. Ehrlich gesagt, bis gestern abend habe ich nie eine Gruppe von Männern das zugeben hören. Ich denke, daß ich früher wirklich geglaubt habe, daß Männer alle Vorteile hatten. Jetzt beginne ich, die andere Seite der Geschichte zu sehen.«

»Ich bin froh, daß Joel seine Ängste anderen Leuten mitteilt«, sagte Lisa. »Es ist kein Geheimnis für mich, daß er leidet. Die ganze Familie ist sich dessen bewußt, auch wenn er es nicht zugeben will. Er kommt nach einem stressigen Tag nach Haus und reagiert sauer auf mich oder die Kinder. Aber wenn ich ihn frage, wie es ihm geht, sagt er normalerweise, er fühle sich gut.«

»Es ist traurig, daß es den Männern so schwerfällt, über ihren Schmerz zu reden«, sagte Doris. »Wenn ich mit anderen Frauen über meine Probleme spreche, hilft mir das, harte Zeiten durchzustehen. Anders könnte ich es nicht. Wem offenbaren die Männer, wie sie wirklich sind? Wie können sie überleben ohne Brüder, denen sie sich anvertrauen können?«

»Sie überleben nicht«, sagte Lisa. »Das ist das Problem. Deshalb sterben Männer wahrscheinlich acht Jahre eher als wir. Sie können nie ihre wirklichen Gefühle zeigen. Sie stauen alles in sich auf, bis sie irgendwann mit Herzanfällen explodieren.«

Frauen haben immer ihre Mühen und Freuden als Mutter, Geliebte, Ehefrau und Arbeiterin miteinander geteilt. Dieser Prozeß ist ein integraler Bestandteil der weiblichen Kultur. Wir haben eine Menge Stärkung erfahren, indem wir uns über die Ungerechtigkeiten aufgeregt haben, denen wir ausgesetzt waren, und indem wir uns gegenseitig unsere Wunden offenbarten.

Andererseits handeln die meisten Männer so, als ob sie nicht viel Schmerzen empfinden. Deshalb haben wir einfach angenommen, daß das Leben für sie viel besser sein muß. Sie halten den alten Anspruch von John Wayne aufrecht, daß sie eine Kugel in der Brust haben und trotzdem weiterreiten, böse Kerle töten und Damen in Not retten können. Wir fühlen uns dadurch schwach und dumm, da wir anscheinend die einzigen sind, die sich abmühen. Jetzt merken wir allmählich, daß Männer uns aufgrund ihres Heldendrills die ganze Zeit angelogen haben. Allerdings stehen sie damit nicht allein. Auch wir haben gelogen.

Wenn Frauen Hilflosigkeit vortäuschen, dann nervt das die Männer genauso wie uns umgekehrt ihre aufgeblasenen Posituren. Männer lügen über ihre wirkliche Verwundbarkeit. Aber sie sind schnell dabei, untereinander Wohlstand und Kraft zu demonstrieren und sogar zu übertreiben in der Hoffnung, in der männlichen Gesellschaft anerkannt und bewundert zu werden. Frauen sind es gewöhnt, ihre wirkliche Stärke zu verleugnen, untereinander und auch gegenüber den Männern. Aber wir sind schnell dabei, unsere Benachteiligung und Verwundbarkeit offenzulegen und sogar zu übertreiben in der Hoffnung, Sympathie und Schwesterlichkeit zu erringen.

Ich bin mit Kinofilmen wie *Vom Winde verweht* und Draufgängern wie Errol Flynn aufgewachsen. Ich hörte starke Frauen wie Aretha Franklin Lieder wie *Rescue Me* im Radio singen. Wo ich auch hinkam, schallte mir die gleiche Cinderella-Botschaft entgegen: »My Boyfriend's Back« (er wird meinen Ruf retten). Keine Geschlechterfabel sagte jemals: »Eines Tages, Liz, wirst du eine starke und erfolgreiche Frau aus eigener Kraft sein«.

Die meisten Frauen meiner Generation sind mit dem Glauben aufgewachsen, daß eines Tages der richtige Mann vorbeikommen und ihrem Leben Bedeutung geben wird. Der Märchenprinz, so hofften wir, würde uns vor dem Drachen unserer Leere, Einsamkeit und nicht verwirklichten Träume retten. Obwohl viele Frauen von sich meinen, über diese Erwartungshaltung hinaus zu sein, ist in vielen meiner vertrauten Gespräche mit starken Frauen erstaunlicherweise deutlich geworden, wie tief diese Überzeugung noch in unserer kollektiven Psyche steckt.

Wir wissen, daß das Warten auf den perfekten Liebhaber, perfekten Vater und perfekten Versorger und Beschützer, der uns »retten« soll, eine Verliererinnenposition ist. Trotzdem besteht diese Erwartung weiterhin und trägt beträchtlich zu der Wut und dem Ärger bei, den wir Männern gegenüber empfinden – denn kein Mann kann diesem Ideal tatsächlich gerecht werden. Jedenfalls nicht auf Dauer. Wenn wir die Männer auf diesem Standard zu halten versuchen, ist Enttäuschung unvermeidlich.

Eines der Hauptthemen der Geschlechter-Archetypen in unserer Epoche ist der Held, der die Jungfrau vor dem Drachen rettet. Dieses Thema bildet die psychische Matrix unserer alten Geschlechterkultur. In diesem allgegenwärtigen Mythos ist der Retter fast immer männlich. Das Opfer in Gefahr ist weiblich. In den meisten Liebesromanen von heute ist der Drache synonym mit einem männlichen Übeltäter, den der Held besiegen muß im Interesse einer hilflosen Frau. Zu diesem Thema werden jedes Jahr Millionen von Büchern an Frauen verkauft. Eines der historischen Ziele der Frauenbewegung war jedoch die Neuinterpretation dieses Mythos.

Vor mehr als hundert Jahren sagte Susan B. Anthony, Frauen dürften nicht vom Schutz eines Mannes abhängen, sondern müßten lernen, sich selbst zu schützen. Aber trotz aller Empowerment-Rhetorik hat uns die Frauenbewegung bis heute enttäuscht, *insofern sie immer noch am Opferkult festhält*.

Die Identifizierung der Frauen als Opfer des Patriarchats ist zweifellos ein wichtiger Schritt zur Selbstentdeckung und Stärkung der Frauen gewesen. Das hat zum Erwachen aus dem Schlummer des »Weiblichkeitswahns« beigetragen, wie Betty Friedan es vor über dreißig Jahren in ihrem weithin bekannten Buch gleichen Titels nannte.[2] All unser Schimpfen auf die Männer hat aber eine Kehrseite. Vor lauter Wut auf die Männer darüber, daß sie eine Stärke haben, die uns fehlt, stellen wir uns häufig vor, daß wir machtlos sind. Unsere Abwertung der Männer, wie wir sie im letzten Kapitel diskutiert haben, ist oft ein Versuch, uns selbst größer zu fühlen, indem wir sie kleiner machen, anstatt uns einfach darauf zu konzentrieren, daß wir selbst stärker werden.

Wenn wir glauben, daß Männer die ganze Macht haben und alle Probleme verursachen, dann glauben wir, daß die Dinge sich nur ändern, wenn die Männer sich ändern. Im Kern dieser Denkart steckt die gleiche Dynamik, die zur Co-Dependenz, zur mit-produzierten Abhängigkeit in Beziehungen führt. »Wenn er sich nur ändern würde, würde unsere Beziehung besser laufen.« Wenn wir die ganze Stärke außerhalb unserer selbst sehen, *dann spüren wir nicht die Pflicht, uns selbst zu ändern*, sondern wollen nur diejenigen ändern, die die Macht innehaben. Unser geschützter »Sonder«-Status als Frau in der Opferrolle verlegt den Ort der Heilung nach außerhalb. Das Opfer trägt alle Verwundung und Hilflosigkeit, der Täter trägt alle Macht und Verantwortung.

Das ist vielen von uns vertraut, weil es immer ein Teil unserer traditionellen Erziehung war, die Welt in dieser Weise zu sehen. Sogar viele »neue Frauen« der neunziger Jahre, die ihr soziales und politisches Bewußtsein entwickelt haben, fallen regelmäßig in das gleiche Muster zurück. In vielen Fällen haben sie ihr Gemeinschaftsgefühl durch ein gemeinsames Opfergefühl ausgebildet anstatt durch die Entwicklung einer tieferen Kenntnis und Freude an ihrer weiblichen Stärke und Magie.

Prinzessin und Opfer tragen keine Verantwortung. Und das ist die große Verlockung dieses Archetypus. Indem wir uns darauf berufen, scheinen wir auf magische Weise von all unseren Sünden erlöst zu sein – »Es ist alles seine Schuld«, glauben wir ganz ehrlich. Der für das Magazin *New York* schreibende Verleger John Taylor sagt: »Es gibt heute ganz einfach enorme Vorteile, wenn du dich erfolgreich als Opfer darstellst. Der Opferstatus bringt nicht nur die moralische Überlegenheit der Unschuld. Er macht es auch möglich, die Übernahme von Verantwortung für das eigene Verhalten zu vermeiden.«[3]

In der Vergangenheit haben wir hauptsächlich versucht, in Form von Beschwerden auf die Politik Einfluß zu nehmen. Wir waren eher reaktiv als produktiv. Heutzutage beginnen jedoch immer mehr Frauen, sich selbst als genauso stark wie Männer anzusehen. Sie treten mit ihnen in direkte Konkurrenz um politische und ökonomische Macht. Sie treiben ihre Standpunkte durch eine starke, pro-aktive Haltung voran, anstatt lediglich auf die Ideen der Männer mit Groll und Protest zu reagieren. Und sie stellen fest, daß in der Welt der Konkurrenz und Macht das Kämpfertum auch unweigerlich Wunden mit sich bringt. Die Prinzessin glaubt jedoch aufrichtig, daß sie niemals leiden sollte und daß in einer »gerechten« Gesellschaft die anderen sie vor den Härten der Welt zu schützen hätten.

Weibliche Identifizierung mit Hilflosigkeit schürt und unterstützt den alten männlichen Heldendrill – hart, potent, furchtlos und immer »oben auf«. Es ist ein schlechter Traum, den Männer und Frauen gemeinsam geträumt haben. Jetzt versuchen wir, aufzuwachen. Es ist nicht einfach. Und es ist besonders schwierig – für beide Seiten –, sich in einem Vakuum ohne die andere Seite zu ändern. Deshalb ist unsere gemeinsame Geschlechterversöhnungsarbeit so wichtig.

Der Held

Ich ging mit einigen Männern im Morgengrauen fischen. Die Frische des Morgens hob meine Stimmung. Alles war perfekt in unserer schweigenden Welt, bis Dave plötzlich schrie: »Scheiße!« Bei einem Wurf hatte sich irgendwie der Haken verheddert, so daß er nun tief in seinem Daumen steckte anstatt in einer Forelle. Es gab keine andere Möglichkeit: Ich mußte den Haken so weit durchdrükken, daß der Widerhaken auf der anderen Seite herauskam. Dann schnitt ich ihn mit der Drahtschere von meinem Schweizer Messer ab und zog den Schaft des Hakens zurück und aus der Wunde heraus. Das ganze hinterließ zwei Löcher in seinem Daumen.

Eine Menge Blut spritzte heraus, und es war zweifellos sehr schmerzhaft, als ich den Haken durchstieß. Aber Dave jammerte oder schrie nicht. Als ich ihn fragte, ob es weh tat, antwortete er: »Nee, es piekst nur ein bißchen.«

Ich dachte an die ungezählten Male, die ich einen Mann oder einen Jungen seine Schmerzen hatte verleugnen hören. »Große Jungen weinen nicht«, wird fast jedem Mann als Kind beigebracht.

So wie viele Frauen in der Vergangenheit Solidarität und Zusammengehörigkeitsgefühl fanden, indem sie sich selbst als Opfer wahrnahmen, fanden Männer Brüderlichkeit und Gemeinschaft mit anderen Männern, indem sie dem Heldenkult huldigten. All unsere kulturellen Leitlinien – von der Erziehung durch Eltern und Schule über Sport bis hin zur militärischen Ausbildung und Einführung in den Arbeitsplatz – vermitteln einem Mann, daß er, um von den anderen anerkannt zu werden, dem Ideal einer heldenhaften Männlichkeit nacheifern muß.

In alten Mythologien wurde dieses Ideal durch Heldendramen mit übermenschlichen Charakteren wie Herakles entwickelt. Die meisten von uns haben als Kinder die Sagen über ihn gehört, in denen seine große Kraft gerühmt wird, mit deren Hilfe er scheinbar unmögliche Aufgaben erfüllt. Der Name Herakles bedeutet »Heras Ruhm«. In der griechischen Sprache ist ein Held – Heros – ein Mann, der sich der Hera weiht.

Wie der Dionysos-Mythos hat der Herakles-Mythos Ähnlichkeiten mit der christlichen Mythologie. Er wurde »Friedensfürst,

Sonne der Rechtschaffenheit und Licht der Welt« genannt. Wie Christus stieg er zur Hölle hinab und kämpfte mit dem Herrn der Unterwelt. Und wie Christus kehrte er in die obere Welt zurück und erhielt eine zweite Geburt und Unsterblichkeit. Vorchristliche Mythen wie die Jesus-Geschichte selbst haben entscheidenden Einfluß auf die Art und Weise gehabt, in welcher wir die Männlichkeit als Verkörperung des Archetypus Erlöser – Retter – Ritter – Held idealisieren.

Der heroische Archetypus, den Herakles repräsentierte, ist in der kollektiven Vorstellung der amerikanischen Männer noch immer lebendig. Der Archetypus des nahezu unbesiegbaren Helden wird durch Schauspieler wie Arnold Schwarzenegger, Clint Eastwood, John Wayne, Errol Flynn und andere dargestellt. Wie Herakles besiegt der männliche Held einen scheinbar überlegenen Gegner trotz widrigster Begleitumstände. Oft steht er allein gegen eine außergewöhnliche Zahl von sehr bösen, starken und schwerbewaffneten Männer. Und doch hat er selbst angesichts überlegener Gegner absolut keine Angst. Und nie ist er sich im Unklaren über die beste Vorgehensweise.

Der Held erleidet unweigerlich eine Unmenge körperlichen Schmerzes. Er erträgt Entbehrungen, die weit über die Belastbarkeit jedes Sterblichen hinauszugehen scheinen. Und doch äußert er wie Dave keine Klage über seine Wunden oder seine scheinbar hoffnungslose Situation oder Erschöpfung. In den meisten Fällen rettet er ganz nebenbei eine Frau in Not. Sehr häufig benutzt er übermenschliche Kräfte und Kampfgeschick, um all die bösen Kerle zu besiegen.

Manchmal wird das Thema variiert. Wir haben jetzt einen neuen modernen, »soften« Helden, der weniger bewaffnet ist. Er wird von Charakteren wie Harrison Ford als Indiana Jones oder Richard Anderson als MacGyver dargestellt. An Stelle von brutaler Kraft und Super-Gewalt offenbaren diese »politisch korrekteren« Helden in fast jedem Fall ein erstaunliches Durchhaltevermögen, überlegene Reflexe und brillanten Einfallsreichtum, um Frauen zu retten.

Was ist falsch daran, ein Held zu sein? Eigentlich nichts. Jeder von uns muß Zugang zu seinem eigenen persönlichen Heldentum finden, um ein Buch zu schreiben, ein Kind aufzuziehen, ein Geschäft zu eröffnen, sich mit Ungerechtigkeiten auseinanderzusetzen, einer Krankheit die Stirn zu bieten oder sich in irgendeiner der vielen menschlichen Unternehmungen zu engagieren, die von uns verlangen, unsere Ängste vor Veränderung, Versagen, Verletzung oder Tod zu überwinden. Für viele Männer jedoch besteht das Problem darin, daß sie das Gefühl haben, sie müßten *immer* Helden sein.

Der Held und die Prinzessin sind wie Täter und Opfer ein gespaltener Archetypus, Aspekte einer in seine Teile zerbrochenen Ganzheit. Wir haben alle einen mutigen Helden und ein sensibles Kind in unserer Psyche. Jeder von uns hat eine rücksichtslose Ader und einen Persönlichkeitsteil, der sich durch Rücksichtslosigkeit anderer verletzt fühlt. Probleme tauchen auf, wenn eines dieser psychischen Elemente unseren Charakter beherrscht. Dann werden wir »besessen« von dem abgespaltenen Teil, der zum Ausleben seiner polarisierten Rolle immer auch sein fehlendes Gegenstück sucht.

Helden suchen Drachen zum Töten und Mädchen zum Retten, während Prinzessinnen schmachtend auf ihren ersehnten Prinzen warten. Beides sind schwache Positionen. Nach Jahrzehnten der Frauenliteratur sind die Gefahren der Prinzessinnenrolle jetzt den meisten Frauen schmerzlich klar geworden. Doch nach den wenigen Jahren der Reflexion über Männlichkeit ist die tödliche Heldenfalle den Männern noch nicht so offensichtlich.

In vielen alten Geschichten ist der Held der Göttin geweiht. Das Märtyrertum Christi verkörpert auch die Idee, daß sich die höchste Qualität eines Mannes in seiner Bereitschaft ausdrückt, für andere zu sterben. Durch diese Überzeugung sind zahllose Generationen von Männern unbedacht in Kriege und Gemetzel geschickt worden. Die Männer meiner Generation wurden feige genannt, weil sie der Welt sagten, daß es Zeit für Frieden sei; daß nicht durch mehr Kämpfen der Krieg beendet werden solle, sondern dadurch, daß wir alle gemeinsam aufhören zu kämpfen. Der Ritter braucht eine Rüstung, um zu kämpfen, wenn Rettung nicht anders möglich ist. Aber wie ich in meinem letzten Buch *Knights Without Armor* (Ritter ohne Rüstung) erörterte, sitzt der Ritter, wenn er vergißt, wie man sie abnimmt, inmitten all seiner Kraft in der Falle und ist unfähig, die Wunden zu heilen, die unter seinem harten Äußeren verborgen liegen.

Ein weiterer Schatten des Helden ist seine Unfähigkeit, bedeutungsvolle Beziehungen mit anderen zu schmieden. Der Held ist, wie so viele Männer heutzutage, oft übermäßig narzißtisch – einsam und mit sich selbst beschäftigt.

Natürlich brauchen wir Helden in Notzeiten. Und es ist lobenswert, daß Frauen und Männer in Zeiten großer Gefahr über die Grenzen ihrer Körper und Gefühle hinausgehen. Doch wie Liz schon zum Ausdruck brachte, wird die Opferrolle für Frauen zum Problem, wenn sie sich regelmäßig als Opfer benehmen. Und das gleiche gilt für Männer, wenn sie regelmäßig heroisch sind.

Helden können nicht um Hilfe bitten, wenn sie sie brauchen. Die im heroischen Archetypus gefangenen Männer leiden oft sehr und sterben früher. Ihnen ist die Überzeugung eingetrichtert worden, daß sie niemanden brauchen als sich selbst. Das ist die dunkle Seite des heroischen Archetypus. Ebenso wie die Überidentifizierung mit der Opfer-Prinzessinnen-Rolle Frauen von ihrer Stärke abtrennt, so schneidet die Überidentifizierung mit dem Helden Männer von ihren Gefühlen und ihrer Fähigkeit ab, dauerhaft für sich selbst und andere zu sorgen. Herrschaft über Frauen ist aufs Innigste mit der Mißhandlung verbunden, die Männer sich selbst antun. Der Selbstmißbrauch nimmt oft die Form von übermäßigem Alkohol- und Drogenkonsum, Workaholismus oder anderen Obsessionen an, die es den Männern unentwegt ermöglichen, Schmerz, Angst und das menschliche Bedürfnis nach Bindung zu verleugnen. Der gespaltene Archetypus von Held und Opfer ist ein Aspekt des männlichen und weiblichen Schattens. An der Wurzel des Geschlechterkrieges liegen jedoch tiefere Kräfte der menschlichen Psyche, die unsere Konflikte schüren.

Die dunklen Göttinnen

»Ich war überrascht zu hören, wieviel Angst die Männer vor den Frauen haben«, sagte Susan, die an einen Baum lehnte und Luft holte. Wir hatten beschlossen, eine Wanderung zu einem kleineren See weiter oben zu machen. Auf der Karte sah es recht nahe aus, aber wir mußten ihn erst noch finden und hatten eine Pause auf einem Felsblock eingelegt, der uns eine phantastische Aussicht auf das Grace Lake Tal bot.

»Ich auch«, stimmte Marie zu. »Das hat mich ganz schön umgehauen. Ich hatte die Frauen immer als das ›sanftere Geschlecht‹ gesehen, aber wenn man die Männer hört, könnte man meinen, wir wollten sie im Schlaf umbringen.«

»Eher vielleicht verhexen und ihnen die Macht stehlen«, lachte Doris, während sie sich mit ihrem Halstuch den Schweiß aus dem Gesicht wischte.

Ich erinnerte sie daran, daß die Angst der Männer vor den Frauen nichts Neues ist. Die Mythologie der Welt ist angefüllt mit Darstellungen des zerstörerischen Aspekts des Weiblichen. In Indien haben wir zum Beispiel Kali: eine Göttin des Todes mit einer Halskette aus Totenschädeln, schwingenden Messern und Scheren, mit Vampirzähnen, geifernd und zürnend, die rittlings auf dem Leichnam ihres Mannes Shiva sitzt, in nekrophiler Vereinigung. Ihre Bilder sind absolut erschreckend.

»Ich hatte das Weibliche immer als mitfühlend und barmherzig gesehen«, widersprach Lisa. »Die Göttin, wie ich sie verstehe, ist die Verkörperung der ›guten‹ Mutter.«

»Das ist sicherlich ein Aspekt der Göttin«, entgegnete ich, »aber es gibt auch viele scheußliche und gewalttätige Göttinnen. Bei uns ist hauptsächlich die Jungfrau Maria verehrt worden, die sehr rein und gut ist – ein Bild, dem viele Frauen nacheifern zu müssen meinten. Und das neuerdings wiederauflebende Interesse für die Spiritualität der Frauen hat ebenfalls das Symbol der alles-nährenden Erdgöttin verherrlicht. Aber das ist nur ein Teil der Geschichte.«

Unsere jüdisch-christliche Kultur ist sehr dichotom mit ihrem Denken in Kategorien von Gut und Böse. Anders als einige Kulturen in anderen Teilen der Welt, die eine widersprüchliche Vorstellung ihrer Götter haben und gleiche Anteile von Gut und Böse miteinander kombinieren, tendieren wir dazu, den Archetypus aufzuspalten und alles Licht oder alle Dunkelheit in der einen oder anderen Gottheit anzusiedeln. Dieses Denken fördert auch die Tendenz beider Geschlechter, alles Gute in einem Geschlecht und alles Böse im anderen zu lokalisieren. Der Grad, in dem jede Gruppe ihren eigenen Schatten verleugnet, entspricht unweigerlich ihrem Bedürfnis, die Schuld für alle Probleme auf die anderen abzuwälzen. Wenn wir uns nicht um unseren Schatten kümmern, verleugnen wir unsere eigene Fähigkeit zum Mißbrauch. Die Verleugnung eines Potentials für Machtmißbrauch ist bei jeder Gruppe gefährlich.

In dieser Phase unseres Workshops versuchten wir voranzukommen, indem wir den Schatten, den wir mit uns herumschleppen, etwas unter die Lupe nahmen. Ein Element ist zweifellos unsere Sucht nach dem Opferstatus. Ein anderes ist die Verleugnung sowohl unserer wirklichen Stärke als Frauen als auch unserer Fähigkeit zur Gewalt, die in vielen Fällen der der Männer durchaus ebenbürtig ist.

Männer richten aufgrund ihrer größeren Kraft bei häuslichen Tätlichkeiten mehr Schaden an, aber den meisten Studien zufolge beginnen und schüren Frauen ebensoviele Gewalthandlungen zu Hause wie Männer.[4] In der Mehrzahl der häuslichen Streitigkeiten schlagen sie sogar als erste und begehen mehr als ein Drittel aller Morde. Den Frauen ist es kulturell erlaubt, Männer zu schlagen, wenn sie aufgebracht sind; das sehen wir tagtäglich im Film. Frauen sind auch in der Überzahl bei körperlicher Mißhandlung und Prügeln von Kindern.[5] Kindesmißhandlung tritt zweimal so häufig auf wie sexueller Kindesmißbrauch, eine von Männern beherrschte Kategorie. Aktuelle Untersuchungen geben an, daß Frauen auch ungefähr für ein Drittel des sexuellen Mißbrauchs von Jungen wie auch – in geringerem Ausmaß – von Mädchen verantwortlich sind, eine weitere Tatsache, die normalerweise nicht berichtet wird, wenn Frauen Männern Mißbrauch vorwerfen.[6]

Die angeborene Natur von Frauen wie auch von Männern ist eine komplizierte Mischung von Eigenschaften. Wir erweisen uns einen schlechten Dienst, wenn wir unsere Fähigkeit zur Gewalt verleugnen, weil wir damit unweigerlich auch unsere Stärke verleugnen. Es gibt enorme historische und mythologische Trugschlüsse bei der Idealisierung des weiblichen Prinzips als ausschließlich gütig und lebenspendend. Die Dunkle Göttin ist ein allgegenwärtiger, integraler Bestandteil des weiblichen Prinzips.

In der griechischen Mythologie gibt es Harpyien und Zankweiber, die Meduse Gorgo, die Männer in Stein verwandelt, Scylla in den Meeresstrudeln und zerfleischende Mänaden, Furien und Sirenen – die alle Männer zum Tode verführen. Das alte Weib Hekate, die einen reichen Schatz an alter Weisheit birgt, ist gleichzeitig trokken, kalt und dörrend. Demeter – Göttin der Zeugungskraft und Erntegöttin – hat auch eine zürnende Version, in der sie droht, alles menschliche Leben zu vernichten, bis ihre Tochter aus der Unterwelt freigelassen wird. Artemis ist eine schöne Naturgöttin, die wilde Tiere liebt, aber sie schießt auch Pfeile, verwandelt Männer mit Zaubersprüchen und vernichtet sie, nur weil sie sie in ihren Wäldern erblickt haben.

Auch die goldene Aphrodite hat ihre dunkle Seite. Sie ist zornig und zerstörerisch und beherrscht ihren Sohn Eros eifersüchtig und manipulierend. Sie spiegelt die gleiche dunkle Seite des Matriarchats wider wie Psyches eitle und eifersüchtige Schwestern in der Geschichte von Psyche und Amor, als diese sich deren Heirat mit Eros widersetzten, indem sie ihn ein Monster nannten, während er in Wirklichkeit göttlich und schön war. Der Name der germanischen Göttin der Unterwelt Hel gab der westlichen Kultur den Namen für die christliche Unterwelt – Hölle.

Die Navajos haben die mythologische Figur der Schnappenden Vagina, die bösartig, gewalttätig, wütend und zerstörend ist.[7] Sie ist ewig hungrig, verkörpert eine riesige Leere und tötet, indem sie ihr Opfer verschlingt.

Seit Jahrtausenden existieren in fast jeder Kultur Hunderte von anderen Ausgestaltungen der Schrecklichen Mutter. Diese Bilder – wie die verheerende Mutter in dem Film *Alien*, die ihre Jungen verteidigt – sind keine harmlosen apfelessenden Evas, die – wie viele feministische Autorinnen uns glauben machen wollen – von einer frauenfeindlichen patriarchalischen Kultur erfunden wurden. Sie drücken vielmehr ein wesentliches archetypisches Element aus, das im menschlichen Bewußtsein und in der Natur selbst gegenwärtig ist: der wilde, primitive Aspekt der weiblichen Sexualität und der alles-verschlingende Aspekt der Erde.

Wenn die Frauen die Rolle des unschuldigen Opfers einnehmen, wird all ihre Stärke, Willenskraft und Wut in den Schrank gestopft, in den »Schatten«, wie C.G. Jung es nannte.[8] Wenn wir die Hitze der Dunklen Göttin in den Schrank verbannen, fängt sie an zu schwelen. Und bevor du es merkst, könnte das, was ein kleines Flakkern war, sich in einen Vulkan verwandeln. Deshalb schlug ich den Frauen vor, als wir unsere Wanderung wieder aufnahmen, den Schrank zu öffnen und zu gucken, was dort drin auf der Lauer liegt. Ich erinnerte sie daran, daß wir vor unserer nächsten Sitzung noch erkunden mußten, was der Herausbildung einer echten Partnerschaft mit den Männern im Wege steht.

»Was für Dinge tun *wir*, die einer Mißhandlung der Männer gleichkommen? Worin besteht unser weiblicher Stil von Herrschaft und Täuschung?« fragte ich. »Können wir irgendwie mit unserem Opferstatus klarkommen, indem wir die Dunkle Mutter wachrufen? Wie kommt unsere unterdrückte Stärke heraus? Beherrschen und besitzen wir die Männer, indem wir sie verschlucken wie die Schnappende Vagina?«

Eine Weile gingen wir schweigend und in tiefe Gedanken versunken. Der Weg führte um eine Kurve, und dort lag der langersehnte See. Innerhalb weniger Minuten hatten wir uns die Kleider vom Leib gerissen und sprangen ins Wasser. Als wir uns später in der Sonne trocknen ließen, nahm Doris das Thema wieder auf.

Hexen, Zicken und Huren

»Okay, ich fang an. Ich habe einen neunzehnjährigen Sohn. Sein Vater brannte vor Jahren mit einer anderen Frau durch, als Danny noch klein war. Ich war furchtbar verletzt, und während Danny aufwuchs, machte ich seinen Vater ständig schlecht. Dafür fühle ich mich jetzt schuldig, weil das ihre Beziehung ruiniert hat. Mein Ex-Mann versuchte jahrelang, die Beziehung aufrechtzuerhalten. Er wollte zweifellos ein Teil von Dannys Leben sein. Aber ich habe es nicht zugelassen. Es war sehr hart für Danny, keinen Vater zu haben, und ich hätte es möglich machen können, wenn ich nicht so wütend gewesen wäre. Sein Vater war schließlich gar kein so schlechter Kerl, er liebte mich nur einfach nicht mehr. Das habe ich ihm nie verziehen.«

Dann sprach Marie über ihren Ex-Mann. »Ich war vor Larry mit einem Mann verheiratet, der mir mein Jurastudium finanzierte. Er half mir, meine Karriere aufzubauen, und dann zerbrach unsere Ehe. Ich benutzte all meine neuen juristischen Fähigkeiten für meinen feministischen Umgang mit Männern und Geld nach dem Prinzip ›Keiner kommt davon!‹, um ihn finanziell bis aufs Hemd auszuziehen. Er mußte schließlich jahrelang Unterhalt zahlen, bevor ich wieder heiratete, obwohl ich mehr Geld verdiente als er.

Wenn ich bei der Scheidung wie ein Mann behandelt worden wäre, hätte ich ihm Geld geben oder eine Ausbildung finanzieren müssen, bis er so viel Geld verdienen konnte wie ich. Jetzt habe ich Karriere gemacht, aber er steckt in einer Verleih-Firma, die bankrott gemacht hat. Und jetzt ist er zu alt, um wieder Zimmermann zu sein, die einzige andere Arbeit, die er gelernt hat. Als ich gestern abend den Männern zuhörte, mußte ich an Daniel denken, und daß ich ihm im Grunde eine Art Wiedergutmachung schuldig bin.«

»Also, es fällt mir schwer, euch alles zu erzählen«, begann Lisa und guckte zu Boden. »Auch wenn ich in meinen Frauenforschungskursen eine Expertin in Frauen- und Kinderrechten bin, gibt es etwas, daß ich nie enthüllt habe, und zwar habe ich mein eigenes Kind mißhandelt. Zu Beginn unserer Ehe gab es eine Zeit, in der wir sehr gestreßt waren. Wir hatten finanzielle Probleme. Joel hatte zwei Jobs, einen davon nachts. Ich arbeitete tagsüber ebenfalls in einem lausigen Job. Abends kam ich erschöpft nach Haus, und Gabe machte oft Theater. Manchmal hab ich ihn nur angeschrien. Ein paar Mal verlor ich die Nerven und fing an, auf meinen Sohn einzuschlagen. Es war, als wäre ich von einer dieser Furien besessen, die du vorhin genannt hast, Liz.«

»Ich kann mir gut vorstellen, wie das passieren konnte«, sagte Merle. »Ich war manchmal auch kurz davor, meine Kinder zu schlagen. Aber mein Schatten ist, daß ich hinter Alans Rücken eine Affäre hatte. Es war ziemlich schäbig und dauerte nicht lange, aber es zerstörte dennoch beinahe meine Ehe. Aber anstatt die Verantwortung dafür zu übernehmen, als er dahinter kam, und zu sagen, daß ich halt irgendwie auf diesen Kerl im Gesundheits-Club abgefahren war, habe ich Alan vorgeworfen, kein guter Liebhaber zu sein. Ich gab ihm wirklich das Gefühl, der letzte Dreck zu sein.«

»Ich habe auch eine paar ziemlich haarsträubende sexuelle Sachen gemacht«, sagte Susan. »Letztes Jahr habe ich meinen Chef verführt, bekam dann schließlich eine Beförderung, und einige andere gleichqualifizierte Kollegen wurden abserviert. Das ist wahrscheinlich der wahre Grund für die Feindseligkeit, die es auf der Arbeit gegen mich gibt. Sie haben es wahrscheinlich gemerkt. Ich habe Männer auch sexuell benutzt, lediglich zu meiner eigenen Befriedigung, ohne irgendeine Absicht auf eine Beziehung zu haben. Ich bin in sexuellen Dingen ganz schön rücksichtslos gewesen. Schon als ich dreizehn war, merkte ich, daß ich eine Menge Macht über Männer hatte. Es gefällt mir, sie zu benutzen, aber zweifellos habe ich Männern gegenüber, die sich ähnlich verhalten, eine doppelte Moral.«

Gloria war die nächste. »Ich glaube, was ich aus dem Schrank holen muß, ist die tobende Zicke, die ich manchmal bei Jerry bin. Ich kann gut reden. Ich kann ihn in Fetzen zerpflücken. Der arme Kerl weiß gar nicht, wie ihm geschieht. Wenn ich wütend bin, beschäme ich ihn gnadenlos. Er verteidigt sich nicht einmal mehr, was mich, glaub' ich, noch wütender macht. Ich schäme mich zu sagen, daß ein Teil von mir sich stark fühlt in dem Wissen, daß ich diese Macht über ihn habe.«

Nachdem einige Minuten lang niemand gesprochen hatte, sagte ich: »Ich habe einen sechzehnjährigen Jungen verführt, als ich etwa dreißig war. Ich war damals noch mit meinem Ex-Mann verheiratet, und da war dieser scharfe junge Typ, der in seinem Trupp arbeitete. Ich war vollkommen versessen auf ihn und konnte die Finger nicht von dem Kind lassen. Er fand es toll, mit einer älteren Frau Sex zu haben. Doch wenn es umgekehrt gewesen wäre, wenn ich ein älterer Mann mit einem jungen Mädchen gewesen wäre, dann hätte es Unzucht mit Minderjährigen oder Verführung Abhängiger geheißen.

Ich weiß nicht, ob es ihn irgendwie vermurkst hat oder nicht, aber seit ich mit Aaron zusammen bin und gehört habe, wie viele Männer in seinen Gruppen psychische Probleme und sexuelle Störungen im Zusammenhang mit Verführungen in der Jugend durch ältere Frauen haben, fange ich an, mich das zu fragen. War ich für ihn eine Initiatorin, wie ich es mir immer vorgestellt habe, oder einfach eine selbstsüchtige Benutzerin? Das werde ich nie wissen. Aber es gehört zweifellos zu unserem Schatten als Frauen, daß wir solche sexuelle Begegnungen mit minderjährigen Mädchen oder Jungen mit zweierlei Maß messen.«

Einer der eklatantesten Irrtümer des modernen Mythos über das ideale Weibliche und das böse Männliche ist die furchtbare Verleugnung der in Frauen angelegten Fähigkeit, ihre weibliche Macht zu mißbrauchen. Der Psychologe Herb Goldberg faßt das mit den Worten zusammen: »Auf jeden Chauvinisten, der Frauen benutzt, kommt eine Frau, die List, Schüchternheit, Hilflosigkeit und andere ›weibliche‹ Manipulationen einsetzt, um ihr Ziel zu erreichen und ihn anzuspornen, sich selbst als großen Mann, Erfolgsmenschen, dominanten, furchtlosen und starken Beschützer zu beweisen«.[9] Wenn wir je Frieden mit den Männern haben wollen, müssen wir beginnen, offen unseren Anteil an der Entstehung des Konflikts zwischen uns anzuerkennen.

Das männliche Monster

Das morgendliche Fischen war trotz Daves Mißgeschick mit dem Angelhaken sehr ertragreich gewesen. Dieses Mal war ich mit Jerry und Dave rausgegangen, während die anderen zurückblieben und sich im Camp zu schaffen machten. Das war ein gutes Gefühl. Während ich zum Lager zurück ging, dachte ich über das Thema für die nächste Sitzung nach. Was tun wir Männer, das einer Partnerschaft mit Frauen im Wege steht? Was ist unserer Anteil am Krieg zwischen den Geschlechtern? Als ich mit den Männern darüber sprach, stellte ich fest, daß es eine Menge Widerstand gegen diesen Schritt gab. Es war einfach, über unsere Wut zu sprechen, etwas schwieriger, unsere Ängste und unseren Kummer auszudrücken, aber am schwersten war es, Verantwortung für Dinge zu übernehmen, die nun einmal so sind.

Ein zentrales Thema in meiner jahrelangen Arbeit mit Tausenden von Männern waren stets die Bemühungen der Männer, sich von einem tiefen, persönlichen und kollektiven Schamgefühl zu erholen. Dieses Gefühl zu artikulieren, fällt uns Männern nicht leicht. Sehr häufig wird es verleugnet, bis wir Vertrauen aufgebaut und eine sichere Umgebung geschaffen haben, in der wir das Gefühl haben, unsere Wahrheiten enthüllen zu können, ohne noch mehr beschämt zu werden.

Scham macht sich in den destruktiven Verhaltensweisen bemerkbar, mit denen Männer versuchen, die lähmende Depression, die durch ungeheilte Scham ausgelöst wird, entweder zu unterdrücken oder vor ihr zu fliehen. Das geschieht, wie weiter oben erörtert, oft in Form von unmäßigem Trinken, Drogenmißbrauch, Workaholismus, Sucht nach Risiko und Spannung, sexuellen Obsessionen und sogar Gewalttaten gegen diejenigen, die als Urheber der Scham wahrgenommen werden.

Männer sind biologisch darauf programmiert, aggressiver als Frauen, nicht aber gewalttätiger zu sein. Es hat viele Kulturen gegeben, in denen Männer nicht besonders gewalttätig waren. Gewalttätigkeit entsteht nicht einfach aus dem Nichts. Oft erscheint die Gewalttätigkeit eines Mannes unverständlich, bis wir den sozialen Zusammenhang aufdecken, der seinen Charakter geformt und seine Aggression entweder in kreative Aktivitäten gelenkt oder seine Wut geschürt und ihn in Richtung Zerstörung gedrängt hat.

Geringes Selbstwertgefühl ist eine lebensbedrohende Krankheit. Im schlimmsten Fall begehen die Männer Selbstmord, was bei jungen Männern heute viermal so häufig passiert wie bei jungen Frauen. Oder wenn jemand, ungewollt oder sonstwie, diese geringe Selbstachtung verschärft, kann es passieren, daß ein Mann zuschlägt. Diese Dynamik ist oft verantwortlich für Mißhandlung von Frauen durch Männer. Viele feministische Autorinnen schildern die Gewalttätigkeit gegen Frauen als Teil einer breiten und bewußten männlichen Verschwörung, um die Frauen von der Macht fernzuhalten. Die Analyse von Fallgeschichten deutet aber eher darauf hin, daß einige Männer Frauen mißbrauchen, weil sie Angst haben vor der Macht der Frauen, sie zu beschämen, indem sie die in ihrem Schatten verborgene Minderwertigkeit bloßlegen.

Scham lähmt. Schuld gibt dir das Gefühl, daß du etwas Falsches getan hast. Das kannst du überleben und daraus lernen. Scham jedoch gibt dir das Gefühl, daß es falsch ist, *wer* du bist. Und viele Männer greifen zu gewalttätigem Extremverhalten, um diesem tödlichen Gefühl zu entgehen. Aus all dem ergibt sich, daß Männer oft sehr zurückhaltend in der bewußten Offenbarung ihres Schattens sind. Sie haben Angst, dadurch möglicherweise nur einen weiteren Nagel in den Sarg ihrer sie lähmenden Scham zu schlagen.

Azazel war ein alter semitischer Bocks-Gott, von dem unserer Begriff »Sündenbock« stammt.[10] Jedes Jahr am Yom-Kippur-Tag wurde ein lebender Bock aus der Koppel tief in die Wildnis hineingetrieben, beladen mit den Sünden aller Dorfbewohner, die ihm in ritueller Weise auf den Rücken gebunden wurden.[11] Heutzutage haben viele Männer das Gefühl – wie in unseren Gesprächen am Summit Lake deutlich wurde – daß ihr Geschlecht und ihre Sexualität der Sündenbock für alle verletzten Gefühle in unserer Kultur geworden sind.

Im Lichte all dieser Dinge hatte sich meine Arbeit in der Vergangenheit zum großen Teil darauf konzentriert, den Männern dabei zu helfen, von der ihnen aufgeladenen Sündenbock-Scham zu genesen. In meiner schützenden und umsorgenden Rolle als Leiter von Männergruppen habe ich versucht, der im ideologischen Feminismus vorherrschenden »Monsterisierung« der Männlichkeit entgegenzuarbeiten, und mich auf Unterstützung und Hilfe bei der Freilegung der in allen Männern angelegten Güte konzentriert.

Jetzt jedoch, während ich meine Frühstücksforelle im Camp aß und wir über die Sitzung des Vorabends sprachen, schien es mir an der Zeit, unerschrocken einen Blick auf die Art und Weise zu werfen, in der Männer tatsächlich Monster sind. Wenn es je Frieden zwischen den Geschlechtern geben soll, müssen die Männer beginnen ihre tatsächliche Verantwortung für destruktives Verhalten in der Vergangenheit anzuerkennen und Wiedergutmachungen leisten, wo immer es möglich ist. Frauen haben gute Gründe, Angst vor uns zu haben. Nicht nur, weil wir Männer fähig sind, die Natur zu zerstören und die Frauen zu beherrschen, zu vergewaltigen, zu schlagen, zu quälen und zu töten, sondern weil – unabhängig von allen soziologischen Analysen – in der Tiefe der männlichen Psyche etwas Kaltes, Dunkles und vollkommen Gefühlloses steckt, das die Männer dazu bringt, sich in dieser Weise zu benehmen. Die Mythologie ist voll von diesen Bildern der dunklen Männlichkeit – des Monsters.

Die zeitgenössische Kultur ist von männlichen Monstern fasziniert. Die Unmenge an Horrorfilmen haben nichts mit der Dunklen Mutter zu tun, die die Männer so fürchten, sondern vielmehr mit dem versteckten, dunklen, monströsen Männlichen, das Frauen sexuell ausbeutet, sie belästigt, terrorisiert, verletzt, vergewaltigt oder tötet.

Was erzählen uns diese Filme über die männliche Psyche? Was hatte die Angst der Frauen geschürt, die sie uns am Grace Lake so offen mitgeteilt haben? Die Suche nach dem Sündenbock und die Projektionen unseres eigenen Schattens auf das andere Geschlecht sind zweifellos ein Aspekt der Feindschaft zwischen den Geschlechtern. Aber ein anderer Aspekt ist das Verständnis der wirklich destruktiven Mächte des anderen Geschlechts. So wie das dunkle Weibliche die Macht hat, Männer zu ersticken, zu beherrschen, zu vergiften, zu verführen und sexuell zu manipulieren, so hat das dunkle Männliche eine ebenso starke Macht, Frauen zu prügeln, zu verstümmeln und ihr Leben vollkommen zu zerstören.

Das Monster lebt versteckt im Schatten des Helden, und insofern teilt es viele Eigenschaften mit dem Helden. Das Monster ist stark, zielstrebig, furchtlos und praktisch unbesiegbar im Kampf. Es ist ein erbarmungsloser und unerschrockener Jäger. Wenn wir tiefer in der alten Struktur der männlichen Psyche forschen, stoßen wir an ihren Fundamenten auf den Jäger. Millionen von Jahren war die Hauptbeschäftigung der Männer das Jagen. Dafür waren sie geschaffen.

Das große Durchhaltevermögen der Männer, Muskelkraft, Geschick im Anschleichen und auf der Pirsch, die Fähigkeit zur punktuellen Konzentration und eine stoische Reaktion auf Schmerzen und Unannehmlichkeiten sind allesamt wichtig für eine erfolgreiche Jagd. Das sind auch die Eigenschaften, die ein Mann braucht, um ein guter Krieger zu sein. Wenn also diese Geschicklichkeiten im Dienste anderer eingesetzt werden, insbesondere um Frauen zu schützen und zu unterstützen, dann nennen wir einen Mann einen Helden. Wenn die gleichen Fertigkeiten und Kräfte jedoch benutzt werden, um Frauen nachzustellen und sie zu erbeuten, dann wird der Mann zum Monster.

Mit der aufkommenden Landwirtschaft und der damit einhergehenden Tierhaltung entwickelten die Männer dauerhaftere Beziehungen zu Tieren. Auch Liebesbeziehungen mit Frauen scheinen sich während dieser Zeit tiefer entfaltet zu haben. Dennoch liegt in der männlichen Psyche immer noch etwas begraben, das sich nur für die Jagd interessiert und vollkommen uninteressiert ist am Aufbau dauerhafter und inniger Beziehungen mit seiner Beute, außer dem Lockvogel gegenüber, mit dem die Beute gefangen wird. Das ist das Verhalten sexueller Raubtiere in der Art der jungen Männer, die durch die »Spur Posse«, eine Sex-Punkte sammelnde Gang in Kalifornien, bekannt wurden: deren Mitglieder bekamen für jedes Mädchen, mit dem sie Sex hatten, einen Punkt. Einige dieser Jugendlichen brüsteten sich öffentlich damit, daß sie über sechzig »Punkte« hatten. Solch ein Verhalten bringt Frauen in Rage. Frauen fühlen sich betrogen, wenn Männer das Versprechen von Intimität und Vertrautheit als Lockvogel für Sex benutzen; und das erzeugt den tiefsten Groll gegen Männer.

Das Monster scheint mit dem alten Hirn der Männer in Verbindung zu stehen, einer Struktur, die die Neurophysiologie das »Reptilienhirn« nennt; bei Freud heißt es das »Es«, und in vielen Religionen wird es als »innerer Dämon« bezeichnet. Es gibt einen rein reptilartigen, raubtierhaften und narzißtischen Aspekt der männlichen Sexualität. Davor haben die Frauen Angst. Der Held hat die Aufgabe, die Frauen aus ihren Ängsten zu retten. Deshalb tötet der Held in der Geschichte des Heiligen Georg und in vielen anderen Märchen ein Reptil, den Drachen. Auch wenn die klassische Jungsche Psychologie den Drachen als einen negativen Mutterkomplex sieht, ist das archetypische Bild etwas komplexer. In zeitgenössischen Filmen schlachtet der Held nicht die alte Erdmutter, sondern das böse Reptil, den »kaltblütigen« Killer.

Auf der einen Seite versuchen nun viele Männer, die Fesseln und die Last des Heldenideals abzuschütteln. Das Gefühl, daß er immer stark sein muß, nie Angst zeigen und nie um Hilfe bitten darf, ist sehr erdrückend für einen Mann. Aber auf der anderen Seite gibt es einen Aspekt des Helden, den *heiligen* Krieger oder Jäger, der heute dringend gebraucht wird. Denn es gibt wirklich Böses in der Welt. Unsere Kinomonster sind wenig im Vergleich zu den wirklichen Monstern unseres Jahrhunderts: Hitler, Stalin, Ceaucescu und Pol Pot, ganz zu schweigen von der »ethnischen Säuberung« der Serben durch die systematische Vergewaltigung Zehntausender Frauen.

Die Grauen dieser Welt, der Hungertod ganzer Völker, die Zerstörung von ganzen Spezies und Ökosystemen, der Abbau der Ozonschicht über unseren Köpfen, das alles ist Menschenwerk. Wir brauchen wahrhaft heroische Krieger, männliche und weibliche, um diesen Monstern die Stirn zu bieten. Ein erster Schritt, um ein heiliger Krieger zu werden, muß jedoch der Kampf gegen die Monster in uns selbst sein. Wenn wir das nicht tun, wie können wir dann je in vertrauenswürdiger Weise in der Welt handeln? Diese Aufgabe stellte sich uns nun, bevor wir uns wieder mit den Frauen trafen. Das Monster steht für die Situation, in der die positiven Fähigkeiten der Männer, nämlich zu verteidigen, zu umsorgen und Leben zu schaffen, umgedreht und auf die Zerstörung von Leben gerichtet werden. Darth Vader (der Dunkle Vater) aus dem »Krieg der Sterne« war ein edler Jedi-Ritter, bevor die dunkle Seite ihn verführte.

Das Monster und der Held sind ein weiterer gespaltener Archetypus. Alle Ausbeutung liegt auf der einen Seite und all die hegende und pflegende Kraft auf der anderen. Monster, Held und Opfer sind Teile ein und desselben psychischen Komplexes. In den meisten Geschichten ist es der männliche Held, der das männliche Monster zum Wohle der Frau als Opfer/Prinzessin besiegt. An die Stelle des Prinzips von Sieg und Niederlage müssen wir jedoch das Bewußtsein der aufgespaltenen Teile setzen und ihre Wiederverbindung anstreben. Denn wie die Horrorgeschichten uns erzählen, wird das Monster nie wirklich besiegt. Es verschwindet nur für eine Weile, um später wieder aufzutauchen.

Haben die Frauen recht, Angst vor uns zu haben? Haben wir die Verhaltensweisen, die die Frauen fürchten, bereits abgelegt? Oder haben wir, um unserer Scham zu entkommen, die Art und Weise geleugnet, in der wir Monster sind, neben unseren edlen Fähigkeiten der Fürsorge und der Verteidigung? Also fragte ich zum erstenmal in einer Zusammenkunft von Männern: »Wer von uns hat eine Frau vergewaltigt oder geprügelt oder hat einfach nur Phantasien über Verletzung, Beherrschung oder sexuelle Ausbeutung von Frauen?«

Dave sprach als erster. »Als ich in der siebten Klasse war, hatten wir einmal die Woche nach der Schule Folkloretanz. Da gab es ein Mädchen, Nancy, die für gewöhnlich einen Faltenrock trug. Als wir herumwirbelten, flog ihr Rock hoch, und ich konnte ihre rosa Unterhöschen sehen. Diese Höschen und die Form ihrer herausragenden Pobacken hatten eine höchst verwirrende Wirkung auf mich. Monatelang danach habe ich onaniert mit der Phantasie, ihren nackten Hintern zu berühren. Ich weiß nicht, warum sie diese Wirkung auf mich hatte, aber ich saß in der Klasse gewöhnlich hinter ihr, und oft stellte ich mir vor, wie diese rosa Höschen ihr die Knie runterrutschten.

Ich kann mich nicht erinnern, jemals zuvor sexuelle Phantasien gehabt zu haben. Mit Sicherheit hab ich nie Porno-Bilder gesehen, und niemand hat mir je was über Sex erzählt. Ich begann mein sexuelles Leben ganz einfach mit Obsessionen. Ich weiß nicht warum. Jetzt ist es Susans Hintern, der mir im Kopf herumgeistert. Ein Teil von mir steckt mehr in den Ärschen der Frauen als in ihren Persönlichkeiten, und ich weiß, das ist abwertend für die Frauen. Ich habe das Gefühl, wenn ich diese Geschichte je Frauen erzählen sollte, würden sie mich für einen Perversen halten. Aber ich weiß wirklich nicht, wie ich es anstellen soll, nicht daran zu denken. Es ist, als dürfte man nicht an einen Elefanten denken, nachdem jemand einen erwähnt hat.«

»An der Spitze meiner Fakultät sitzt eine Frau«, sagte Joel, »sie ist sehr anspruchsvoll, kritisch und humorlos. Einige der Studenten nennen sie die ›Hohepriesterin der Political Correctness‹. Ich habe angefangen, ihr gegenüber Vergewaltigungsphantasien zu haben. Es ist idiotisch, ich weiß. Ich liebe Lisa wirklich, und normalerweise habe ich nicht viele sexuelle Gedanken in bezug auf andere Frauen. Aber bei dieser Frau werden meine Phantasien irgendwie zu einem Mittel, ihr all die Erniedrigungen heimzuzahlen, die ich und andere Männer durch sie erlitten haben.

Dann versuch' ich auch, ihr das Gefühl zu geben, dumm und unfähig zu sein, obwohl sie eine brillante Wissenschaftlerin ist. Ich achte immer auf die *kleinste* Inkohärenz in ihren Gedanken. Ich spüre, wenn ich mehr ein Krieger in dem Sinne wäre, wie du es gesagt hast, Aaron, dann würde ich mich mit ihrem Verhalten direkter auseinandersetzen und nicht versuchen, sie in öffentlichen Versammlungen bloßzustellen oder sie in meinen Phantasien zu beherrschen. Statt dessen stelle ich mir vor, wie ich sie in ihrem Büro festbinde und sie über ihren Schreibtisch beuge und ... naja, ihr wißt schon.«

»Ich habe Merle einmal geprügelt«, sagte dann Alan. »Es ist ein Familiengeheimnis, das ich bisher nie jemandem anvertraut habe. Es war zu Anfang unserer Ehe. Ich hatte gerade einen größeren Vertragsabschluß verloren, hatte Angst, Bankrott zu machen, und trank zuviel. Sie fing an, mir wegen irgendwelcher Sachen, ich weiß nicht mehr was, das Leben schwer zu machen. Ich schlug sie ziemlich kräftig. Und als sie mich dann anschrie, schlug ich sie noch ein paarmal.

Sie rannte aus dem Haus mit einer aufgeplatzten Lippe und fuhr zu ihrer Mutter. Sie kam erst nach einer Woche zurück, nach vielen Telefonanrufen und Versicherungen meinerseits, daß das nie wieder passieren würde. Und es ist nie wieder passiert, obwohl es andere Situationen gab, wo ich mich ähnlich fühlte. Es macht mir Angst. Meine Mutter schrie mich immer an. Ich wünschte oft, ich hätte sie schlagen können, damit sie aufhört. Vielleicht würde ein Seelendoktor es die Rückkehr zur Mutter nennen. Ich weiß nicht, aber auf jeden Fall möchte ich nicht, daß es noch einmal geschieht. Ich fühle mich immer noch schlecht deswegen, besonders wenn wir ihre Mutter besuchen, die nie mehr zu dem freundlichen Verhältnis zurückgefunden hat, das sie vorher zu mir hatte.«

Ich gestand, daß ich mit vierzehn Jahren meine Freundin schlug, weil sie mit einem anderen Jungen gegangen war. In der Straßenkultur der Arbeiterklasse, in der ich aufgewachsen bin, wurde das erwartet. Aber am nächsten Tag tauchte ihr großer Bruder auf und boxte mich ein paar Mal auf die Nase. Er sagte mir, wenn ich sie noch einmal schlagen sollte, würde er mich kalt machen. Danach habe ich nie wieder eine Frau geschlagen. Während ich diese Geschichte erzählte, mußte ich daran denken, daß die Männer nicht die Verantwortung für ihre eigene Gewalttätigkeit übernehmen müssen, sondern sich auch mit der Gewalt anderer Männer auseinandersetzen und ihr vorbeugen sollten. Das können wir mit Hilfe von Erziehung und Beratung tun, und wo es nötig ist, wie im Fall von Lindas Bruder, mit einer deftigen Demonstration von Kraft.

Andy erzählte uns von der Zeit, als er Erstsemester im College war. Nach einer durchfeierten Nacht mit einer Freundin, nahm er sie mit auf sein Zimmer. Sie tauschten Zärtlichkeiten aus, doch als das Mädchen ihm irgendwann sagte, er solle aufhören, tat er es nicht. »Als sie nein sagte, war sie halb nackt und ich war völlig erregt. Und so machte ich beharrlich weiter, bis sie schließlich aufgab und mich machen ließ. Jetzt verstehe ich, daß das ›date rape‹ (Vergewaltigung bei einer Verabredung) war. Auch wenn ich mich für einen sanftmütigen Mann halte, der im allgemeinen Frauen gegenüber respektvoll ist, so habe ich doch offensichtlich auch die Fähigkeit zu vergewaltigen.«

Larry erzählte uns, daß er eine Affäre mit einer engen Freundin von Marie gehabt hatte. »Auch wenn ich niemanden geschlagen oder vergewaltigt habe, fühle ich, daß das eine gewalttätige Sache war. Ich brach meine Ehegelöbnisse. Und dadurch daß ich es mit einer Freundin von Marie tat, war es ein doppelter Verrat. Die Geschichte dauerte etwa sechs Monate, und während der Zeit hatte ich wenig sexuelles Interesse an Marie. Das machte die Verletzung noch größer.«

Als letzter war Jerry dran. Er schwieg eine Weile, während wir ihn erwartungsvoll ansahen. »Sooo, Jerry«, sagte Dave schließlich. »Was ist mit dir?«

»Also, ich habe ehrlich gesagt gar keine gewalttätigen Gedanken Frauen gegenüber, und ich habe auch nie irgendwelche bizarren sexuellen Bedürfnisse«, sagte er etwas defensiv. »Ich freue mich, daß ihr anderen endlich zugegeben habt, daß ihr Probleme mit Frauen habt. Aber ich liebe Frauen. Ich habe nie den Wunsch gehabt, sie zu verletzen.«

»Scheiße«, sagte Andy. »Ich glaube dir einfach nicht. Komm, Jerry, spuck's aus, was ist dein tiefes, dunkles Geheimnis? Wenn du wieder weggehst, ohne es zu sagen, dann glaube ich, wirst du nie frei sein. Du wirst dich Gloria gegenüber ständig schuldig fühlen. Guck mal, ich habe euch beide zusammen gesehen, und ich weiß, es gibt irgendwas in eurer Beziehung, für das du dich schämst. Ich kann das an deiner Körpersprache sehen. Du forderst uns ständig auf, mit unseren Haltungen gegenüber den Frauen ins reine zu kommen. Ich glaube nicht, daß du jetzt aufrichtig mit uns bist.«

Jerry saß einfach da, starrte Andy an und vermied den Blickkontakt mit uns anderen. Nach einer Weile holte er tief Luft, sah zu uns auf und sagte: »Okay, du hast recht. Ich versuche, mich hier zu drükken, und tu genau das gleiche, was ich den meisten von euch in den letzten vier Tagen vorgeworfen habe. Ich werde euch etwas erzählen, was ich noch nie jemandem gesagt habe.

Ich habe eine zwei Jahre jüngere Schwester. Einmal im Sommer, als ich etwa sechzehn war, hingen wir viel zusammen rum. Wir hatten viel Spaß, wanderten und gingen an den Strand. Sie war schon ganz schön reif, körperlich und emotional. Sie hatte schon Sex mit Jungens und andere Sachen, und ich stellte fest, daß sie irrsinnig toll im Badeanzug aussah. Jedenfalls, eines Nachts waren Leslie und ich allein zu Haus. Ich war etwas angeturnt, und sie war im Bad unserer Eltern. Sie rief mich zu sich. Ich ging zu ihr, und nach einer Weile legte ich meinen Arm um sie. Wir saßen einfach da. Es fühlte sich alles sehr unschuldig an. Wir waren uns immer sehr nah gewesen. Jedenfalls, ich hatte meine Augen geschlossen, und sie lehnte sich herüber und küßte mich, sehr sanft und zärtlich.

Anstatt sie zurückzustoßen, erwiderte ich ihren Kuß. Sie war so hübsch, und es war so ein schönes Gefühl. Ich küßte sie noch mehr, dann streichelte ich ihre Brüste, und eins kam zum anderen, bis wir Sex miteinander hatten. Ich wußte, wir hätten das nicht tun sollen, aber ich konnte mich einfach nicht mehr zurückhalten. Während der nächsten Monate schliefen wir noch einige Male miteinander, bis sie einen festen Freund hatte und verlangte, daß wir aufhörten.

Wir haben das nie jemandem erzählt und haben auch miteinander nicht darüber gesprochen. Aber sie ist jetzt, dreißig Jahre später, in der Therapie, und vor kurzem bekam ich einen Brief von ihr, in dem sie mich bittet, ihr bei der Bezahlung der Rechnung zu helfen. Ich bin mir schmerzlich der Tatsache bewußt, daß sie ihre Inzesterfahrung verarbeiten muß. Ich denke, das ist einer der Gründe, warum ich mich so intensiv auf all diese Frauenarbeit mit Gloria stürze und mich auch in Gruppen für Mißbrauchsopfer und Straffällige engagiert habe. Ich habe all diese Jahre mit dieser Lüge gelebt. Es ist eine große Erleichterung, endlich jemandem die Wahrheit zu offenbaren.«

Andy legte seinen Arm um Jerry und tröstete ihn. Hier waren wir, gute Väter, engagierte Ehemänner, Umweltschützer, Psychotherapeuten, Erzieher. Wir waren Männer, die sich zum größten Teil ganz bewußt für die Besserung der Menschheit einsetzten. Und doch war es nicht zu leugnen, daß in jedem von uns die Saat für Gewalt und Mißbrauch von Frauen lag. Zu gewährleisten, daß diese Saat keinen fruchtbaren Boden in unseren Seelen und in denen anderer Männer fand, war eine der Aufgaben, die vor uns lagen.

Beide Gruppen hatten nun einen Blick auf einige der Geheimnisse geworfen, die in dunklen und verstaubten Ecken unserer Psyche verschlossen lagen. Der nächste Schritt in diesem Prozeß war, einen Weg zu finden, um uns gegenseitig die widersprüchlichen Wahrheiten unserer eigenen Existenz zu offenbaren. Wir mußten einen Weg finden, einander zu helfen, um mit der Tatsache klarzukommen, daß wir alle zur Gewalt gegenüber dem anderen Geschlecht fähig waren, während wir gleichzeitig lernen wollten, die anderen tiefer zu lieben, zu hegen und zu pflegen.

7
Schwerter und Speere niederlegen

»Sag' nie Entschuldigung, mein Sohn, das ist ein
Zeichen von Schwäche«

John Wayne

Als wir wieder im Frauen-Camp am Grace Lake ankamen, war es später Nachmittag. Von weitem sah ich Aaron auf dem Sitzungsplatz auf halbem Wege zwischen den beiden Lagern, dort wo wir uns am Abend zuvor alle getroffen hatten. Er ließ Steine über den See springen und winkte mich zu sich herüber, als er mich den Pfad herunterkommen sah. Ich sagte Lisa Bescheid, ging hinüber zu ihm und legte mich dort auf einen großen, glatten und warmen Granitblock.

Aaron kam vom Seeufer hoch, begrüßte mich liebevoll und sagte dann: »Die Gespräche im Männerhaus haben neue Tiefen der Aufrichtigkeit erreicht, Liz.«

»Ja, bei uns auch.« erwiderte ich . »Die Frauen haben einen langen, erbarmungslosen Blick auf ihren eigenen Schatten geworfen und auf etwas, was in Frauengruppen normalerweise ein Tabu ist – die dunkle Seite der Frauenbewegung.«

»Die Männer haben auch begonnen, über die persönlichen und kollektiven Schmerzen zu sprechen, die sie den Frauen zugefügt haben«, bemerkte Aaron. »Aber es reicht nicht, uns mit diesen tabuisierten Konfliktpunkten nur in unseren gleichgeschlechtlichen Gruppen auseinanderzusetzen. Wir müssen wechselseitige Verantwortung übernehmen. Das ist notwendig für eine tiefere Heilung zwischen uns, glaubst du nicht?«

»Das ist genau das, was Gloria vor zwei Tagen verlangte«, erinnerte ich ihn. »Aber zweifellos ist es schwierig, die Verantwortung für das eigene mißbräuchliche Verhalten in einer Atmosphäre zu übernehmen, die mit Schuld und Scham erfüllt ist. Die Gruppe ist nun ein gutes Stück vorangekommen bei der Herstellung eines empathischen Raums, in dem ein Stück echte Heilung stattfinden könnte.«

»Ja, vor zwei Tagen waren wir noch nicht bereit, die Wahrheit über unseren eigenen Beitrag zum Geschlechterkrieg zu sagen«, antwortete Aaron. »Und ich bin nicht völlig sicher, daß wir es jetzt sind. Einiges von dem, was die Jungs offenbarten, ist ziemlich privat. Und wenn sie es den Frauen mitteilen würden, mit denen sie eine Beziehung haben, könnten daraus mehr zwischenmenschliche Konflikte entstehen, als wir in den paar verbleibenden Tagen realistischerweise auffangen können.«

»Also werden wir niemanden drängen«, schlug ich vor. »Wir werden beim nächsten Schritt einige Grenzen einhalten. Wir eröffnen einfach die Sitzung und geben allen, die es wünschen, die Gelegenheit, dem anderen Geschlecht etwas mitzuteilen über die Art und Weise, in der sie oder ihr Geschlecht insgesamt zu Schmerz, Wut und Mißtrauen zwischen Frauen und Männern beigetragen haben.«

»Okay, Liz, aber bevor wir zu der harten Arbeit der Konfrontation mit unserem Schatten zurückkehren, halte ich es für notwendig, den empathischen Raum zu stärken, indem wir in irgendeiner Weise eine Aussage über die positiven Eigenschaften jedes Geschlechts machen. Ich schlage vor, wir errichten eine Art Altar auf dem Sitzungsplatz, der symbolisch die Stärke und die Qualitäten beider Gruppen darstellt, so daß wir während der Auseinandersetzung mit unseren dunklen Seiten nicht die Schönheit und heilsame Stärke aus dem Auge verlieren, die jedes Geschlecht besitzt. Was hältst du davon?«

Das schien mir eine gute Idee zu sein. Wir beschlossen, alle aufzufordern, zur nächsten Sitzung einen Gegenstand mitzubringen, von dem sie das Gefühl hatten, das er ihre tiefe Männlichkeit oder Weiblichkeit darstellte. Nach dem wir uns so geeinigt hatten, gingen wir zurück in unsere Camps, riefen die Gruppen zusammen und trafen uns alle gemeinsam etwa eine Stunde später.

Wir versammelten uns am Sitzungsplatz und setzten uns am Fuße einer riesigen Zeder auf den flachen, felsigen und von weicher Moos- und Flechtenschicht gepolsterten Boden. Liz holte ein farbenprächtiges marokkanisches Tuch aus ihrem anscheinend bodenloses Packen an Dekorationsmaterial. Nachdem wir eine Seite des Tuchs als »weiblich« und die andere Seite als »männlich« definiert hatten, forderten wir alle auf, ihre Gegenstände auf das Tuch zu legen und etwas zu ihrer Bedeutung zu sagen.

In den meisten Häusern und Kirchen, die ich in der ganzen Welt besucht habe, gibt es in der Regel ein männliches Bild auf dem Altar – Jesus, Buddha, Krishna, Shiva –oder ein weibliches – Maria, Tara, Kuan Yin oder eine der Erdgöttinnen. Selten –abgesehen von einigen Beispielen hinduistischer, taoistischer und tibetanischer Tempelkunst – habe ich das heilige männliche und weibliche Prinzip gemeinsam dargestellt gesehen. Wie können wir je Partnerschaften zwischen Frauen und Männern haben, wenn die mythologische, religiöse und philosophische Ikonographie dazu tendiert, ein Geschlecht aus dem Heiligen auszuschließen? Das geht nicht. Das ist eines der großen Probleme, die sich uns in unserer Kultur stellen.

Wir wollten eine kleine Insel einer beide Geschlechter umfassenden Ikonographie schaffen, die für die Ganzheit steht, die wir suchen. Ein taoistisches Ganzheitssymbol ist das Yin-und-Yang-Zeichen. Es zeigt das männliche und weibliche Prinzip als getrennte Flächen in einem Kreis, wobei jede Teilfläche einen kleinen Teil der anderen in sich aufnimmt.

Gloria ging als erste an den Altar. Sie legte einen Kranz aus Wildblumen auf das Tuch und sagte: »Ich hab diese Blumen heute nachmittag auf einer Wiese auf der anderen Seite des Sees gepflückt. Sie stellen für mich eine verlorene Art der Weiblichkeit dar, mit der ich auf dieser Wanderung in Berührung gekommen bin, eine Art frischer, offener Teil von mir selbst. Ich habe diesen Kranz geflochten und fing plötzlich zu meiner großen Überraschung an, um die Wiese herumzutanzen. Ich habe über zwanzig Jahre lang nicht getanzt. Ich fühlte mich aber absolut nicht lächerlich. Ganz im Gegenteil. Zum ersten Mal seit meiner Kindheit fühlte mich einfach vollkommen spontan und frei. Ich möchte das in Ehren halten.«

Dann legte Larry ein Bild seiner Kinder auf das Tuch. »Wenn die Leute mich fragen, was ich tue, sage ich normalerweise, daß ich Computerprogramme entwickle. Aber wenn ich darüber nachdenke, was mir wirklich am wichtigsten ist, so sind das meine Kinder. Sie geben meinem Leben wirklich eine Bedeutung. Ich weiß nicht, warum ich auf diese Frage nicht antworte: ›Ich bin ein Fulltime-Vater.‹ Viele Frauen fühlen sich wohl, wenn sie sich in erster Linie mit ihrer Mutterrolle identifizieren, aber ich als Mann habe immer gezögert, mich hauptsächlich als Vater darzustellen. Doch heute lege ich dieses Bild hier hin, um die Vaterschaft als mein heiligstes Symbol der Männlichkeit sichtbar zu machen.«

Lisa ging zum Altar und legte ebenfalls ein Foto auf die Decke. »Ich möchte auch mein Kind hierher legen als ein Symbol meiner Weiblichkeit. Ich habe so viele Jahre gekämpft, um ein Gleichgewicht zwischen Karriere und Mutterschaft zu finden. Meine Kolleginnen unterstützen mich bei der Arbeit. Aber ich habe immer das Gefühl, daß mein Engagement als Mutter von ihnen als eine minderwertige Beschäftigung angesehen wird. Doch so sehr mir auch die Arbeit gefällt, habe ich alles in allem mehr von meinem Sohn über mein Frausein gelernt, und er hat mich mehr bereichert als sonst irgend jemand oder irgend etwas. Ich empfinde jetzt eine große Dankbarkeit ihm gegenüber. Und auch wenn ich mich zu Anfang gefreut habe, mal eine Woche ohne ihn zu sein, fange ich schon an, Gabe ganz schön zu vermissen.«

Jerry gab sein rotes Halstuch. »In der Tierwelt sind die Männchen bunter als die Weibchen. Aber in Amerika, abgesehen von den Punks und einigen Künstlern, sind wir die tristeren. Pah! Ich trage gern leuchtende Farben und mische gern in meine Kleidung eine Menge Accessoires. Manchmal hat man mich dafür ausgelacht, daß ich meine männliche Schönheit ausdrücke. Die Frauen haben offenbar größere Freiheit, mit ihrem Äußeren zu spielen. Aber ich denke, daß ein paar Farbblitze auch der männlichen Seele guttun. Ich hätte gern eine Pfauenfeder auf den Altar gelegt; da ich aber keine gefunden habe, denke ich, kann auch dieses Bandanna-Tuch meine Botschaft übermitteln, daß auch Männer schön sein können.«

Merle schlenderte mit einem Grinsen auf dem Gesicht zum Altar. »Das findet ihr wahrscheinlich nicht typisch weiblich. Aber als Liz uns sagte, das wir uns etwas ausdenken sollten, ist mir dies in den Sinn gekommen.« Sie legte eine kleine, schwarze Taschenlampe auf das Tuch. »Für mich«, fuhr sie fort, »ist es ein Symbol dafür, das weibliche Licht in der Dunkelheit zu finden, den weiblichen Funken der Kreativität, der mir den Weg leuchtet.«

Ich legte mein Mehrzweckmesser auf den Altar. »Während all der Jahre, die ich brauchte, um College und Hochschule abzuschließen, habe ich davon gelebt, alte Häuser und Boote herzurichten und Filmkulissen aufzubauen. Bei der Arbeit habe ich durch den direkten Kontakt mit meinen Kollegen die Männer für ihre Kunstfertigkeit und Geschicklichkeit im Umgang mit der materiellen Welt schätzen gelernt.

Jetzt ist mein Leben mehr mit psychologischen und spirituellen Beziehungen angefüllt. In gewisser Weise sind meine gegenwärtigen Freundschaften tiefer und befriedigender als die Beziehungen bei den damaligen Jobs. Doch oft vermisse ich diese einfachen Freuden wie das synchrone Hochziehen einer Mauer, das elegante Ballett der Maschinen, der bewegten Materialien und der schwitzenden, balancierenden Männer, die die Grenzen ihrer Körper und der Welt herausfordern und gleichzeitig beständig auf Sicherheit und Gelingen achten. Deshalb ist dieses Werkzeug für mich ein Symbol für das Schöne und Nützliche, das Männer aus dem rohen Stoff der Materie erschaffen, wie auch für die Schönheit der Männer, die im Einklang mit anderen arbeiten.«

»Ich habe diesen Stein hier im Bach gefunden«, sagte Susan, als sie einen ovalen grünen Stein auf den Altar legte. »Er erinnert mich an eine Vulva. Für mich ist er ein Symbol für die tiefe Heilkraft meiner weiblichen Sexualität, die Kraft, Leben zu schaffen, und für die Freuden des Körpers. Ich mag auch, wie er sich in meiner Hand anfühlt, irgendwie weich und glatt und warm.« Sie sagte das mit einem lustvollen Lachen, als sie sich wieder in die Runde setzte.

Alan legte ein rund gewaschenes, glattes Stück Treibholz auf das Tuch. Die phallische Anspielung schien offensichtlich, und einige Leute lachten. Aber Alan überraschte uns mit den Worten:

»Für mich ist meine Beständigkeit als Versorger Ausdruck meiner Männlichkeit. Deshalb stellt für mich dieser gerade und solide Stock die Stärke und die Ausdauer dar, die ich in meine Arbeit und in den Familienunterhalt einbringe, auch wenn ich sehe, daß einige von euch«, er sah grinsend in die Runde, »etwas anderes darin sehen.«

Doris stand als nächste auf und ging zum Altar. »Ich liebe es, wie dieser Altar aussieht. Er ist schön, und ich freue mich, daß wir endlich gemeinsam über unsere Schönheit sprechen. Ich werde eins meiner Lieblingsdinge dazu legen.« Sie nahm ihr farbenprächtiges Tuch ab, das sie sich dekorativ um die Taille geschlungen hatte. Es war handgemalt mit grünen und lavendelblauen Wellen und Spiralen. »Diese Farben und Wirbel erinnern mich an die Schönheit der Frauen, und die Seide ist sinnlich und weich, und dennoch stark und unverwüstlich wie ich.«

Joel legte sein dünnes Bändchen mit Rilke-Gedichten dazu, aus dem er am Summit Lake vorgelesen hatte. »Viele der großen Dichter, die mein Leben berührt haben, waren Männer. Frauen schreiben sicher auch gute Gedichte, aber aus irgendeinem Grund waren es meistens männliche Dichter, die meine Seele wirklich berührt und direkt zu meinem inneren Leben als Mann gesprochen haben. Eines meiner Geheimnisse ist, daß ich auch Gedichte schreibe. Es hat mir immer widerstrebt, sie anderen vorzulesen oder sie zu veröffentlichen, aber das Schreiben gehört zu den Dingen, die mich zutiefst befriedigen. Ich lege dieses Buch auf den Altar in der Hoffnung, daß es mir helfen wird, mich ohne Scham zur poetischen Seite meines Lebens zu bekennen und zu wagen, mehr von diesem Teil meines Ichs der Welt mitzuteilen.«

»Ich hatte aus einem bestimmten Grund wirklich Probleme mit dieser Geschichte«, sagte Merle, während sie zögernd aufstand. »Es machte mich traurig, weil ich mit keinem Symbol meiner Weiblichkeit in Kontakt kommen konnte. Doch als ich auf dem Boden lag und darüber nachdachte, bemerkte ich, daß sich die Erde für mich weiblich anfühlt. Ich fühle mich am stärksten in meinem weiblichen Körper verwurzelt an den seltenen Tagen, an denen ich Zeit habe, im Garten zu arbeiten. Ich liebe es, meine Hände in den Dreck zu stecken.« Sie seufzte wehmütig. »Deshalb habe ich etwas

Erde in dieser kleinen Schale mitgebracht als ein Symbol für meinen weiblichen fruchtbaren Boden.«

Dave legte sein Jagdmesser nieder. »Ich lege das Messer hierhin, weil ich genau wie Alan fühle, daß meine Fähigkeit zu jagen und zu versorgen zu meinen größten Stärken als Mann gehört. Aber es ist auch eine Waffe, die benutzt werden kann, um zu schützen oder zu verwunden. Deshalb empfinde ich den Wunsch, meine Stärke in den Dienst der Gemeinschaft zu stellen, wie auch meine Bereitschaft, andere vor Schaden zu beschützen, als eine tiefe Qualität der Männlichkeit, mit der ich mich gut fühle.«

Liz war die nächste. »Ich fand heute morgen diesen Knochen auf dem Weg. Ich glaube, es ist der Beckenknochen von einem Kaninchen. Ich liebe seine Form. Er erinnert mich an das Becken einer Frau und daran, daß Frauen in der Schale ihrer Hüften Leben tragen und umhegen. Knochen sind für mich auch ein Symbol für den unzerstörbaren, wesentlichen Teil unseres Seins, für die Teile, die nie verloren gehen, unabhängig davon, was wir in unserem Leben erleiden. Viele Frauen haben sich im Leben einfach durch ihre beeindruckende Fähigkeit durchgesetzt, Widrigkeiten durchzustehen. Deshalb bewundere ich die starken Knochen der weiblichen Seele, die das Fleisch und die Organe der Gemeinschaft zusammenhalten.«

Andy war der letzte, der sein Symbol auf den Altar zu legen hatte. Er hatte einen seltsamen Ausdruck in den Augen, als er aufstand und begann, etwas aus seinem Gepäck herauszufischen. Er zog ein kleines, wie in Leder gewickeltes Bündel heraus. Es sah seltsam aus, und man konnte schlecht erkennen, was es war, bis er anfing, es auseinander zu rollen. Es war die Schlange von unserem ersten Camp, oder zumindest ihre Haut.

»Ich habe ihren Körper dort im Wald begraben«, sagte er. »Aber ich wollte nicht, daß ihr Leben so einfach verschwendet war. Ich zog ihr die Haut ab, ohne genau zu wissen, warum oder was ich damit tun wollte. Aber jetzt ist es klar.«

Er legte die lange Haut zwischen die beiden Flächen in die Mitte auf das Tuch. Es hatte den optischen Effekt der Brücke zwischen den beiden Gruppen von Gegenständen, und das war genau seine Absicht.

Dann sagte er: »Ich gebe dies als ein Symbol für die natürliche und wilde Lebenskraft, die durch uns alle fließt und uns gegenseitig anzieht. Obwohl wir zweifellos eine Menge Unterschiede haben, denke ich, sind unsere Lebenskraft und unser Blut gleich. Ich bete, daß es uns gelingt, die trennende Kluft zwischen uns zu überqueren, indem wir über diese Brücke gehen, und daß wir Vergnügen und Heilung miteinander finden werden, bevor unsere gemeinsame Zeit zu Ende geht.« Fast alle stimmten auf irgendeine Weise diesem Gebet zu.

Sowohl Ähnlichkeiten als auch Unterschiede zwischen Frauen und Männern kamen in den Altargaben deutlich zum Ausdruck. Wir haben in den verschiedenen Workshops bereits Dutzende von solchen Tableaus gebaut. Kinderfotos tauchten sowohl bei Frauen wie bei Männern auf. Doch mit einigen wenigen Ausnahmen folgen die Gegenstände im allgemeinen irgendwie den stereotypen, traditionellen Kategorien. Viele Frauen tendieren dazu, ihre Weiblichkeit mit einem Symbol für Empfänglichkeit, Fürsorge, Schönheit, Beziehungen, Pflanzen oder die weiblichen Geschlechtsorgane auszudrücken. Männer neigen zur Darstellung ihrer Männlichkeit durch Gegenstände, die für Geschick in der Welt, körperliche Stärke, materiellen Erfolg, Beziehungen zu männlichen Vorfahren oder Tieren und für die männlichen Geschlechtsorgane stehen.

Je mehr wir den echten Ausdruck von Männlichkeit und Weiblichkeit erforschen, um so mehr wird trotz allen gegenwärtigen politischen Beharrens auf der Theorie der Gleichheit deutlich, daß wir in Wirklichkeit auf vielfache Weise unterschiedlich sind. Es ist nicht einfach zu sagen, warum. Dieses Buch wird sicher nicht das ganze Geheimnis lüften. Und auch kein anderes wird das tun. Sicherlich stammen einige dieser Unterschiede, wie wir bereits erörtert haben, aus sozialen Rollen, und einiges ist biologisch determiniert. Aber wichtiger ist, daß durch diese Unterschiede unser Altar wie auch unser Leben interessanter sind, als wenn wir alle ähnliche Symbole gewählt hätten, um unser Geschlecht auszudrücken. Und das ist das Entscheidende, oder? Unsere Unterschiede machen die Tapisserie unseres Leben bunter und reicher.

Wiedergutmachung für das Unrecht, das wir einander angetan haben

Andys Gebet für Frieden und Heilung klang gut in meinen Ohren. Nach fünf Tagen voller Sitzungen war ich mehr als bereit, unsere Unterschiede, so reich und interessant sie auch waren, abzulegen und etwas Spaß zu haben. Ich war sicher, daß Aaron an diesem Punkt genauso empfand. Aber es war auch klar, daß wir nie einen wirklichen Frieden zwischen uns haben könnten, ohne den nächsten Schritt zu tun: Verantwortung übernehmen.

Wir kennen alle den Spruch »Liebe heißt: nie ›es tut mir leid‹ sagen zu müssen«. Das ist eine der vielen Leitlinien der romantischen Lebenseinstellung der letzten Jahrzehnte im Sinne von »Laß uns einfach zusammenfließen«, »Du machst deine Sachen, ich mach meine, und wenn wir uns zufällig treffen sollten, super!« Wirkliche Liebe jedoch und eine Grundlegung für Frieden und Gleichheit zwischen den Geschlechtern erwächst aus unserer Bereitschaft zum Eingeständnis von Unrecht und der Verpflichtung zu problemverändernden Verhaltensweisen, und zwar möglichst ohne unsere individuelle Ganzheit zu beeinträchtigen. Wenn beidseitige Veränderungen vollzogen und im Namen des Friedens Wiedergutmachungen geleistet werden, kann das tatsächlich unser individuelles Wertgefühl steigern, statt es zu reduzieren.

Ein großer Teil des Schadens, den Frauen und Männer einander zufügen, geschieht nicht aus Böswilligkeit. Er entsteht vielmehr aus Unkenntnis der kulturellen Erwartungen des anderen Geschlechts, aus Frustration über unser eigenes Leben, durch Herumzappeln im Netz unserer eigenen noch nicht geheilten Wunden aus der Vergangenheit. Er entsteht durch das gewohnheitsmäßige Vermeiden »heilsamer« Konflikte, was zu einem unheilsamen, sogar explosiven Verhalten führen kann. Wenn einmal begriffen ist, daß wir weder von Natur aus noch durch die Akkulturation dazu verdammt sind, endlos miteinander im Krieg zu liegen, dann gibt es Hoffnung auf echte Partnerschaft.

Die Beziehungen von Frauen und Männern schwanken oft zwischen einem totalen Schuldgefühl und der Suche nach dem Sündenbock für alle unsere Leiden. Wenn jedes Geschlecht im anderen wesentlich weniger Menschlichkeit, Moralität und Gerechtigkeitssinn als bei sich selbst erblickt, dann ist Krieg die einzige Lösung. Wie kann dann Frieden erreicht werden? Wer tut den ersten Schritt?

Jedes Geschlecht hat vielleicht Angst, daß das eigene Selbstwertgefühl durch das Anhören fremder Probleme Schaden nehmen könnte. Die Männer aus unserer Gruppe hatten angesichts der vehement negativen Einstellung der Frauen ihnen gegenüber Angst, ihre Wunden offenzulegen. Und die Frauen fürchteten, daß Mitgefühl für die Männer sie schwach erscheinen ließe und sie Gefahr liefen, in den alten »Weiblichkeitswahn« zurückzufallen, die die Frauen dazu anhielt, sich auf die Bedürfnisse der Männer anstatt auf die eigenen zu konzentrieren.

Ebenso könnten wir Angst haben, daß das Eingeständnis unserer Teilhabe am Problem, selbst in einer Situation der Offenheit und des ehrlichen Wunsches nach Versöhnung, später vielleicht doch benutzt werden könnte, um anzuschuldigen, zu beschämen oder zu verletzen. Also kämpfen wir. Wir beschuldigen uns gegenseitig. Wir wollen nicht zugeben, daß wir im Unrecht sind, um uns selbst vor dem lähmenden Schmerz der Scham zu schützen. Dennoch müssen wir einige Risiken in Kauf nehmen, wenn wir Frieden schaffen wollen. Diese Aufgabe stellte sich uns, als wir zum Sitzungsplatz zurückkamen.

Heilung für beide Geschlechter entwickelt sich letztendlich aus der Anerkennung und der Wiedervereinigung *aller* unserer Teile, der »positiven« wie der »negativen«. In einem empathischen Raum kann gegenseitige Heilung durch die Übernahme von Verantwortung durch beide Seiten in Gang kommen. Dies muß jedoch in einem sicheren Raum stattfinden, in dem sich alle Beteiligten verpflichten, Informationen nicht zu Vergeltungsmaßnahmen zu benutzen, sondern sie vielmehr von beiden Seiten als ein Geschenk zu empfangen, dem Aufrichtigkeit und die Fähigkeit, ein Versagen zu akzeptieren, zugrunde liegen. Es geht darum, zukünftige Beziehungen besser zu gestalten, und nicht darum, Schamgefühle auszuleben und sich selbst nach dem Prinzip »Asche über mein Haupt« zu geißeln.

Wir diskutierten diese Fragen mit der Gruppe. Dann baten wir alle, die dazu bereit waren, Verantwortung für eine schwerwiegende Verletzung des anderen Geschlechts zu übernehmen. Die Sitzung wurde eröffnet, und wir zogen Halme, um zu entscheiden, welche Gruppe anfangen sollte. Die Männer gewannen: ein zweifelhafter Sieg.

Die Friedensangebote der Männer

Liz gab mir den Sprechstein, ich hielt ihn hoch und fragte die Männer: »Möchte irgend jemand jetzt Wiedergutmachung bei den Frauen leisten, indem er Verantwortung für Mißbrauch oder Mißhandlung in der Vergangenheit übernimmt oder indem er sich zu einer Veränderung in der Beziehung zu den Frauen verpflichtet?« Zu meiner Überraschung streckten fast alle die Hände nach dem Stein aus. Ich hatte gedacht, daß nur einige Männer bereit sein würden, diesen Schritt zu tun, aber es stellte sich heraus, daß alle Männer und danach alle Frauen sich an diesem Prozeß beteiligten.

Dave sprach als erster und sagte: »Ich möchte offen eingestehen, daß ich den größten Teil meines Lebens Frauen als Sexualobjekte behandelt habe. Ich war wesentlich stärker von ihrem Körper als von ihrer Persönlichkeit fasziniert. Und obwohl ich Frauen vorwerfe, nicht offen und ehrlich genug mit ihrer Sexualität umzugehen, will ich jetzt zugeben, daß mich in Wirklichkeit meine Haltung in erster Linie daran hinderte, eine befriedigende und stabile Beziehung mit einer Frau einzugehen. Stellvertretend für alle Männer möchte ich mich bei allen Frauen entschuldigen, die unter dieser Art männlichen Verhaltens gelitten haben.«

Dann sagte Alan: »Ich möchte zugeben, daß ich Merle einmal geschlagen habe und daß ich darüber hinaus, auch wenn das nie wieder passiert ist, immer noch manchmal gewalttätige Gefühle ihr gegenüber habe. Ich habe auch manchmal meine körperliche Kraft benutzt, um andere Frauen einzuschüchtern. Das hat man mir so beigebracht, und ich habe immer geglaubt, ich ›müßte‹ mich als Mann so verhalten. Ihr wißt schon, immer ›alles im Griff haben‹. Aber jetzt will ich mich verpflichten, mich nach einer Unterstützungsgruppe für zur Gewalt neigende Männer umzusehen, damit ich diesen Punkt intensiver aufarbeiten und gewährleisten kann, daß ich nie wieder eine Frau schlagen werde.«

Larry stand auf und begann zu sprechen: »Dies ist kein Geheimnis für Marie, aber ich möchte der Gruppe sagen, daß ich vor einigen Jahren eine Affäre hatte. Ich mochte Karen nicht einmal besonders. Sie war eigentlich ziemlich blöd. Ich war ganz sicherlich nicht auf der Suche nach einer neuen Beziehung als Ersatz für Marie. Wir haben eine gute Ehe und auch ein tolles Sexualleben. Aber da war etwas in Karens Jugend, Schönheit und Verfügbarkeit, dem ich einfach nicht widerstehen konnte. Und fast alle Männer, die ich kenne, vergleichen insgeheim ihre Partnerinnen irgendwie mit den Phantasiebildern, mit denen wir alle gefüttert und auf die wir festgelegt werden durch Zeitschriften-Covers, Filme oder Fernsehshows. Also, ich entschuldige mich im Namen aller Männer, die ihre Partnerin schlecht machen, indem sie sie an einer unwirklichen Schönheitsnorm messen, sich daran hochziehen und dabei die tiefe Schönheit übersehen, die in jeder Frau liegt.«

Dann sagte Andy: »Ich habe Frauen mißbraucht, indem ich es nicht respektiert habe, wenn eine Frau in irgendeinem Moment während einer freiwilligen sexuellen Begegnung ›nein‹ sagte. Es gab für mich eine große Grauzone zwischen Verführung und Beherrschung. Aber jetzt habe ich eingesehen, daß selbst wenn wir in einer bestimmten Situation denken, daß Frauen es nicht so meinen, wenn sie ›nein‹ sagen,wir Männer uns endlich nach dem richten müssen, was Frauen ›sagen‹, und nicht nach dem, von dem wir denken, daß sie es ›in Wirklichkeit wünschen‹. Deshalb möchte ich mich im Namen aller Männer bei allen Frauen entschuldigen, die jemals gegen ihren Willen von Männern sexuell übermannt worden sind.«

Joel brachte ein anderes Thema auf den Tisch als das, worüber er im Männer-Camp gesprochen hatte. »Während des größten Teils meiner Ehe habe ich es als selbstverständlich hingenommen, daß meine Frau die gesamte Kinderversorgung übernahm. Ich habe eine Menge von Rechtfertigungen parat, warum ich denke, daß das okay ist. Aber in Wahrheit weiß ich, daß es unfair ist und daß diese Haltung Lisa eine Menge Schmerzen verursacht. Also entschuldige ich mich im Namen aller Männer, die aus dem Engagement der

Frauen für einen reibungslosen häuslichen Ablauf Vorteile ziehen und es für selbstverständlich halten, daß sie immer an vorderster Front bei der Kinderpflege stehen.«

Die übrigen Männer machten weiter und teilten die meisten auf dem letzten Männertreffen diskutierten Themen und anderes mit. Sie gaben zu, daß sie oft Angst vor der psychologischen, emotionalen und sexuellen Stärke von Frauen hatten. Deshalb suchten sie häufig nach Wegen, um die Frauen unter Kontrolle zu halten. Bei diesem Thema stellten die Männer fest, daß sie paradoxerweise wollten, daß Frauen schwach und abhängig sind, sie aber als minderwertig ansahen, wenn diese ihre Lage akzeptierten. Obwohl alle Männer die Frauen bewußt dabei unterstützen, stärker zu werden, gaben die meisten von ihnen zu, daß sie die Veränderung der Frauen als beängstigend empfinden. Eine schmerzliche Wahrheit kam zum Vorschein: Zum Teil wollen die Männer immer noch, daß die Frauen »klein« bleiben, damit sie sich weiterhin »groß« fühlen können. Es war ihnen jedoch jetzt klar, daß dies eine dysfunktionale Strategie ist, bei der ihre eigene Stärkung sich aus der mangelnden Stärke der Frauen nährt.

Mehrere Männer gaben zu, daß ihre Überlegenheitsgefühle gegenüber Frauen sie zu bestimmten Formen von Mißhandlung und Beherrschung angetrieben hätten. Da wir systematisch darauf dressiert worden sind, Frauen nicht als Gleichgestellte zu akzeptieren, hatten wir manchmal das Gefühl, daß wir zu Recht mehr Privilegien besaßen als sie. Es war uns eingetrichtert worden, daß wir die »wichtigere« Arbeit auf der Welt machten und die schwereren Opfer brachten. Aus männlicher Perspektive schien das Leben der Frauen leichter, sanfter und geschützter. Diese Sichtweise hat vielen Männern das Gefühl vermittelt, daß Frauen ihr Besitz seien. Dieses Gespräch sollte diese Einstellung nicht rechtfertigen, sondern war vielmehr ein Bekenntnis, ein offenes Eingeständnis, daß Männer gewisse tief verwurzelte Auffassungen haben, die dem Geschlechterfrieden im Wege stehen.

Während die Frauen weiterhin in gespanntem Schweigen zuhörten, sprachen wir darüber, daß die männliche Überlegenheitshaltung in der Vergangenheit einige Männer veranlaßt hat, es für völlig gerechtfertigt zu halten oder es zumindest als selbstverständlich hinzunehmen, daß sie mehr Geld verdienten, weil sie »härter« und mehr arbeiteten. Einige von uns hatten daher das Gefühl, wir bräuchten uns nicht zu gleichen Teilen an der Hausarbeit zu beteiligen, weil unsere Tätigkeit außer Haus gefährlicher, anspruchsvoller und aufreibender war. Wir empfanden es als erniedrigend, »Frauen«- (sprich : unbezahlte) Arbeit zu tun.

Einige von uns waren auch manchmal der Auffassung gewesen, daß Frauen uns Sex schuldeten, wenn wir ihnen entsprechende Aufmerksamkeit schenkten oder viel Geld für sie ausgaben. Wir gaben jetzt zu, daß solch eine Haltung die Zunahme von Vergewaltigungen unter Bekannten und auch in der Ehe schürte. Wir stellten auch fest, daß Frauen oft andere Kriterien zu Sex und Intimität haben. Wir mußten lernen, aufmerksamer darauf zu achten, wenn Frauen Grenzen setzen, ohne immer sofort zu versuchen, sie zu bezwingen oder im Griff zu haben.

Wenn wir jetzt fähig waren, all diese Dinge zuzugeben, dann nur, weil wir wußten, daß die Frauen es auch tun würden. Einseitige Geständnisse enden unweigerlich mit gesteigerter Scham. Das ist eines der größten Probleme in den meisten pschylogischen und sozialen Beratungsstellen, die sich um Männer mit Gewaltproblemen kümmern. Die einseitigen Schuldzuschreibungen, die viele Männer in Gruppen unter der Leitung von Personen erleben, die immer noch an den Mythos der männlichen Privilegien glauben, schaffen ein Klima, in dem es Männern sehr schwerfällt, irgendeine dauerhafte Änderung ihres Verhaltens herbeizuführen, auch wenn Aversionstrainings einige bemerkenswerte kurzfristige Veränderungen bewirken können.

Wir wußten zwar nicht genau, wie es zu bewerkstelligen war, aber wir brachten eindringlich unseren Wunsch zum Ausdruck, das Schwert der Überlegenheit abzulegen und uns beharrlich um einen gerechten Frieden zwischen den Geschlechtern zu bemühen. Die Männer kamen überein, als ersten Schritt die Verpflichtung einzugehen, alles zu tun, was sie konnten, um durch Erziehung anderer Männer und Jungen Gewalt gegen Frauen einzuschränken und sich weiterhin mit ihren eigenen Ansprüchen und Überlegenheitsgefühlen auseinanderzusetzen. *Im Namen aller Männer, die Frauenleben beherrscht, mißbraucht, kontrolliert und beschädigt haben, drückten wir unser Bedauern und unsere Absicht aus, Frauen als gleiche Partner, Verbündete und engagierte Brüder zur Seite zu stehen.*

Die Friedensangebote der Frauen

Aaron gab den Stein an mich zurück. Die Frauen saßen noch eine Zeitlang schweigend da, um all das Gesagte in sich aufzunehmen, als die späte Sonne begann, den See und die umgebenden Berge in Lavendel- und Rosentönen zu färben. Ein Schwarm Enten landete aufgeregt am Seeufer, und hoch oben kreiste ein riesiger Falke im aufsteigenden Luftstrom. Ich beobachtete ihn aufmerksam, bis er plötzlich bis unter die Kammlinie herabstieß. Als er dann wieder aufstieg und näher kam, konnte ich ihn deutlicher sehen und bemerkte mit prickelnder Erregung, daß es kein Falke, sondern ein Adler war. Wir hielten alle einen Moment inne, um ehrfurchtsvoll seinen Flug zu beobachten. Dabei kam mir in den Sinn, daß wir alle die Fähigkeit haben, uns über unsere Konflikte zu erheben und in Schönheit und Anmut zu schweben. Wir hatten jedoch noch viel zu viel Gepäck, das uns nach unten zog, und vielleicht war es an der Zeit, etwas Ballast abzuwerfen. Dann lenkte Lisa unsere Aufmerksamkeit zurück auf die Sitzung und sagte:

»Also, ich gehe den nächsten Schritt und mache weiter auf der Frauenseite. Das ist nicht leicht. Ich möchte euch allen erzählen, daß ich mehrmals meine Selbstbeherrschung verloren und meinen Sohn geschlagen habe. Das war in einer sehr harten Zeit meines Lebens, aber das ist keine Entschuldigung. Ich merke jetzt, daß ein Teil meiner Wut auf die Gewalttätigkeit der Männer durch mein Schuldgefühl und die Angst vor meiner eigenen Fähigkeit zu unangemessener Aggression geschürt wird. Deshalb möchte ich mich bei den Männern dafür entschuldigen, daß ich als Kursleiterin von Frauengruppen die Überzeugung vertreten habe, daß Männer die einzigen Gewalttäter in dieser Kultur sind, und dafür, daß ich bislang nicht bereit war, mit meiner eigenen Gewalt ins reine zu kommen.«

»Ich möchte gestehen, daß ich meinem Sohn den Zugang zu seinem Vater verweigert und einen tiefen Bruch zwischen den beiden verursacht habe«, sagte Doris. »Ich kenne andere Frauen, die ähnliche Dinge getan und die Väter daran gehindert haben, ihre Kinder zu kennen und zu genießen. Ich war verletzt und wütend und fühlte mich damals im Recht, aber das konnte keine Entschuldigung sein. Ich möchte mich bei den Männern entschuldigen für die Schmerzen, die ich und andere Frauen ihnen bereitet haben und bereiten, indem wir es versäumen, den Vater in unsere Familien einzubeziehen.«

»Also, wie ihr alle wißt, hatte ich große Widerstände gegen diesen Versöhnungsprozeß«, erklärte Gloria. »Aber ich fange an zu verstehen, warum wir es tun. Ich möchte den Männern und insbesondere Jerry gegenüber zugeben«, sagte sie mit einem Blick in seine Richtung, »daß ich versucht habe, euch zu beherrschen und unterzubuttern. Ich habe meine verbalen Pfeile abgeschossen, damit du dich wie Dreck fühltest und ich meinen Willen bekam. Und wie Doris kenne ich auch viele Frauen, die das tun und nicht zugeben, daß es eine Form von Aggression ist. Deshalb möchte ich im Namen aller Frauen, die Männer verbal, psychologisch, emotional und auch psychisch mißbrauchen, manipulieren und ihnen im gleichen Atemzug das Gefühl geben, sie seien die größten Arschlöcher der Welt, erklären, daß es mir leid tut. Wirklich. Ich fange an einzusehen, daß dieser Krieg zwischen Frauen und Männern wirklich eine zweiseitige Sache ist. Bis jetzt stand solch eine Sichtweise einfach vollkommen im Gegensatz zu meinen feministischen politischen Überzeugungen.«

Ich sah zu Jerry rüber. Er sah wie betäubt aus bei diesem Eingeständnis. In der Tat schienen alle Männer von Glorias Äußerungen tief bewegt zu sein. Sie hatte wirklich einen Nerv getroffen, insbesondere angesichts der vielen Feindseligkeiten, die sie vorher den Männern gegenüber gezeigt hatte.

Als nächste sprach Marie. »Ich habe die Männer finanziell übervorteilt, genauer gesagt einen bestimmten Mann, meinen Ex-Ehemann. Ich war der Auffassung, daß Männer es besser hatten als ich und es deshalb irgendwie verdienten, ausgenutzt zu werden. Mein selbsternannter Opferstatus als Frau diente mir als Rechtfertigung, um mit allen gesetzlichen Mitteln einem unschuldigen Mann Geld aus der Tasche zu ziehen. Viele Frauen benutzen Männer um eines materiellen Gewinns willen, laßt uns der Wahrheit ins Auge blikken. Einige Männer benutzen unsere Körper, und einige Frauen interessieren sich überhaupt nicht für die Persönlichkeit eines Mannes, sondern nur dafür, was er produzieren oder wofür er bezahlen kann. Ich bin darauf heute absolut nicht stolz, aber es tut mir gut, es jetzt hier den Männern gegenüber offen einzugestehen und mich zu verpflichten, mich in der Zukunft um Fairneß im finanziellen Umgang mit Männern zu bemühen.«

Die Frauen teilten noch einige andere der im Frauen-Camp besprochenen Dinge mit. Es wurden die unterschiedlichsten Punkte angesprochen. Wir gaben zu, daß wir auch ein paar schöne Privilegien hatten, die Frauen selten, wenn überhaupt, eingestehen. Wir sagten den Männern, daß es zweifellos ungerecht war, daß nur sie gezwungen seien, in Kriegszeiten ihr Leben aufs Spiel zu setzen. Wir gaben auch zu, daß es in vielen anderen gefährlichen Situationen, bei Geiselnahmen oder bei sinkenden Schiffen, immer selbstverständlich ist, daß Frauenleben besser geschützt werden als Männerleben.

Wir stellten fest, daß Frauen zwar Gleichbehandlung als Politikerinnen und Geschäftsleute, Ärztinnen, Juristinnen und in anderen hochbezahlten White-Collar-Berufen Beschäftigte gefordert, aber nicht den Zugang in andere ebenfalls hochbezahlte, aber körperlich gefährliche Blaumann-Berufe gesucht haben, wie Holzfällen, Hoch- und Tiefbau, Maschinenbedienung, Straßen- oder Bergbau. Wir möchten mit den Männern ihre »Bonbons« teilen, nicht aber ihre Qualen. Wir spekulierten darüber, ob vielleicht einer der Gründe für die höhere Lebenserwartung der Frauen (mehr als sieben Jahre) darin liegt, daß die Männer zwar das Privileg haben, mehr Geld zu verdienen und politische Macht zu erringen, wir aber ein größeres Privileg besitzen, uns um uns selbst zu kümmern und von anderen beschützt zu werden. Wir hatten als selbstverständlich hingenommen, daß unser Leben mehr wert ist und mehr beschützt werden *sollte* als das der Männer.

Während wir Frauen sprachen und einander zuhörten, stellten wir fest, daß wir *alle* uns ziemlich lange den Männern moralisch überlegen gefühlt haben. Eine der geheimsten und doch gegenseitig anerkannten Annahmen in der zeitgenössischen Frauenkultur ist die Überzeugung, Frauen seien von Natur aus bessere Menschen als Männer. Das ist nicht einfach eine bloße politische Meinung, sondern wird von einer in den letzten Jahrzehnten aufgekommenen kollektiven Weltanschauung vertreten.

Frauen stehen mit dieser Sichtweise nicht allein. In seinem Buch *The Natural Superiority of Women* trägt der Anthropologe Ashley Montague vor, daß Frauen Leben hegen und Männer es zerstören. Er sagt: »Es ist die Aufgabe der Frauen, die Männer zu lehren, Mensch zu sein.« Er fügt hinzu, daß »die Frauen den Männern immer überlegen gewesen sind, aber bis vor kurzem hatten sie genug Feingefühl, darüber zu schweigen«[1].

Als wir diese Haltung den Männern gegenüber ans Licht brachten, war ich ziemlich verwirrt. Wie war das möglich? Wir produzierten das gleiche sexistische Denken, das wir lange Zeit für die ausschließliche Domäne des »Patriarchats« gehalten hatten. Im Fortgang unserer »Verantwortungs«-Sitzung offenbarten mehrere Frauen auch die tiefere und schwierigere Wahrheit, daß sie nämlich glaubten, diese Überlegenheitshaltung sei eine Kompensation für ihr tief sitzendes Gefühl der Verwundbarkeit und Unterlegenheit.

Der Psychologe Alfred Adler war der Auffassung, daß »jede Neurose als ein kulturell verfehlter Versuch verstanden werden [kann], sich aus einem Gefühl der Minderwertigkeit zu befreien, um ein Gefühl der Überlegenheit zu gewinnen.«[2] Wir hatten uns alle auf einigen Ebenen unterlegen gefühlt oder fühlten uns immer noch so, und es war einfacher, dies mit einer Haltung der Überlegenheit zuzudecken als aufrichtig zum Kern des Problems vorzustoßen.

Wir kamen aus einer Frauenkultur, die unsere Erfahrung der Ungleichheit in der Welt kompensiert hat, indem sie den Glauben an eine natürliche moralische Überlegenheit der Frauen entwickelt hat. Da die Machtdynamik unserer Gesellschaft den Frauen gegenüber oft ungerecht gewesen ist, haben wir versucht, diese Situation durch passiv-aktive Verhaltensweisen auszugleichen, die das männliche Selbstwertgefühl unterhöhlen, anstatt unser eigenes Selbstbewußtsein zu stärken.

Wie die Männer wollten auch wir nun unsere vergifteten Pfeile der Überlegenheit ablegen und eine Verpflichtung den Männern und uns selbst gegenüber eingehen, konstruktivere und lebensfördernde Wege zu finden, um Stärke in der Welt zu erringen.

Es war klar, daß wir zur Beendigung des Krieges die Hilfe und das Bündnis mit den Männern brauchten. Wir kamen überein, daß dies das Thema unserer nächsten Sitzung sein sollte. Wir brachten im Namen aller Frauen unser Bedauern zum Ausdruck, daß wir Frauen unsere sexuelle Macht benutzt haben, um Männer zu manipulieren, unsere Kinder mißhandelt oder vernachlässigt haben, unsere Ehemänner verbal beschämt, physisch geschlagen oder emotional beherrscht haben, die Menschlichkeit der Männer als Gruppe mißachtet und zugelassen haben, daß Männer einen ungleichen Teil an der einkommenproduzierenden Arbeit taten oder sich allein Gefahr und Tod aussetzten, und schließlich daß wir Männern die Schuld an den Problemen der Welt gegeben haben, anstatt Verantwortung für unseren eigenen Anteil daran zu übernehmen.

Wir sagten den Männern, daß es unsere Absicht sei, diese Verhaltensmuster zu ändern und uns selbst und unsere Beziehungen neu zu überdenken. Wir hatten das Gefühl, daß es bereits ein riesiger Schritt vorwärts war, sich des Problems bewußt zu werden. Wir nahmen uns auch vor, die Arbeit, die wir hier getrennt und gemeinsam getan hatten, hinaus in die Welt zu tragen, um sie anderen Gruppen von Männern und Frauen zu vermitteln. *Im Namen aller Frauen, die das Leben von Männern und Jungen beherrscht, mißbraucht, kontrolliert und geschädigt haben, drückten wir unser Bedauern und unsere Absicht aus, den Männern als gleiche Partnerinnen, engagierte Verbündete und Schwestern zur Seite zu stehen.*

Stürme brauen sich zusammen

Wir machten eine kurze Pause und vertraten uns die Beine. Als Dave von den Bäumen am Nordrand des Lagers zurückkam, sah er besorgt aus und sagte: »Hey, da brauen sich ein paar schlimme Wolken hinter dem Kamm zusammen.« Von unserem Platz aus konnten wir nur rundherum blauen Himmel sehen. »Vielleicht sollte jemand von euch mal mitkommen und gucken, was da vor sich geht.«

»Ich komme«, rief Susan. Sie sprang auf die Füße und ging schnellen Schritts mit Dave das kurze Stück zum nördlichen Kamm über dem See hoch. Nach einer Viertelstunde kamen die beiden zurück, und Susan sagte: »Wir werden Probleme kriegen, Leute. Da ist ganz entschieden ein Sturm im Anzug. Im Norden hängt eine dicke schwarze Gewitterwolke über dem ganzen Himmel, und der Wind bläst sie direkt auf uns zu.«

»Okay, dann sollten wir uns wohl für den Regen rüsten. Die Versammlung ist aufgehoben«, scherzte Liz.

Wir klärten schnell, wer Material für einen Regenschutz dabei hatte. Wenn wir dem Sturm standhalten und uns noch miteinander treffen wollten, war es das beste, die getrennten Camps zusammenzulegen und all unser Zeug zum Sitzungsplatz zu holen.

Während wir unsere Sachen packten und dann von den gegenüberliegenden Enden des Sees zurückkamen, war kein Pfadfinder nötig, um uns zu sagen, was los war. Über dem Kamm regnete es schon, und wir konnten in der Ferne den Donner hören. Als erstes versuchten wir, über der Feuerstelle und dem Sitzungsplatz ein großes Schutzzelt aus meiner und Daves' Plane zu bauen. Der Wind nahm zu. Er riß uns peitschend die große Plane aus den Händen, als wir versuchten, sie zu befestigen. Als wir nicht vorankamen, nahm Alan den Bau des Schutzdaches in die Hand, indem er durch den Wind zu uns 'rüberschrie, daß wir hier Leinen ziehen, dort Pfähle und schwere Steine setzen und mehrere Verbindungstaue befestigen sollten.

»Hey, wer hat dich zum Boß gemacht?« fragte Marie aufsässig. »Was ist mit all dem Gerede über Gleichheit?«

Alan guckte nur gequält, und die anderen auch. Dies war nicht der Moment für eine Geschlechtersitzung. Der Regen hatte uns ganz plötzlich erreicht. Wir wurden naß und es fing an, kalt zu werden.

»Hast du eine bessere Idee, wie man das machen sollte, Marie?« fragte Liz.

»Nein«, antwortete sie. »Ich weiß nicht einmal, wie man ein Zelt aufbaut, und ein so großes Schutzdach schon gar nicht. Ich finde es nur einfach ein bißchen komisch, daß beim erstbesten Problem ein Mann alles übernimmt.«

Es war mir und den anderen völlig klar, daß Alan ganz genau wußte, was er tat, und niemand stellte seine Autorität in Frage. Wir waren dankbar, jemanden zu haben, der die Führung übernahm, und Frauen wie Männer unterwarfen sich gleichermaßen seiner Leitung und arbeiteten weiter, während Marie da stand und sauer guckte. Nach ein paar Minuten kriegte sie sich wieder ein und packte mit an.

Andy und Dave kletterten auf Bäume, um die Taue zu befestigen. Einige Frauen und Männer schleppten Felsbrocken vom Seeufer hoch als Gewicht, um die Seitenwände am Boden zu halten, und schlugen Pfähle für die Taue in den Boden. Einige Paare bauten eigene Zelte in der Nähe des Hauptzeltes auf. Inmitten all dieser Aktivitäten bemerkte ich, daß Liz einen großen Topf Wasser vom See heraufholte. Einige sammelten offensichtlich unter ihrer Leitung trocken gebliebenes Feuerholz und legten es unter eine Plane.

Plötzlich hörte ich ein Pferd auf dem Weg oberhalb des Lagers wiehern. Wow, gerade zur rechten Zeit, dachte ich. Da kommt die Kavallerie: Cowboys mit Schaufeln, Planen und Seilen (unsere Bestände an Tau gingen zur Neige). Aber es war nicht die Kavallerie, sondern nur ein Pferd ohne Reiter. Ich ging mit Andy und Lisa den Pfad hoch, um es an der Ecke der Lichtung auf dem Weg zum See abzufangen. Das Pferd tauchte verschreckt und erschöpft auf. Es war sehr nervös, und in seinem Zaumzeug hatten sich viele Zweige verheddert. Wir versuchten, uns ihm zu nähern, aber es schnaubte, bäumte sich auf und wich mit einem wilden Blick in den Augen zurück.

Lisa sagte: »Jungs, nichts gegen euch, aber warum bleibt ihr nicht einfach mal zurück und laßt es mich versuchen?«

Ich dachte, okay, warum nicht? Ich hatte keine Ahnung von Pferden. Ich ging etwa zehn Meter zurück. Lisa bewegte sich langsam vorwärts, sprach freundlich und schnalzte mit der Zunge. Allmählich beruhigte sich das Pferd. Sie ging weiter vor, gab beruhigende Töne von sich, bis sie direkt auf es zugehen und die lose herunterbaumelnden Zügel greifen konnte.

Lisa klopfte ihm geduldig auf Flanke und Hals, während der Regen ihr das Haar an den Kopf klatschte und das Wasser ihr das Gesicht herunterströmte. Sie führte das Pferd zu unserem Camp und machte mir mit dem Kopf Zeichen, vor ihnen herzugehen. In der Zwischenzeit war das Pferd vollkommen ruhig geworden. Sie band es unter einer großen Fichte in der Nähe unseres neuen Camps an. Ich war sehr beeindruckt davon, wie Lisa dieses riesige, aufgeschreckte Tier mitten im Sturm gezähmt hatte.

Als das Lager endlich stand, war es mittlerweile dunkel geworden. Viele von uns waren naß und froren. Der Sturm schickte heftige Hagelsalven auf uns herunter. Blitz und Donner krachten im Norden und rückten näher. Eine starke Windböe hob Jerrys und Glorias Zelt an und schleuderte es in den See, wo es versank, bevor irgend jemand etwas tun konnte. Glücklicherweise hielt unser Hauptzelt stand.

Wir hatten uns auf die Möglichkeit von Regen vorbereitet, aber ein tobender Sommersturm von dieser Stärke kam unerwartet. Es war jedoch von großem Wert, daß unsere Verantwortungs-Sitzung mit einem Erlebnis endete, das im Interesse des Überlebens und Wohlbefindens aller unsere Fähigkeit zur Zusammenarbeit verlangte. Trotz der Unbequemlichkeit und der möglichen Gefahren, die eine solche Auslieferung an die Gnade oder Ungnade der Elemente mit sich bringt, war ich froh, daß wir diese Gelegenheit hatten.

Einige der Männer hatten offensichtlich aufgrund ihrer Erfahrungen im Bau und ihrer Körperkraft eine bißchen mehr Geschick bei der Errichtung des Schutzdaches, auch wenn Marie meinte, daß alle Aufgaben »gleich« geteilt werden müßten. Und Lisa, obwohl sie am zartesten gebaut war, hatte dadurch, daß sie ein Leben auf dem Pferderücken verbracht hatte, wie sich anschließend herausstellte, die größten Fähigkeiten im Umgang mit einem wildgewordenen Pferd.

Die ganze politische Bewegung für Gleichheit durch Gleichsein ignoriert die praktische Realität, daß in jeder gegebenen Situation eine Frau oder ein Mann am besten für Leitungsfunktionen geeignet sein kann, und zwar aufgrund von Erfahrung und Fähigkeit, und nicht wegen irgendwelcher stereotypen geschlechtsspezifischen Erwartungen, die wir an sie knüpfen. Es gibt Momente, in denen eine Frau oder ein Mann nicht geschlechtsspezifische Autorität, sondern Führungsqualitäten aufgrund von persönlichen Eigenschaften zeigen müssen.

Die alten Geschlechtervorurteile beschränkten die Freiheit von Frauen und Männern, in die jeweils anderen traditionell festgelegten Bereiche einzudringen. Daraufhin hatten wir versucht, jedes Bewußtsein von Unterschieden zu beseitigen. Damit sind wir jedoch gescheitert. Denn jetzt schränken die neuen Geschlechtervorurteile unsere Fähigkeit ein, aus den realen Unterschieden, worin auch immer sie bestehen mögen, Vorteil und Genuß zu ziehen. Wir müssen über die rigiden Orthodoxien hinauskommen, die uns verletzten, und uns zu den Widersprüchlichkeiten bekennen, die uns befreien können.

Was Frauen und Männer aneinander lieben

Während des Durcheinanders, in dem alle Sachen in Sicherheit gebracht und das Schutzdach gebaut wurden, hatten Merle und Doris die Geistesgegenwart besessen, das Feuer zu hüten und mehrere Töpfe voll Wasser am Kochen zu halten. Als die Zeltbauer hereinkamen, um sich am Feuer zu trocknen, gab es Kaffee, Tee und Suppe, um die Knochen zu wärmen. Ein großer Topf mit Fleischeintopf folgte kurz darauf. Wir lehnten uns warm, trocken und mit gefüllten Bäuchen zurück, während der Sturm auf allen Seiten um uns herum wütete. Ich war froh, Aaron wieder lächeln zu sehen, und fühlte mich friedlicher als je zuvor.

Nach Tagen ausführlicher Beschäftigung mit all unseren Unterschieden und Uneinigkeiten hatten wir in wenigen Stunden unsere Fähigkeit demonstriert, im Dienste eines gemeinsamen Wohls zusammenzuarbeiten. Egotrips und Machtkämpfe hatten sich im großen und ganzen auf ein Minimum beschränkt. Wir haben einfach alle am gleichen Strang gezogen und getan, was wir konnten, um das Unwetter zu überstehen. Mitten im Sturm hatte es sich ganz natürlich ergeben, daß die Männer sich mehr beim Zeltbau zu schaffen machten und die Frauen mehr auf Feuer, Holz, Essen und Wasser achteten, auch wenn einige Gruppenmitglieder bei beiden Aufgaben mitarbeiteten.

Ich war sicher, daß wir ein Schutzzelt ohne Männer bauen konnten und daß die Männer ohne uns kochen konnten. Aber das war nicht der Punkt, und wir brauchten dies nicht zu beweisen. Es mußte einfach alles schnell geschehen, und mir war es nicht wichtig, wer was tat, Hauptsache es wurde getan. Waren wir denn schließlich nicht gleich?

Die Frauen, die Feuerholz sammelten und Wasser holten, waren nicht stärker »unterdrückt« als die Männer, die große Steine schleppten oder im Regen und Gewitter auf Bäume kletterten. Wir waren alle gleich naß, gleich durchgefroren und hatten alle mit gleichem Engagement getan, was wir konnten, um das Lager zu sichern. In gewisser Weise taten wir dennoch unterschiedliche Dinge. Unsere Rollen waren in diesem Fall zwar asymmetrisch, aber gleich. Anstatt uns durch Streitereien zu lähmen, welche der Arbeiten höheren Status hatte oder wer der Boß für ein bestimmtes Projekt war oder wie unsere Rollen symmetrisch werden konnten – wurden wir Verbündete. Dieser Geist der Kooperation zwischen den Geschlechtern fehlt heute allzu oft.

Das Problem des Sexismus in der Gesellschaft kann offensichtlich nicht durch den Versuch gelöst werden, eine perfekte Symmetrie zu schaffen: indem alle das gleiche tun und dann irgendwie auf magische Weise gleich werden. Das Problem liegt eher darin, daß der Beitrag des einen Geschlechts als wichtiger oder unwichtiger als der des anderen angesehen wird. Wenn die Zeltbauer jetzt doppelt soviel zu essen bekommen hätten als die Feuerhüterinnen, dann wäre es sexistisch gewesen. Oder wenn den Frauen nicht gestattet worden wäre zu bauen, oder den Männern nicht, das Feuer zu hüten – dann wäre es problematisch gewesen. Aber die Art und Weise, wie alles geschah, so traditionell oder »politisch inkorrekt« es auch war, wirkte in dieser Situation vollkommen natürlich und ausgewogen. Es war einfach ein Handeln nach dem gesunden Menschenverstand und die beste Ausnutzung aller unter uns vorhandenen Fähigkeiten.

Angesichts der Gefahr schien unsere Beschäftigung mit Geschlechterdiskussionen plötzlich ein bißchen lächerlich. Ich war einfach glücklich, daß ich im Trocknen saß. Das mußte gefeiert werden. Ich wühlte in meinem Gepäck, holte meine geheimen Vorräte an Schokoladenriegeln hervor und durchforschte Aarons Gepäck nach der Tüte Mais, die er für besondere Anlässe immer dabei hatte.

»Wer hat sonst noch Leckereien dabei?« fragte ich und streckte meinen Hut aus.

Während ich begann, auf dem Feuer Popcorn zu brutzeln, wurde der Hut herumgereicht. Er kam zurück mit leicht klebrigen Gummibärchen, Bonbons, schokoladeüberzogenen Rosinen und Erdnüssen, getrockneter Ananas und sogar Geleebonbons. Dave steuerte eine kleine Flasche Aprikosen-Brandy bei.

Unglaublich, was die Leute alles zehn Meilen lang mit sich herumschleppen, zum Wohle der Gruppe. Wir gaben den Brandy und den mit Köstlichkeiten aus Schokolade, Frucht, Nuß und Popcorn gefüllten Hut herum. Nach fast einer Woche in der Wildnis war das wie ein königliches Bankett.

Als die Flasche bei Doris ankam, sagte sie: »Ich möchte einen Trinkspruch auf Alan ausbringen. Ich liebe an den Männern wirklich ihre Kraft und ihr Geschick in Notsituationen, und ich möchte dir dafür danken, daß du die Leitung übernommen und uns vor dem Sturm in Sicherheit gebracht hast.«

Wir prosteten ihm alle zu.

»Ihr Männer habt mir wirklich ein Gefühl von Sicherheit und Stütze gegeben«, stimmte Lisa zu.

»Ich möchte sagen, daß ich alle Männer auf dieser Tour für die Ehrlichkeit und Verwundbarkeit schätze, die ihr uns vermittelt habt. Es hat mich irgendwie umgehauen und mich ein gutes Stück in meinem Glauben und meinem Vertrauen in die Männer vorangebracht«, sagte Gloria.

»Was mögen wir sonst noch an den Männern?« fragte ich und spornte die Frauen an.

»Ich denke, es macht viel Spaß mit Männern zusammen zu sein, sie haben einen irre komischen Sinn für Humor«, sagte Susan.

»Also, ich liebe die Art und Weise, in der Larry mit unseren Kindern umgeht. Er ist ein wunderbarer Vater und Ehemann«, rief Merle aus. Sie steckte eng an ihn gekuschelt in ihren Schal gewickelt und schien glücklich und erleichtert, daß sie nach den Tagen der Trennung wieder mit ihrem Mann zusammen war.

Andere Frauen stimmten ein und sagten unter anderem: »Männer sind sexy, Männer wissen, wie man Dinge repariert, Männer sind mutig.«

Während sie ihre Trinksprüche ausbrachten, erzählten einige Frauen kurze Geschichten über Wohltaten, die sie von verschiedenen Männern in ihrem Leben empfangen hatten. Während der draußen brausende Wind nachließ und der Sturm sich allmählich legte, sprachen die Frauen mit tiefem Mitgefühl und Verständnis über die wertvollen Eigenschaften ihrer Väter, Ehemänner, Lehrer, Freunde, Liebhaber und Söhne.

Nachdem sie all dies gehört hatten, sagten die Männer, wie wohltuend es war, von den Frauen positive Kommentare über Männer und Männlichkeit zu hören. Es ist wahnsinnig heilsam für Männer, einfach nur dazusitzen und uneingeschränktes Lob von den Frauen zu hören. Unglücklicherweise ist in unserer Kultur solch eine Unterstützung in Form von Lobeshymnen der Frauen auf Männer und die positive Seite der Männlichkeit ein seltenes Ereignis.

Als die Frauen mit ihren Erzählungen fertig waren, brachte Dave einen Trinkspruch auf Merle und Doris aus: »Wenn ihr beide nicht das Feuer mit euren Körpern geschützt hättet, bis wir das Schutzzelt aufgebaut hatten, und wenn ihr dann nicht Essen gekocht und Wasser aufgesetzt hättet, säßen wir jetzt zwar im Trockenen, aber auch im Kalten und mit leerem Bauch. Ich bewundere euch für eure Umsicht, daß ihr mitten in diesem wilden Durcheinander eine Mahlzeit auf die Beine gestellt habt, und auch die anderen, die mit Liz trockenes Feuerholz in Sicherheit brachten, solange es noch was Trockenes gab. Das ist etwas, was ich wirklich an den Frauen liebe, daß sie sich um Behaglichkeit und Wohl der anderen sorgen und dabei sogar ihr eigenes Wohlbefinden zurückstellen.«

Aaron brachte einen Toast auf Lisa aus: »Ich bewundere deinen persönlichen Mut. Das Pferd war bedrohlich und erschreckend. Es hätte durchgehen, durch unser Camp rasen, alles über den Haufen rennen und sich selbst verletzen können oder irgend etwas anderes. Ich war dankbar, als du die Sache in die Hand genommen hast, weil ich wirklich keine Ahnung hatte, was zu tun war. Ich war auch beeindruckt von deiner Fürsorge und Menschlichkeit, als du versucht hast, das Tier zu beruhigen, anstatt es einfach den Weg hinunterzuscheuchen, was ich vorhatte.«

»Yeah, auf die Kraft und die Tapferkeit der Frauen in Notsituationen«, sagte Joel.

»Was lieben wir sonst noch an Frauen?« fragte Aaron.

»Ich liebe das Lachen von Frauen«, stellte Andy fest. »Frauen sind spielerisch, sie machen die Dinge heiterer.«

»Ich bewundere die Anmut und Sinnlichkeit der Frauen«, sagte Jerry.

»Frauen sind verantwortungsbewußt«, fuhr Joel fort. »Sie verlangen, daß die Gesellschaft sich mehr um die sozialen Probleme kümmert.«

Die Männer sprachen weiter über vieles, was sie an Frauen lieben und schätzen. Sie erzählten Geschichten von den verschiedenen Segnungen, die sie in ihrem Leben von Frauen empfangen hatten, von ihren Müttern, Lehrerinnen, Geliebten, Ehefrauen, Schwestern und Töchtern. Die Liste der Qualitäten, die sie würdigten, war lang und die Trinksprüche wurden bei Tee fortgeführt, nachdem der Brandy leer war.

Natürlich brachten einige Frauen zum Ausdruck, daß sie begeistert waren, die Männer schließlich etwas Gutes über sie sagen zu hören. Der Sturm hatte schließlich den Regen zum Erliegen gebracht. Alle sahen zufrieden und außerordentlich glücklich aus trotz der widrigen Umstände. Wir hatten nicht nur über die Herausforderungen des ungnädigen Wetters triumphiert, sondern auch über viele Widrigkeiten, die durch unsere emotionalen Stürme geschaffen worden waren.

8
Geschlechtergerechtigkeit: Was Frauen und Männer wirklich wollen

Welten sind wir auseinander,
ich bin die Farbe des Sterbens,
du bist die Farbe des Geborenwerdens.
Solange wir nicht ineinander atmen,
kann es kein Eden geben.
Deshalb wachsen Pflanzen
und lachen dir in die Augen,
die in die Ferne blicken.

Rumi[1]

Als ich aufwachte, bemerkte ich als erstes, daß der Sturm vorbei war. Der Tag glitzerte, war hell und klar. Das war ein vielversprechendes Gefühl. Sobald die Sonne auf das Wasser schien, wateten Andy und Merle mit Jerry und Gloria ins Wasser hinaus, um ihr Zelt aus dem See zu fischen.

»Ich habe Hunger«, rief Doris. »Was essen wir zum Frühstück?«

Joel hatte eine Kanne Kaffee gemacht, aber ansonsten hatte niemand Initiative ergriffen.

»Ich möchte fischen«, sagte Liz und guckte mich erwartungsvoll an.

Doch außer Dave schien an diesem Morgen keiner der Männer darauf erpicht zu sein. Den meisten war es wichtiger, sich und ihre Sachen am Feuer durchzutrocknen.

»Los, kommt, Ladies«, lockte Dave und sah Liz und die anderen am Feuer an. »Laßt uns ein paar Fische rausholen.«

»Okay«, sagte Liz und sprang auf. »Ich bin dabei. Wer kommt noch mit?«

Susan, Lisa, Marie und Doris wollten auch. Merle und Gloria fröstelten immer noch und wollten am Feuer bleiben. Die anderen Frauen liehen sich bei den Männern Angelgerät aus und gingen mit

Dave zum Fischen. Nach gut einer Stunde kamen sie zurück und hatten mehr Fische, als wir jemals an einem Tag gefangen hatten.

Verschieden und doch gleich: ein neues Gleichgewicht der Kräfte

»Sie haben uns immer weismachen wollen, daß Fischen was Schwieriges sei«, sagte Doris. »Ich hab ganz allein drei Forellen gefangen. Es ist leicht. Du wirfst einfach deine Angelschnur ins Wasser, und sie beißen an.«

»Vielleicht ist Fischen doch nicht so ein großes Männergeheimnis«, wagte sich Lisa neckisch vor.

Na gut, vielleicht war es das Wetter oder Anfängerglück, oder vielleicht hatten die Frauen wirklich die bessere Angelmagie. Wer weiß? Wichtig war, daß die Frauen ihre Stärke im Jagen bewiesen hatten. Was konnten wir Männer anderes tun, als sie für ihr Können zu loben und zum Ausgleich die ganze Kocherei zu übernehmen. Als Joel, Jerry, Alan, Larry, Andy und ich die Fische ausnahmen und sie grillten, fand ich es sehr angenehm, am Feuer zu sitzen, zu reden und eine Aufgabe nur mit Männern zu teilen.

Noch einmal: es war nicht so wichtig, welches Geschlecht was tat, sondern vielmehr, welcher Wert der jeweiligen Tätigkeit beigemessen wurde. Entscheidend ist, daß der Beitrag von Männern und Frauen den gleichen Wert hat und daß sie auf Wunsch ihre Tätigkeiten frei wählen können.

Nach dem Frühstück sprachen wir über die Unterhaltung vom Vorabend, über all die Eigenschaften, die wir am anderen Geschlecht lieben und schätzen. Dadurch wurde uns einiges klar. Wie andere unserer Übungen schon gezeigt hatten, gab es einen gewissen gemeinsamen Bereich, in dem wir aneinander ähnliche Dinge schätzen. Und es gab auch deutliche Unterschiede.

Im Laufe der Diskussion kam es noch zu einer weiteren Einsicht. In vielen Fällen ist das, *was wir am anderen lieben und bewundern, dem, was wir hassen und fürchten, erstaunlicherweise sehr ähnlich.* Die Frauen bewundern Kraft und Können der Männer, fürchten jedoch ihre Macht, zu kontrollieren und zu herrschen. Männer lieben Sinnlichkeit und Gefühlsbetontheit der Frauen, fürchten aber ihre emotionale und erotische Macht. Frauen lieben bei den Männern die Fähigkeit zur Unabhängigkeit und das Selbstvertrauen, hassen jedoch ihre Distanz und Unzugänglichkeit. Männer bewundern die Aufgeschlossenheit der Frauen und lieben ihre Sanftmut, verachten sie aber dafür, zu emotional und übersensibel zu sein. Frauen bewundern die Fähigkeit der Männer, sich auf etwas zu konzentrieren, logisch zu sein und bei Gefahr ihre Angst zu überwinden, verschmähen aber ihre Kälte und ihren mangelnden Zugang zu ihren Gefühlen. Männer respektieren Frauen für ihr Engagement in der Fürsorge und für ihre Stärke im Hegen und Pflegen, ärgern sich aber dann über sie, weil sie erstickend und bedrängend sind.

In gewissen Bereichen ist ein Geschlecht mit einer Fähigkeit vielleicht etwas mehr gesegnet als das andere. In der Regel bewundern wir diese Gaben am anderen Geschlecht, wenn sie im Dienste anderer eingesetzt werden. Und wir hassen es, wenn die gleichen Eigenschaften, wie körperliche Kraft bei Männern oder emotionale Macht bei Frauen benutzt werden, um andere zu schwächen oder zu zerstören. Wir fürchten nicht so sehr den Besitz einer Kraft an sich, und auch nicht die ungleiche Verteilung der Kräfte, sondern vielmehr den Mißbrauch einer Kraft.

Wie wir auf unserer Verantwortungs-Sitzung entdeckt hatten, sind unsere Ängste vor dem Mißbrauch der Stärke so groß, daß beide Geschlechter viel Energie darauf verwenden, die Stärke des anderen zu schmälern, sie kleiner und damit weniger bedrohlich zu machen. Um jedoch den drängenden Aufgaben unserer Gesellschaft gerecht zu werden, brauchen wir Frauen und Männer, deren Stärke sich voll entfalten kann. Wir können es uns nicht leisten, auch nur einer Frau oder einem Mann, die guten Willens sind und uns etwas anzubieten haben, ihre Kraft zu nehmen oder sie zu fesseln. Deshalb ist es in unser aller Interesse, uns gegenseitig in einer Weise zu stärken, die unsere Ängste vor der Macht so weit wie möglich beschwichtigt.

Die Anthropologin Margaret Mead stellte fest:

»Es erforderte beträchtliche Anstrengungen von seiten der Männer wie auch der Frauen, sich mit dem Gedanken anzufreunden, daß diese Welt nicht von Männern allein gemacht wurde ... Ein höheres Ziel wäre es, sich zur Gleichheit der Geschlechter in unserer Sprache und symbolischen Struktur zu bekennen und davon auszugehen, daß wir in einer gemeinsam geschaffenen (co-created) Welt leben und gemeinsam wechselseitige Verantwortung für unsere Probleme tragen.«[2]

Männerbewegung und Frauenbewegung können jeweils nicht allein die Brücken über die Geschlechterkluft bauen, die die meisten von uns gern überqueren würden. So wie eine Gesellschaft mindestens zwei politische Parteien braucht, müssen diese beiden Bewegungen über Ungerechtigkeiten wachen und bessere Wege finden, um das eigene Geschlecht zu heilen, zu stärken und zu umsorgen. Nach unserer Erfahrung geschieht dies am erfolgreichsten in gleichgeschlechtlichen Gruppen. In solchen Gruppen ist es jedoch schwieriger, die »gemeinsam geschaffene« Welt wahrzunehmen.

Eine friedenstiftende Atmosphäre wird durch die beidseitige Übernahme von Verantwortung für begangenes Unrecht kultiviert. Diesen Schritt hatten wir in unserer Gruppe getan. Wir waren nun bereit, weiter in die Tiefe zu gehen. Der nächste Schritt verlangte von uns, ein Konzept der Geschlechtergerechtigkeit zu entwickeln.

Geschlechter-Gerechtigkeit

Das Ideal der Geschlechtergerechtigkeit geht über die Gewinner-Verlierer-Rhetorik der Frauen- und Männerbewegung hinaus. Aus der Perspektive der Geschlechtergerechtigkeit gilt: *Wenn ein Geschlecht aufgrund von Unfairneß oder Ungerechtigkeit leidet, dann leidet das andere auch*. Das Leiden ist fast immer unterschiedlich geartet und asymmetrisch, doch die Summe des Leidens, sofern Schmerzen überhaupt quantifizierbar sind, ist für gewöhnlich gleich.

Frauen verdienen weniger Geld bei der Arbeit, und Männer werden bei der Arbeit häufiger verletzt oder getötet. Beide Situationen sind ungerecht. Beide Geschlechter leiden.

Unsere Wirtschaft basiert auf einer Philosophie, die eine ungleiche Verteilung von Reichtum und Macht erzeugt. Das hat zur Herausbildung einer großen Mehrheit von gleichermaßen entrechteten Frauen und Männern geführt, die das Gefühl haben, sie müßten miteinander konkurrieren. So kämpfen wir vielfach um Krümel. Doch wem gehört das Brot, das alle ernähren sollte?

Der Hauptanteil an Reichtum und Macht liegt in den Händen einer kleinen Minderheit von Männern und Frauen. Ein Prozent der Frauen und ein Prozent der Männer besitzen jeweils ungefähr ein Drittel des nationalen Reichtums. Wer hat etwas zu gewinnen, wenn wir die Konflikte, die eigentlich richtiger als Klassenungerechtigkeiten zu behandeln wären, in einen Geschlechterkrieg zwischen Männern und Frauen verwandeln? Wenn jemand dabei gewinnt, dann kann es nur diese Handvoll mächtiger Männer und Frauen sein, die den nationalen Reichtum und die Produktivität kontrollieren. Mit Hilfe der Medien versuchen viele Hersteller, ein Gefühl der Unzulänglichkeit bei Frauen und Männern zu erzeugen, die sich dann wiederum bemühen, durch Konsumverhalten ein Gefühl der Befriedigung und Vollständigkeit zu erlangen. Frauen und Männer sollen sich in den Augen des jeweils anderen unzulänglich fühlen, solange sie nicht ein bestimmtes Produkt konsumieren oder besitzen.

In der frauenorientierten Werbung triumphiert eine Frau häufig über einen weniger fähigen Mann, indem sie mit einem bestimmten Produkt ein Haushaltsproblem löst. Es werden auch Frauen gezeigt, die ihre Schönheit mit irgendwelchen Produkten steigern, um Reichtum und Macht der Männer zu erringen. In männerorientierter Werbung erobern die Männer das schöne Mädchen durch den Besitz eines kostspieligen Autos oder der richtigen Jeans. Wir werden Tag für Tag mit Botschaften abgefüttert, die Frauen und Männer zum Objekt machen und hinterhältig die Spannungen zwischen den Geschlechtern schüren.

Der Friedensprozeß zwischen den Geschlechtern kann unterstützt werden, wenn wir uns der unverhohlen oder auch subtil vorgebrachten kommerziellen Botschaften stärker bewußt werden, die uns beeinflussen. Der erfolgversprechendste Ort für die Suche nach dem »Brot« ist der Raum zwischen uns. Jedes Geschlecht besitzt einen Teil des Rezepts für den gesellschaftlichen Reichtum. Das Brot kann jedoch nur erfolgreich gebacken werden, wenn wir als Partner für ein gemeinsames Gut arbeiten.

Der Mythologe Michael Meade berichtet, daß im mittelalterlichen Frankreich die Frauen die Getreidesaat hüteten und die Männer die Pflüge. Ohne eine Übereinkunft beider Geschlechter darüber, wieviel, wann und wo angebaut werden sollte, konnte überhaupt keine Aussaat stattfinden. Wo es keine Kooperation gibt, dauern Mangel, Konkurrenz und Geschlechterneid an. Der Fluß der Erneuerung und des Hegens und Pflegens, der durch eine intakte Gemeinschaft fließt, ist in unserer heutigen Kultur recht ausgedörrt. Vom Durst getrieben, streiten Frauen und Männer miteinander um einen Platz an den wenigen verfügbaren Wasserstellen, anstatt gemeinsam tiefere Brunnen zu graben, die in der Lage wären, alle zu versorgen. Es besteht in unserer Kultur ein Defizit in der elterlichen Erziehung zu Fairneß und gemeinsamer Verantwortung.

In seinem tiefsinnigen Buch *Auf dem Weg zur vaterlosen Gesellschaft* bemerkt der Sozialpsychologe Alexander Mitscherlich: »Die Massengesellschaft mit ihren Arbeitsaufforderungen in Abhängigkeit, unter Ausschluß der spurhaften, selbstverantwortlichen Leistung, schafft ein Riesenheer von rivalisierenden, neidischen Geschwistern. Ihr Hauptkonflikt ist nicht durch die ödipale Rivalität, die mit dem Vater um die Privilegien des Genusses von Macht und Freiheit ringt, bezeichnet, sondern durch Geschwisterneid auf den Nachbarn, den Konkurrenten, der mehr bekommen hat ... Man will in erster Linie Vergünstigungen erlangen, nicht Verantwortung übernehmen.«[3]

In ihrem Bemühen um Befreiung aus den traditionellen Rollen haben viele Frauen und Männer ihren traditionellen Maternalismus oder Paternalismus durch eine geschwisterliche Rivalität ersetzt, von der Furcht durchzogen, daß es nicht genügend gesellschaftliche/elterliche Liebe, Anleitung und Unterstützung für alle gebe. Wir brauchen jedoch nicht die Wiedereinsetzung der traditionellen mütter- und väterorientierten Beziehungsmodelle. Vielmehr müssen wir ein Partnerschaftsmodell mit wechselseitiger Interdependenz und familiärer Verantwortlichkeit ins Leben rufen – eine tiefe, reife, erwachsene, selbstreflektierende, Rechenschaft ablegende und verantwortungsbewußte Schwesternschaft und Brüderschaft – jenseits der unreifen Streitigkeiten, die sich heutzutage breit machen.

Viele Führerinnen der Frauenbewegung beteuern, daß die Bewegung sich gegen Sexismus wende. Doch wäre das wirklich der Fall, würden sie sich viel stärker um die Belange der Millionen verarmter Väter kümmern, der Zehntausenden von Männern, die in Gefängnissen vergewaltigt werden, der Kriegsveteranen und der rapide zunehmenden Masse obdachloser Männer auf den Straßen unserer Städte.

Einige Männer fürchten Frauen, die politische Macht errungen haben, weil Frauen Männern gegenüber den gleichen Mangel an Fairneß bewiesen haben, den Männer traditionellerweise im Umgang mit Frauen zeigten. Männer mit bereits gehobenem Bewußtsein stellen vorbehaltlos fest, daß viele ihrer Bedürfnisse nach Gesundheit und Wohlbefinden durch die heroische Philosophie des »Männer spüren keinen Schmerz« oder durch ihre Ritterlichkeit à la »Frauen und Kinder zuerst« verraten worden seien. Einige Männer haben die Erfahrung gemacht, daß Frauen, die politische und ökonomische Führungspositionen erlangt haben, den Männern nicht etwa eine Korrektur anbieten, sondern diese Vernachlässigung fortsetzen, indem sie sich ausschließlich auf die Bedürfnisse von Frauen und Kindern konzentrieren.

Viele Frauen handeln in der Überzeugung, daß Männer bereits gut versorgt sind. Das ist ein gefährlicher und falscher Mythos, der aus feministischen Initiativen entstanden ist, die sich ausschließlich mit den legitimen Beschwerden der Frauen befaßt haben. Dieser Mythos eines allgemeinen männlichen Privilegs wuchs wie Unkraut, als es noch keine Männerbewegung gab, die uns die weit verbreitete Unwissenheit über die tiefen Verwundungen und die Entrechtung vieler Männer vor Augen geführt hat.

Viele Leitfiguren der Männerbewegung sagen, daß sie nicht gegen den Feminismus kämpfen und im wesentlichen Verbündete der Frauen sind. Das ist auch nicht ganz richtig. Würde die Männerbewegung sich wirklich für die Frauen engagieren, so würde sie sich viel mehr mit der Gewalt von Männern gegen Frauen auseinandersetzen. Denn Gewalt gehört nicht nur zu den hauptsächlichen

Ursachen der tiefen Scham, die Männer über ihr eigenes Geschlecht empfinden – somit ein wichtiges Thema für die Heilung der Männer –, es ist auch die wichtigste Klage der Frauen gegenüber den Männern als Gruppe. Eine Männerbewegung, die sich deutlicher auf die Seite der Frauen stellen würde, würde mehr Programme zur Rehabilitierung von Männern schaffen, die Frauen oder Kinder mißhandeln. Sie würde Initiativen unterstützen, um Männern bei der Erfüllung ihrer finanzielllen Verpflichtungen gegenüber ihren Kindern zu helfen. Sie würde sich für das Bemühen der Frauen einsetzen, in politischen und ökonomischen Bereichen, in denen sie noch immer unterrepräsentiert sind, stärker Fuß zu fassen. Sie würde echte Bereitschaft zeigen, den Standpunkt der Frauen anzuhören und mit ihnen im fortwährenden Dialog zu stehen.

Männer können dagegen protestieren, daß Gerichte in Sorgerechtsverfahren unfair sind, und Frauen können sich darüber beschweren, daß sie von den Entscheidungsebenen des Managements ausgeschlossen sind. Aber eine wirkliche Geschlechtergerechtigkeit wird nicht herrschen, bevor nicht eine beträchtliche Anzahl von Frauen energisch gegen Ungerechtigkeiten gegenüber Männern protestiert (zum Beispiel die ausschließliche Wehrpflicht der Männer), und bevor nicht eine ebenso bedeutende Anzahl von Männern sich zum Beispiel weigert, für Firmen zu arbeiten, die Frauen durch ungleiche Entlohnung ökonomisch ausbeuten.

Eine wirkliche Geschlechtergerechtigkeits-Bewegung sollte sich ausgewogen mit gleichen Rechten und Pflichten für *beide* Geschlechter befassen. Wirkliche Gleichheit wird nicht immer symmetrisch sein, aber sie wird auf Frauen und Männer fair und gerecht wirken . Psychologische, spirituelle und emotionale Gerechtigkeit kann vielleicht nicht immer gleich aussehen wie etwa soziale und gesetzliche Gerechtigkeit. Einer der Gründe, warum dieses Konzept erst so spät in die Diskussion kam, liegt in der wesentlich größeren Komplexität des Ideals der Geschlechtergerechtigkeit gegenüber der Schwarz-Weiß-Malerei von Frauen- kontra Männerrechte.

In *Beauty Myth* zeigt Naomi Wolf den Weg: »Wenn eine große Anzahl von Männern und Frauen sich in gleichberechtigten, gewaltlosen sexuellen Beziehungen zusammentun und das weibliche Prinzip in gleicher Weise anerkennen würden wie das männliche, wäre das Ergebnis radikaler als die schlimmsten Alpträume des Establishments über homosexuelle Konvertierungen. Eine massenhafte heterosexuelle Veränderung hin zu Zärtlichkeit und gegenseitiger Achtung würde den Status quo ernstlich gefährden, denn die Heterosexuellen sind die mächtigste sexuelle Majorität. Die Machtstrukturen sähen sich einer massiven Umwandlung von Interessen gegenüber: Innerhalb jeder Beziehung könnte der Wunsch, und zwar der gemeinsame Wunsch entstehen, Veränderungen herbeizuführen.«[4]

In unserer Gruppe hatten wir uns gegenseitig eingestanden, daß wir gleichermaßen verantwortlich für die Entstehung der meisten Probleme zwischen uns waren. Jetzt war es an der Zeit, zu entdecken, was wir voneinander wollten und was wir zu geben bereit waren. Wir wollten die Erkenntnis vertiefen, daß viele unserer Wunden von uns gemeinsam geschaffen wurden, und nicht einem Geschlecht die ganze Schuld oder das ganze Recht gegeben werden konnte.

Im Verlauf der Diskussion traten immer wieder einige Hauptthemen auf. So beschlossen wir, uns in der kurzen noch verbleibenden Zeit auf einige dieser Punkte zu konzentrieren. Viele Konflikte entstehen durch unseren Umgang mit der Sexualität und der Macht. Deshalb wurde eine gründliche Diskussion über unsere gegenseitigen Grenzen das Hauptthema unseres vorletzten gemeinsamen Tages.

Die wortlose Sprache der männlichen Grenzen

»Ich würde gern mal wissen, warum es soviel Unklarheit zwischen Frauen und Männern über den Unterschied zwischen sexueller Belästigung und Flirt gibt?« sagte Lisa.

Anders als bei früheren Treffen wurde diese Frage nicht vorwurfsvoll gestellt, sondern in einem Ton echten Interesses und mit dem Wunsch nach Kommunikation. Die Nuancen des Tonfalls sind oft subtil, und der Ton beeinflußt zutiefst unsere Fähigkeit, einander zuzuhören. In dem neuen Klima von Empathie und Offenheit, das sich in der Gruppe entwickelt hatte, fiel es plötzlich viel leichter zu antworten.

Doris vertrat die These, daß vielleicht auf keiner Seite etwas »falsch« war. Vielleicht sprachen Frauen und Männer einfach unterschiedliche Sprachen, meinte sie, und übersetzten nicht immer so gut. Das brachte uns auf die richtige Spur. Bevor ich mit Liz die Teamarbeit zum Thema Geschlechter begann, arbeitete ich mit vielen Männern in den unterschiedlichsten Zusammenhängen. Auf der Grundlage dieser Erfahrungen und anderer Untersuchungen trug ich einiges von dem vor, was ich über die männliche Sprache gelernt hatte.

Nahezu jede traditionelle Kultur hat gemeinsame, per Konvention festgelegte Rituale, mit denen Frauen und Männer hinsichtlich Sex und Heirat einander umwerben. Die Bräuche sind sehr unterschiedlich. In einer traditionellen Stammeskultur in Afghanistan zum Beispiel treffen sich eine junge Frau und ein junger Mann am Dorfbrunnen. Wenn die Frau an ihm interessiert ist, legt sie ihre Hand auf den Brunnenrand. Wenn sie zuläßt, daß der Mann ihre Hand berührt, bedeutet dies, daß sie alles mit ihm tun wird. Sie muß also sehr sorgfältig ihre Entscheidung abwägen, ob sie es zulassen soll, denn wenn sie ihn läßt, sagt sie implizit, daß sie ihn heiraten möchte oder zumindest bereit ist, mit ihm Sex zu haben.

In den meisten Kulturen ist das Balzverhalten extrem konservativ. Unabhängig von seiner Komplexität liegen die Schritte des »Balztanzes« in der Tradition begründet und werden von beiden Parteien leicht verstanden. Abweichung oder kreative Ausarbeitung auf einer Seite bringt die Gefahr mit sich, gegen das Werbeprotokoll zu verstoßen. Die Konsequenzen eines Verstoßes können von spürbarer Kränkung und Verletzung bis hin zu einer Provokation gehen, die Gewalt zwischen Familien, ja sogar Kriege zwischen Stämmen auslösen kann.

Peter Weirs Film *Walkabout* schildert die tragische Situation eines jungen Australiers aus dem Volk der Aborigenes, der ein junges europäisches Geschwisterpaar rettet, das sich im Inneren des Landes verirrt hatte. Nachdem er sie einige Wochen lang ernährt und beschützt hat, führt er der jungen Frau, in die er sich verliebt hat, einen wunderschönen Paarungstanz vor. Die Frau ist zutiefst erschrocken. Sie versteht nicht oder antwortet nicht in der Art, in der jemand aus seiner eigenen Kultur es vermocht hätte. Nachdem er das Gefühl hat, als Mann versagt zu haben, begeht er Selbstmord.

In unserer überwiegend europäisch geprägten, aber vielfach durchmischten Kultur beruhten die im Paarungstanz gezeigten Signale früher zum großen Teil auf wechselseitiger Übereinkunft. Die Frauen »ließen ein Taschentuch fallen«, und die Männer hatten die Wahl, es aufzuheben oder liegen zu lassen. Aber die Gesellschaft verändert sich schnell. Immer mehr Männer und Frauen arbeiten gemeinsam in neuen, nicht-»werbenden« Zusammenhängen. Unsere Kultur wird zudem immer mehr zu einer Mischung vieler Kulturen, von denen die meisten besondere Sitten, Signale, Traditionen und Erwartungen bezüglich gleich- und andersgeschlechtlicher Interaktion haben.

So stellt sich in unserer Kultur das Problem, daß es keinen vereinbarten Code von Werbungssignalen mehr gibt. In den meisten Kulturen wird die Entwicklung der geschriebenen und der gesprochenen Sprache von einer Art Zeichensprache begleitet; es überrascht also nicht, daß einige zeichensprachliche Überreste in der menschlichen Gesellschaft noch existieren. Jedenfalls sind wir heute von einem Gestammel aus nicht-verbalen Zeichen umgeben, die für jedes Geschlecht häufig unterschiedliche Bedeutung haben.

Deborah Tannen beschrieb einige Unterschiede zwischen der gesprochenen Sprache von Frauen und Männern in ihrem Buch *Du kannst mich einfach nicht verstehen.*[5] In vielen Fällen mangelt es uns auch an einem gemeinsamen non-*verbalen*, symbolischen Kommunikationssystem. Männer sind oft mehr auf die wortlose Sprache der direkten Handlungen eingestellt, Frauen mehr auf die schweigenden Nuancen der Gefühle.[6] Einige Theoretiker vertreten die Auffassung, daß mehr als die Hälfte der menschlichen Kommunikation non-verbal verläuft.

Wenn Männer mit Frauen eine körperliche Arbeit verrichten, haben sie oft das Gefühl, eine Reihe von Bewegungsabläufen beschreiben zu müssen, zum Beispiel wie man eine Couch eine Treppe hinaufträgt; unter Männern würde dies einfach durch ein paar Kopfbewegungen und leichte Veränderungen der Körperhaltung geschehen. Frauen haben auf der anderen Seite das Gefühl, sie müßten den Männern emotionale Dinge in aller Ausführlichkeit erklären, die eine andere Frau einfach durch ein Seufzen oder einen Blick verstehen würde. Frauen sagen, daß Männer »es einfach nicht raffen«, und sie haben recht. Viele Männer und Frauen raffen es in bestimmten Bereichen einfach nicht, aber nicht etwa, weil sie dumm sind oder sich nicht dafür interessieren, sondern weil sie oft unsicher in bezug auf die Bedeutung sublimer Signale sind, die vom anderen Geschlecht gesendet werden.

Obwohl es große Unterschiede innerhalb gleichgeschlechtlicher Gruppen gibt, überwiegen in der Regel die Gemeinsamkeiten in der gleichgeschlechtlichen Sprache, mit der Grenzen, Vertrauen, Kraft, Intimität und Freundschaft abgeklärt werden. Wenn zum Beispiel ein Mann bewußt oder aus Unachtsamkeit in den Bereich eines anderen Mannes eindringt, erhält er in der Regel ein erkennbares Warnsignal als Antwort auf seine aggressive Handlung. Das Territorium kann physisch (der Raum um seinen Körper herum), psychisch und emotional (sein Selbstwertgefühl) oder materiell sein (Besitz, Geschäft, Einflußsphären, Haus); es kann die Beziehungen zu Familie, Freunde und andere betreffen oder sich auch auf abstrakte Begriffe wie Vaterland oder Gott erstrecken.

Viele Studien zur Körpersprache geben an, daß Männer in der Regel mehr Raum um sich herum beanspruchen als Frauen.[7] Wenn wir uns eine imaginäre Linie um Frauen und Männer vorstellen, so ziehen die Männer in der Regel einen größeren Kreis um ihren Körper. Wenn diese Grenze ohne Zustimmung überschritten wird, kann das ein inneres Unbehagen auslösen und ein meist wortloses Signal mit der Bedeutung: »Zurück!« hervorrufen.

Für die meisten Männer beschreibt die persönliche Grenze den Raum, den sie mit ihrem ausgestreckten Arm durchmessen können. Das Händeschütteln, die traditionelle westliche Begrüßungsform, erlaubt den Männern, Beziehungen miteinander herzustellen, ohne diese »instinktmäßige« Grenze zwischen ihnen zu verletzen. Wenn diese Grenze überschritten wird, sind die Signale zunächst subtil, aber von Mann zu Mann für gewöhnlich klar. Es kann ein Aufreißen der Augen sein, ein Hochziehen der Augenbrauen, zusammengekniffene Lippen, gespannte Schultern oder eine andere Versteifung der Körperhaltung, ein Ausdehnen des Brustkorbs, eine geballte Faust oder verschiedene Intensitätsgrade an finsteren Blicken, Stirnrunzeln oder mürrischem Gesicht, wozu sich auch unartikulierte verbale Zeichen gesellen.

Wenn der Eindringling keines dieser subtilen Signale versteht, können die Signale dramatischer werden. Wenn alle Zeichen ignoriert werden, ist die Grenze überschritten und das Territorium verletzt, bis der »Kern« der Person sich angegriffen, herausgefordert und »in die Ecke gedrängt« fühlt. Die Grenzverletzung wird dann als deutliche und gegenwärtige Gefahr wahrgenommen, nicht mehr nur als Störung oder Ärgernis. In diesem Fall folgt als Antwort Kampf oder Flucht. Der verletzte Mann wird sich entweder vollkommen zurückziehen und die Beherrschung über sich ergehen lassen, um zu überleben, oder er wird den Verletzer energisch angreifen.

Die meisten Männer lernen diese Signale in der Jugend. Sie erlernen das wortlose Ballett von Nuancen und Gesten, das sie darüber informiert, wie nah sie auf einen anderen Mann oder sein Selbstwertgefühl – Besitz, Territorium, Beziehungen und Ideologie – zugehen können. Männer lernen, daß – ob richtig oder falsch – die Konsequenz eines Fehlers bei der Interpretation der Signale für gewöhnlich Gewalt ist.

»Ein Mann sein« bedeutet zum Teil: lernen, sich selbst zu verteidigen und mit Aggressionen allein klar zu kommen, von den Rabauken der Nachbarschaft bis hin zu einer feindlichen ausländischen Macht. Die Männer lernen auch, daß es ihre Aufgabe ist, andere vor Gewalt zu schützen. So haben die meisten Männer das Gefühl, sie müßten die Sprache der Gewalt erlernen, um ihre Rolle als Beschützer und Verteidiger von Grenzen wahrnehmen zu können.

Es existiert ein Kodex und eine Diplomatie der Körperhaltung und der feinen Nuancen, mit denen die Männer Machtverhältnisse untereinander aushandeln. Da die traditionelle männliche Kultur oft hierarchisch organisiert ist mit einem starken Führer, der die anderen leitet, implizieren viele dieser Verhandlungen Herrschaft oder Unterwerfung. Frauen, die seit jeher von den hierarchischen Anforderungen des Militärdienstes freigestellt und weniger im ökonomischen Bereich tätig waren, hatten mehr Möglichkeiten, kooperative und egalitäre Kommunikationsstile zu erlernen. Folglich haben die meisten Frauen mehr enge Freundschaften als Männer. Ihnen fallen auch gleichgeschlechtliche Berührungen leichter, Umarmung, Anlächeln und andere Bezeugungen von Wärme und Zuneigung, wie einander bei der Hand zu halten oder den Arm umeinander zu legen.

Intime Freundschaften zwischen Männern sind seltene Schätze. Einer der Gründe, warum es Männern so schwer fällt, Intimität herzustellen, ist die Komplexität dieser Grenzensprache. Eine Freundschaft entsteht, wenn Männer erfolgreich ihre Grenzen in einer Weise abklären, die keinen von beiden zwingt, sich zu unterwerfen oder zu beherrschen, sondern ihnen statt dessen erlaubt, Seite an Seite eine Beziehung des Nebeneinanders mit auf beiden Seiten entspannten Grenzen herzustellen. Die Basis für diese Entspannung ist das Vertrauen, das auf der Wertschätzung der gegenseitigen Stärke und einem Verbundenheitsgefühl beruht. Vertrauen wächst, wenn ein Mann dem anderen zeigt, daß er nicht ohne Erlaubnis in sein Territorium eindringen wird, daß er es als Verbündeter schützen wird, und daß er ihm erlauben wird, in sein eigenes Territorium einzudringen.

Wenn Männer untereinander solch eine Bindung oder ein freundschaftliches Verhältnis hergestellt haben, kann es auch zu Äußerungen leichter körperlicher Aggression kommen. Männer knuffen einander auf die Schulter, sind von plumper Vertraulichkeit, simulieren einen Kinnhaken oder Rippenstoß, um eine zurückschrekkende Reaktion auszulösen, geben einander einen Tritt in den Hintern, machen Schattenboxen, schlagen sich auf die Hände (»Give me five!«), zerwuscheln sich das Haar oder suchen andere nicht-sexuelle Körperkontakte. Das alles drückt aus, daß der Charakter ihrer Freundschaft ihnen implizit die Erlaubnis gibt, die Grenzen zu übertreten, indem sie Verhaltensweisen aufgreifen, die ohne eine Freundschaftsbeziehung als feindselig interpretiert werden würden. Männer beleidigen einander oft auf eine freundschaftliche Art, die die meisten Frauen jedoch als aggressiv und einschüchternd empfinden.

»Das ist ja alles sehr interessant«, sagte Merle. »Es vermittelt mir viel Einsicht in die männliche Kultur, aber ich verstehe nicht ganz, was das mit dem Thema zu tun hat, das Lisa aufgeworfen hat.«

»Ich denke, es hat sehr viel damit zu tun«, fuhr ich fort. Denn um wirklich zu verstehen, wieso die Kommunikation zwischen Frauen und Männern häufig scheitert, müssen wir die kulturelle Matrix verstehen, die männliche Brille, durch die die Männer das Thema der Grenze wahrnehmen. Wir müssen auch die kulturelle Matrix der Frauen begreifen. »Laßt mich noch ein wenig fortfahren und versuchen, es auf den Punkt zu bringen«, sagte ich.

Die gleichen »rauhen« Verhaltensweisen, die zwischen Männern Freundschaft und Vertrauen ausdrücken, könnten von einer Frau als Belästigung und Einschüchterung empfunden werden. Wenn Frauen und Männer am Arbeitsplatz miteinander zu tun haben, kann das sehr verzwickt werden. Der Mann möchte nicht das Gefühl haben, daß er sich die ganze Zeit zusammenreißen muß und nie spontan sein oder scherzen kann, und die Frau möchte sich sicher fühlen und wissen, daß sie gelöst sein kann, ohne sexuell angemacht oder irgendwie eingeschüchtert zu werden. Es ist also kein Wunder, daß es viele Spannungen am Arbeitsplatz gibt.

Viele Männer berichten, daß sie beim Eindringen in das Territorium einer Frau nicht die gleichen Grenzsignale erhalten, die sie von einem Mann bekommen. Da scheint oft kein »Draht« zu sein, der den Alarm auslöst, *deutlich* hörbar oder sichtbar für einen Mann. Wenn die Männer also dieses Signal nicht erhalten, gehen sie davon aus, daß entweder die Grenze offen ist und sie in ihrem Annäherungsversuch willkommen sind oder daß sie die Grenze noch nicht berührt haben.

Nach Erfahrung der meisten Männer senden Frauen oft erst dann ein hörbares Signal an den Mann, wenn sie bereits in ihrem Kern verletzt worden sind. Dann sind die Männer überrascht. Sie fragen: »Wo war das erste subtile Signal, wo das stärkere, die deutliche Grenzziehung und das drohende ›Zurück‹? Wie konnte ich so nah an den Kern herankommen, ohne eine Warnung zu hören?« Die meisten Männer, die um die Feuerstelle vom vergangenen Abend herumsaßen, bestätigten, daß das genau ihrer Erfahrung entsprach.

Dave sagte: »Wenn eine Frau über einen schmutzigen Witz lacht, der in der Tat verletzend für sie ist, schließt ein Mann höchstwahrscheinlich aus diesem Signal, daß sie ein freundschaftliches, kollegiales Verhältnis miteinander haben.«

Alan fügte hinzu: »Wenn eine Frau mich anlächelt, obwohl sie in Wirklichkeit sauer ist, nehme ich an, daß es ihr Spaß macht, wenn ich ihre Grenzen austeste, und daß unsere Intimität wächst. Männer lächeln selten, wenn sie böse sind. Wenn ein Mann lächelt, obwohl er böse ist, dann ist das vielleicht das letzte, was du siehst. Im Film lächelt der böse Psycho-Killer in der Regel, bevor er jemanden ermordet.«

Wenn eine Frau bei einer deutlichen Berührung nicht zurückschreckt, sich nicht physisch zurückzieht oder nicht versucht, das entschiedene Verhalten eines Mannes in die Schranken zu weisen, nimmt er an, sie akzeptiere seine sexuellen Avancen. Oder wenn er keine sexuellen Absichten hat, ist er zumindest versucht zu glauben, daß sie sich bei seiner demonstrativen körperlichen Art, Freundschaft auszudrücken, wohlfühlt. Völlig anders liegt der Fall natürlich bei einem Mann, der ganz bewußt die *klaren* Signale einer Frau ignoriert und unbeirrt weitermacht. Das ist ein Akt von Aggression und Unterdrückung. Das ist Vergewaltigung. Dafür gibt es weder Rechtfertigung noch Entschuldigung.

Doch vieles von dem, was sexuelle Belästigung genannt wird, und sogar einige Fälle der Vergewaltigung bei Verabredungen mit Freunden (date rape) scheinen in diesen Bereich der fehlgeschlagenen Kommunikation zu fallen. Belästigung existiert sicherlich. Aber in der heutigen Diskussion über sexuelle Belästigung wird nicht darauf eingegangen, daß auch die Frauen zu dem Problem beitragen, indem sie zweideutige, gemischte oder gar keine Botschaft senden.

Im heutigen Klima wird jeder Versuch, dieses Problem als ein gemeinsam geschaffenes (co-created) zu behandeln, gewöhnlich als »Beschuldigung der Opfer« abgestempelt. Der Sprachgebrauch zum Thema Belästigung geht von der Annahme aus, daß Männer wissen sollten, was akzeptabel ist und was nicht. Aber in Wahrheit wissen sie es oft einfach nicht, insbesondere an Arbeitsplätzen, an denen erst seit kurzem Frauen arbeiten. Es muß den Männern auf die »männliche Weise« der Kommunikation gesagt werden – entschieden, klar und direkt.

Das von einem Lächeln begleitete »Nein«, eine Körperhaltung von Interesse oder Neugier, ein anhaltender Blickkontakt werden durch die männliche Brille nicht als entschiedene Ablehnung gedeutet. Das Nein wird als ein Spiel des Paarungstanzes und als ein Test für Engagement, emotionalen Mut und Entschlossenheit des Mannes aufgefaßt. Er interpretiert es als eine Aufforderung, zu demonstrieren, daß sein Selbstwertgefühl groß genug ist, um nicht durch Ablehnung vernichtet zu werden. So führt er ihr seine Kraft vor und seine Fähigkeit, in einer oft ablehnenden Welt Erfolg zu haben, ohne in Verzweiflung oder Furcht zu geraten.

Er insistiert vielleicht auch, um ihr bei der Überwindung von Schuldgefühlen in bezug auf ihre Sexualität zu helfen, indem er sie von der Verantwortung befreit und »sie mitreißt« – die vorherrschende sexuelle Phantasie in den heutigen Frauen- und Liebesromanen und das geheime, unausgesprochene Abkommen in vielen sexuellen und Liebesbeziehungen. Wenn ein Mann alles richtig hinkriegt und richtig auf die sexuellen Signale reagiert, die eine Frau von sich gibt, dann ist er ein Held. Er wird dafür belohnt, sie erfolgreich umworben zu haben. Das Ergebnis ist einvernehmlicher Sex, eine Beziehung oder gar Heirat. Wenn er falsch reagiert oder die Signale mißdeutet, dann wird ihm Mißbrauch vorgeworfen.

Die meisten Männer, die den Paarungstanz hinter sich gebracht haben, kennen das Nein, das Ja bedeutet, und es ist anders als das Nein, daß wirklich Nein bedeutet. Eine feministische Parole der letzten Jahre lautet: »Welchen Teil von Nein! versteht ihr nicht?« Die Männer antworten darauf – wenn auch »politically incorrect«: »Den Teil, der in Wirklichkeit Ja bedeutet.«

»Ich möchte darauf aus dem Blickwinkel der Frauen antworten, Aaron«, sagte ich und unterbrach ihn. »Die Frauen erleben diese Situation unter einem anderen Aspekt.«

Die Männer kommen aus einer alten Tradition der Existenz als Krieger und Jäger. Sie sind darauf dressiert worden, über ihre körperliche Grenzziehung zu wachen. Frauen jedoch haben eine lange Tradition des Versorgens und Sammelns hinter sich. Wir sind darauf trainiert, auf unsere Umgebung zu achten und alles Nötige zu tun, um sie in Harmonie zu halten. Diese Fähigkeit ist Teil unseres häuslichen »Genius«, der uns unablässig antreibt, eine Familie aufzubauen, ein gesundes Heim zu erhalten und ein soziales Netz zu spannen.

Diese Sozialisierung steht im Widerspruch zu Direktheit und rigider Grenzziehung. Es widerstrebt einer Frau vielleicht, den Fluß zu stören. Sie versucht vielleicht, den Bruch einer Verbindung zu verhindern, indem sie zweideutige Botschaften sendet, Dunstwolken von sich gibt, hinter denen sie in Deckung gehen kann, ohne das Risiko einer direkten Konfrontation mit dem dazugehörigen Energiepotential auf sich zu nehmen. Es ist etwas vereinfachend und abwertend, solch ein Verhalten Co-Abhängigkeit zu nennen oder zu sagen, daß sich alle Frauen von der Stärke der Männer einschüchtern lassen.

Die Frauen hatten traditionell die Aufgabe, Beziehungen und Gemeinschaften im Fluß zu halten. In den Gesellschaften der Jäger und Sammlerinnen waren die Männer oft für lange Zeit abwesend. Es waren also oft die Frauen, die die Kontinuität der Kultur schufen. Sogar in unserem »Zeitalter der Gleichberechtigung« pendeln immer noch viel mehr Männer als Frauen zwischen entfernt liegender Arbeitsstelle und Wohnung hin und her, gehen zum Militärdienst oder fort zu anderen Unternehmungen, während noch immer wesentlich mehr Frauen die Heimatfront halten.

Wenn von einer Frau verlangt wird, sich in direkten Konfrontationen zu bewähren, muß sie sich gegen eine Generationen währende Akkulturation stellen, die sie darauf trainiert hat, aufgeschlossen zu sein und auf die Bedürfnisse der anderen einzugehen. Die

Aufgaben der Mutterschaft erfordern es, daß Frauen flexible und durchlässige Grenzen haben. Eine gute Mutter muß es zulassen, daß die Kinder Zugang zu ihrem Körper haben, um Nahrung und Trost zu finden. Darin unterscheiden sich Frauen grundsätzlich von Männern. Für das Überleben der Kinder ist es häufig nötig, daß die Frauen ihre unmittelbaren Bedürfnisse zurückstellen. Aber diese mütterliche Zugänglichkeit kann für das Überleben der Frau selbst schädlich sein, wenn es zu einem Reflex auch gegenüber Erwachsenen wird.

Entschlossene Frauen gelten oft als unfeminin, so wie sensible Männer, die ihre Gefühle ausdrücken, häufig als Schlappschwanz abgestempelt werden. Wenn eine Frau »Nein!« sagt, setzt sie sich in gewisser Weise mit einem alten biologischen und kulturellen Imperativ auseinander, der ihr sagt, sie solle »Ja« sagen, auch wenn es, wie im Fall der Kinderversorgung im Widerspruch zu ihren persönlichen Bedürfnissen nach Ruhe, Raum und Privatleben steht. Du kannst einem hungrigen, frierenden, erschreckten oder verletzten Kind nicht sagen: ›Ich hab' jetzt keine Lust, mich um dich zu kümmern.‹

Wenn ein Mann eine Frau mit sehnsuchtsvollen Augen in der Hoffnung auf Zuneigung ansieht, dann gibt es einen Teil in ihr, der darauf eingehen kann, auch wenn sie nicht wirklich sexuell interessiert ist. Männer mißverstehen mütterliches Mitgefühl mit ihrem Schmerz oder ihrer Einsamkeit oft als Zugänglichkeit oder Bereitschaft zu Sex. Oft braucht eine Frau etwas Zeit, um sich selbst von ihrem Mutterimpuls freizumachen und zu entdecken, ob sie sexuell reagieren will oder nicht. Das ist ein weiterer Grund, warum wir manchmal versuchen, Zeit zu gewinnen, nachdem ein Mann sein Begehren uns gegenüber zum Ausdruck gebracht hat.

Eine Frau möchte vielleicht flirten oder will vielleicht Sex wie der Mann, aber sie hat möglicherweise ein anderes Timing und Tempo. Es kann sein, daß sie nicht ganz sicher ist, ob sie die Beziehung zu einem bestimmten Mann weiter vertiefen will. Sie empfindet möglicherweise gleichzeitig Faszination und Vorsicht. Ein Mann weiß vielleicht in zehn Sekunden, daß er Sex haben will. Aber die Frau denkt eventuell: »Wird dieser Mann ein guter Ehemann oder Vater sein?« Vielleicht fragt sie sich: »Will ich eine

Schwangerschaft riskieren, in diesem Moment meines Lebens?« Jahrhundertelang sind zahllose Frauen bei der Geburt gestorben. Für Frauen ist Sex potentiell lebensbedrohend; zumindest ist er lebensverändernd. Es gibt noch einige andere Aspekte der Probleme der Frauen mit Sexualität.

Mädchen, die ihrer aufblühenden Sexualität nachgeben, werden oft von Jungen und anderen Mädchen als Flittchen abgestempelt. Und paradoxerweise werden wir gerade von den Jungen, die uns zureden, als Liebesbeweis mit ihnen ins Bett zu gehen, danach oft verlassen, während sie weiterhin diejenigen umwerben, die ihnen nicht nachgaben. Den meisten heranwachsenden Mädchen wird in bezug auf ihre keimende Sexualität Angst eingeimpft, was bei den Jungen nicht der Fall ist. Den Jungen wird beigebracht, daß es männlich ist, ihren Samen zu ergießen. Den Mädchen wird gesagt, daß es weiblich ist, ihren Schoß zu beschützen. Beides ist nicht falsch. In der Tat sind beides entwicklungsbedingte Haltungen. Doch sie stehen paradoxerweise oft miteinander im Konflikt.

Frauen wird beigebracht, hinsichtlich ihrer Sexualität mit sich selbst auf Kriegsfuß zu stehen. Wir genießen nicht die gleiche kulturelle Zustimmung wie Männer, wenn wir unsere Wünsche offen zeigen. Aus diesem »Versteck-Training«, das die meisten von uns mitgemacht haben, hat sich eine verwickelte Komplexität der weiblichen Psyche entwickelt. Das Ja, das die Männer in dem Nein vielleicht hören, ist ein Echo dieses Konflikts. Was Frauen wirklich brauchen, sind Männer, die diesen Prozeß verstehen, die nicht mehr versuchen, uns zu überwältigen, sondern uns genug Raum geben, damit wir in Kontakt mit unseren wirklichen Wünschen kommen.

Frauen ist es zum großen Teil kaum gestattet, die wilden, sinnlichen und leidenschaftlichen Teile ihrer selbst zum Ausdruck zu bringen. Der idealisierte Archetypus der Weiblichkeit in unserer Kultur ist die Jungfrau Maria, die freundlich, mitfühlend und umsorgend ist. Ihre primäre Rolle ist die Gute Mutter. Ihre Schwangerschaft kam durch göttlichen Eingriff zustande, und Maria als sexuelles Wesen zu sehen gilt in der Katholischen Kirche als Blasphemie. Die andere Hälfte des Archetypus, die Hure, wurde durch Maria Magdalena verkörpert, Jesus' große Versucherin.

Jahrhundertelang hatten Frauen das Gefühl, sie würden ihre spirituelle Ganzheit verlieren, wenn sie ihren Leidenschaften erlaubten, zügellos zu werden. Weiblich sein bedeutet im idealisierten Sinn, nicht-sexuell zu sein, zumindest nicht sexuell, so wie wir es sehen. Diese Unterdrückung entsteht in der zeitgenössischen Kultur aus der Vermännlichung der Frauen an den Universitäten und am Arbeitsplatz, wo das Image der starken, im wesentlichen nicht-sexuellen Frau häufig gefördert wird.

Die Madonna ist das »gute Mädchen«, das für viele Frauen das traditionelle Vorbild ist. Die negative Seite der Madonna ist jedoch, wie Marion Woodman in *Addiction to Perfection* anmerkt, daß sie »von der Weisheit ihres Körpers abgeschnitten ist. Die Jungfrau ist eingefroren«.[8] Im Frauen-Camp hatte sich herausgestellt, daß viele von uns sich aus ihren Körpern ausgeschlossen fühlten. Ein wesentlicher Teil unseres Empowerments besteht darin, unsere Sexualität und unsere vitale innere Schönheit als eine archetypische Kraft geltend zu machen, die weit über die heutigen oberflächlichen, konsumgesteuerten Schönheitsnormen hinausgeht. Es ist kein Zufall, daß eines der stärksten weiblichen Idole ungeniert ihre sexuelle Kraft zelebriert und den Künstlernamen Madonna wählt, um sich ganz eklatant mit diesem Widerspruch zwischen Psyche und Körper der Frau auseinanderzusetzen.

Trotz der sexuellen Freiheiten, die die letzte Generation angeblich geschaffen hat, kämpfen die meisten Frauen immer noch mit der Dichotomie, entweder Jungfrau oder Hure zu sein. Es gibt sehr wenig Mittelfeld, in dem Frauen jeden Alters ermutigt werden, eine gesunde Beziehung zu ihren sinnlichen Bedürfnissen zu entwikkeln. Eine Frau denkt: »Wenn ich nicht mit ihm ins Bett gehe, wird er mich zurückstoßen, weil ich prüde bin, und wenn ich es tue, weist er mich ab, weil ich eine Hure bin.«

Sex erst nach der Heirat war die traditionelle Methode, dieses Problem in den Beziehungen zwischen den Geschlechtern zu umgehen. Dieses Prinzip ist jedoch schon lange aufgegeben worden. Daher brauchen wir eine klare Kommunikation zwischen den Geschlechtern, um jene Energien leiten zu können, die die meisten traditionellen Kulturen durch rituelle Verhaltensweisen im Zaum hielten, indem sie die Leidenschaften in Kanäle lenkten, die die Entstehung von Familien unterstützten und Großfamilien, soziale Netze und Gemeinschaften ausdehnten.

Die Geheimsprache der Frauen

Ein fallengelassenes Taschentuch war die traditionelle Methode, mit der viele Frauen einem Mann gegenüber Interesse oder Bereitschaft bekunden, ohne als Hure zu erscheinen. Das Taschentuch kann ein einfacher Seitenblick sein, ein Schrägstellen des Kopfes, ein Lächeln als Antwort auf den Blick eines Mannes, ein Lachen als Reaktion auf eine seiner Bemerkungen, ein länger als normal (drei Sekunden) angehaltener Blick. Sie kann versuchen, mehr Zeit an Orten zu verbringen, die er besucht, oder in seiner Nähe sitzen oder stehen in der Hoffnung, seine Aufmerksamkeit zu erregen. In den meisten Fällen sind diese Signale, auch wenn sie unbewußt abgegeben werden, absichtlich zweideutig. Sie können Interesse bedeuten oder auch nicht. Oft weiß dies nur die Frau selbst.

Die Signale können kaum wahrnehmbar oder deutlich sein: während eines Gesprächs mit einem Mann seine Hand oder seinen Arm berühren, einen Fussel von seinem Mantel zupfen oder ihm den Kragen oder Schlips richten, dichter neben ihm stehen als normal, oder sich im Vorbeigehen nach ihm umsehen. Eine Frau kann eine gewisse Hilflosigkeit vortäuschen oder eine wirkliche demonstrieren, um den Mann zu sich zu locken unter dem Vorwand, ihr Auto oder den Kopierer zu reparieren oder ihr sonstwie zu helfen.

Es gibt auch verschiedene indirekte »schüchtern kokette« Signale, die nicht dem Mann direkt übermittelt werden, sondern ganz allgemein sexuelle Bereitschaft oder Interesse signalisieren. Dazu gehören Dinge wie mit den Haaren spielen, das Haar nach unten oder nach hinten werfen, den Rock richten, um die Aufmerksamkeit auf die Beine oder das Gesäß zu lenken, die Beine öfter als gewöhnlich übereinanderschlagen oder das Wiegen des Ganges betonen.

Wenn wir wissen, daß uns ein Mann ansieht, der uns interessiert, tendieren wir dazu, mehr Weichheit, Sinnlichkeit und Anmut auszustrahlen. Die meisten Frauen wissen genau, was ich meine. Es gibt eine feine Änderung im gesamten Körper und Gesichtsausdruck. Eine Frau kann ihre Lippen leicht öffnen und größere Augen machen. In der Werbung werden diese non-verbalen Zeichen ganz bewußt zu Manipulationszwecken eingesetzt, um durch weibliche Modelle sublime Botschaften zu übermitteln, wie etwa: »Ich stehe dir sexuell zur Verfügung, wenn du dieses Produkt kaufst, benutzt, besitzt.«

Das Problem besteht darin, daß viele Frauen Signale von sich geben, die mit Flirten assoziiert werden, obwohl sie eigentlich nur gemocht oder bewundert werden wollen. Oder es kann sich einfach um einen Akt von Freundlichkeit, Kollegialität und Herzlichkeit handeln. Das ist ganz natürlich. Die meisten von uns möchten gern von anderen geschätzt werden. Aber wenn die Interpretation der Signale allein dem Mann überlassen wird, ist es unvermeidlich, daß im Falle einer Fehlinterpretation auch die ganze Schuld auf ihn fällt.

Noch verwirrender ist, daß einige dieser Signale – Augenaufschlag aus gesenktem Blick (der Lauren-Bacall-Blick), Nervosität, Herumfummeln an Haar oder Kleidung, Wechsel zwischen Stand- und Spielbein, auffallendes Kopfnicken als Zustimmung zu den Äußerungen eines Mannes und anderes – auch ein Zeichen dafür sein können, daß eine Frau sich einem dominanten Mann unterwirft. Sie will vielleicht nicht riskieren, ihn durch starke, »harte«, potentiell herausfordernde Signale wie ausgedehnten, nicht-lächelnden direkten Blickkontakt zu beleidigen. Vielleicht zeigt sie »weiche« Signale, nur um sicherzustellen, daß ein ansonsten uninteressierter Mann sie anhört.

Das gleiche Signal hat oft sehr unterschiedliche Bedeutungen in der männlichen und weiblichen Kultur. Ein Blickkontakt zwischen Männern kann von beiden Männern möglicherweise als Konfrontation oder Herausforderung gedeutet werden. Der gleiche Blickkontakt zwischen Frau und Mann kann vom Mann als Flirt und von der Frau als ein unwillkommener Annäherungsversuch interpretiert werden. Wenn eine Frau unaufgefordert in den »persönlichen Bereich« eines Mannes eintritt, versteht er das vielleicht als Flirt; eine Frau sieht das gleiche Verhalten von seiten eines Mannes möglicherweise als eine Belästigung an. Zwischen zwei Männern wird das fast immer als Herausforderung gelten.

Ein Mann kann den Blickkontakt mit einem anderen Mann abbrechen, während er mit ihm spricht, ihm sogar den Rücken zuwenden und im Raum hin und her gehen. Solange die verbale Kommunikation kollegial bleibt, wird der andere Mann sich in der Regel noch behaglich und verbunden fühlen. Frauen dagegen empfinden solch ein Verhalten als uninteressiert und rüde. Sie fühlen sich wahrscheinlich gekränkt. Da Frauen ein stärkeres Verbundenheitsgefühl haben, neigen sie als Demonstration ihrer wachsenden Intimität zu intensiverem Blickkontakt. Sie sind darauf konditioniert, eine innigere Aufmerksamkeit auf die Details einer Beziehung zu richten. Männer dagegen haben, wenn sie einander näher kommen, zunehmend weniger Blickkontakt. Sie sind darauf gedrillt, ständig das Umfeld zu beobachten, und wenn sie sich einmal miteinander wohl fühlen, befreit sie das von dieser mutmaßlichen Hauptaufgabe. Wenn ein Blick die Geschlechtergrenze überquert, nimmt er häufig neue Bedeutungen an. Frauen empfinden häufig einen Mann, der während eines Gesprächs wegsieht, als rüde, während es in Wirklichkeit vielleicht bedeutet, daß er sich in der Beziehung entspannt fühlt. Und Männer können den intensiven Blick einer Frau als verführerisch deuten, während sie einfach nur dem Gespräch gegenüber aufmerksam ist.

Ein Lächeln und ein verlängerter Blickkontakt einer Frau können bedeuten: »Ich lasse mein Taschentuch fallen, und ich hoffe, du hebst es auf; d.h. ich bin sexuell an dir interessiert.« Oder es kann bedeuten: »Ich schenke dem, was du sagst oder tust, Aufmerksamkeit und bin einfach nur höflich, freundlich und herzlich« oder: »Ich bin eingeschüchtert durch die Machtdynamik unserer Beziehung und übermittle dir beruhigende Signale, damit du mich nicht beschießt – bedrohst – mißhandelst«. Wie soll ein Mann das wissen?

Wenn ein Mann einer Frau einen schmutzigen Witz erzählt, kann er meinen: »Ich erzähle dir diesen Witz, weil er sexuelle Andeutungen enthält, auf die du, wie ich hoffe, reagieren wirst; d.h. auf die mir eigene rauhe Art sage ich dir, daß ich sexuell an dir interessiert bin.« Oder es kann heißen: »Ich respektiere dich als gleichberechtigt und sehe dich als Kollegin oder Freundin.« Und im Rahmen der Normen der männlichen Kultur und Sprache kann es auch bedeuten: »Ich versuche, Spannung abzubauen und die Kollegialität zu vertiefen.« Oder: »Ich vertraue dir im Grunde nicht. Ich bin nicht sicher, ob du mit unserer rauhen Geschäftswelt zurechtkommst. Ich will testen, wie dick dein Fell ist.« Wie kann eine Frau wissen, was die wirkliche Absicht ist?

Männer und Frauen müssen diese Dinge miteinander abklären, Fragen stellen und den Weg freimachen, anstatt fehlende oder mißgedeutete Zeichen zurückzulassen und damit ein Klima von Mißtrauen und Spannung zu schaffen. Ich denke, die Männer sind verwirrt, weil ihnen einerseits erzählt wird, daß Frauen »gleichberechtigt« am Arbeitsplatz sind und in genau der gleichen Weise wie Männer behandelt und belohnt werden sollten, aber andererseits wird ihnen gesagt, daß Frauen eine spezielle Kategorie von Menschen sind, aus einer völlig anderen Kultur und mit einer Reihe von speziellen Empfindlichkeiten und Verhaltensregeln, die sich von denen der Männerwelt unterscheiden.

Auf der anderen Seite sind auch die Frauen verwirrt. Denn wenn sie direkte, konfrontationsorientierte und energische Verhaltensweisen zeigen, die in der männlichen Kultur »Mut, Führungsqualität und Geradlinigkeit« genannt werden, stempelt man sie als Nervensägen oder Zicken ab. Wenn sie dagegen freundlich und kollegial sind, dann nehmen Männer an, daß sie hinter dem Geld her sind. Dieses Messen mit zweierlei Maß macht Frauen verrückt.

»Das kann ich voll nachempfinden«, sagte Susan. »Wenn ich bei der Arbeit freundlich zu den Männern bin, interpretieren sie das fast immer als eine Anmache. Am Ende habe ich das Gefühl, ich muß mich wie eine kalte Zicke benehmen, einfach um die Wölfe fernzuhalten.«

Andy warf ein: »Du hast meine volle Sympathie, Susan, und ich kann echt verstehen, daß dich das behindern kann, aber nur einmal,« sagte er scherzhaft, »einmal würde ich gern die Erfahrung machen, wie das ist, sexuell belästigt zu werden. Ich wünsche mir wirklich, daß eines Tages auch nur eine einzige Frau mich als Sexobjekt behandeln würde.« Diese Bemerkung hatte einen gequälten Gesichtsausdruck bei einigen Frauen und zustimmendes Gelächter bei manchen Männern zur Folge.

Wir wissen, daß niemand wirklich wünscht, degradiert und zum Objekt gemacht zu werden oder vorsätzlich in eine beschämende oder feindselige Umgebung gedrängt zu werden. Als wir Andy wegen seiner Bemerkung angriffen, wurde klar, daß er im Grunde meinte, daß es ihm gefallen würde, wenn eine Frau ihm mit Bestimmtheit ihre Wünsche mitteilen würde, ohne daß er ihre Absichten erraten müßte.

Was Frauen und Männer voneinander wollen

Obwohl es eine Unmenge von Themen gab, die wir im Lichte der Geschlechtergerechtigkeit hätten diskutieren können, ergab es sich, daß wir den Rest des Nachmittags über Flirt und Belästigung sprachen. Dieses Thema verkörpert die Essenz des Geschlechterkriegs und legt einige der Wege zum Geschlechterfrieden frei. Zuletzt faßten wir einige Gedanken zusammen, die ausdrückten, was wir eigentlich voneinander wollten.

Joel sprach aus, was viele Männer fühlen, indem er sagte: »Wenn ihr Frauen wirklich Frieden mit den Männern wollt, dann flirtet bitte nicht mit uns, wenn ihr es nicht wirklich so meint. Und sagt es uns geradeheraus, wenn ihr das Gefühl habt, daß wir eure Grenzlinien überschreiten, und nicht erst zehn Jahre später.« Da viele Männer Probleme damit haben, die wortlose Sprache der Gefühle von Frauen zu verstehen, muß es ihnen direkt gesagt werden: »Ich mag es nicht, wenn du so redest«, »Bitte, nimm deine Hände weg«, »Ich möchte nicht von dir umarmt werden«, »Ich bin absolut sicher, daß ich an einer sexuellen Beziehung mit dir nicht interessiert bin.«

Deutlich Nein oder auch Ja sagen zu lernen hilft Geschlechterfrieden zu schaffen. Wenn Frauen ihre Wünsche offener zum Ausdruck bringen, wird dies hilfreich sein. Im heutigen Klima können Männer nicht mehr riskieren, den heimlichen Wunsch einer Frau, »mitgerissen zu werden«, mißzuverstehen. Folglich hören wir auf unseren Workshops, daß immer mehr Frauen, die unfähig sind, ihre Wünsche mit Bestimmtheit geltend zu machen, allein bleiben. Sage ihm: »Ich interessiere mich für dich, ich möchte dich kennenlernen, oder hättest du Lust, mit mir essen zu gehen?«

Laßt euch nicht entmutigen, wenn er euch abweist. Das passiert Männern *ständig*. Das ist die Kehrseite des Rechts auf den ersten Schritt; du mußt bereit sein, einen Korb zu riskieren. Der Vorteil ist, daß eine entschlossen auftretende Frau wahrscheinlich eher bekommt, was sie will, und nicht zwischen dem Angebot an Männern, die ein deutliches Interesse an ihr bekunden, und dem Alleinbleiben wählen muß. Natürlich müssen sowohl Frauen als auch Männer begreifen, daß es verschiedene Arten von Nein gibt. Das Nein, das in Wirklichkeit Ja bedeuten kann, sollte besser verstanden werden als nicht jetzt, später, vielleicht, oder vielleicht nicht. Aber in *jedem* Fall müssen Männer respektieren, daß *jede Art von Nein bedeutet*: Stop, jetzt nicht! Frauen brauchen es, daß Männer ihr Tempo respektieren. Männer müssen das, was Frauen sagen, für bare Münze nehmen.

Eine energiegeladene weibliche Kriegerin zu sein bedeutet jedoch nicht, daß Frauen Männer verletzen müssen. Eine Frau, die die Annäherungsversuche eines Mannes zurückweisen, aber trotzdem die Freundschaft oder ein kollegiales Verhältnis erhalten will, kann sagen: »Ich bin geschmeichelt, daß du mich attraktiv findest, aber ich möchte einfach nur eine berufliche Beziehung zu dir haben. Steht dem irgend etwas im Wege?« Solch eine Herangehensweise macht ihm klar, daß es nicht an und für sich »falsch« ist, was er tut, du möchtest es nur einfach nicht. Wenn eine Frau den Annäherungsversuch eines Mannes in einer Weise zurückweist, die ihn weiterhin als Person mit seinen eigenen Gefühlen respektiert, dann ist es viel weniger wahrscheinlich, daß die Zurückweisung irgendeinen nachhaltigen, andauernden Groll auslösen kann.

Männer verstehen und schätzen es, wenn Frauen direkt sind. Zumindest vernünftige Männer tun das. Aber nicht alle Männer sind vernünftig. Wenn einer mit der Anmache nicht aufhören will, dann ist ein deftiger Kommentar angebracht, oder es ist sogar Zeit, Hilfe zu rufen oder eine Anzeige zu erstatten. Wenn ein Mann von seiner Grenzverletzung nicht ablassen will und es kein Entkommen und keine Hilfe gibt, dann ist ein direkter körperlicher Angriff gegen ihn vielleicht die letzte Rettung.

Wenn Frauen sich nicht darauf vorbereitet fühlen, daß bei irgendeiner Gelegenheit Gewalt in ihr Leben treten könnte, und sie an ihren Fähigkeiten zweifeln, sich selbst zu schützen, dann sollten sie eventuell einen Selbstverteidigungskurs besuchen.

Aus der Perspektive der Geschlechtergerechtigkeit bleibt es jedoch dabei: Wenn eine Frau ihre Grenzen aus welchem Grund auch immer nicht deutlich zieht, dann ist es ungerecht, die ganze Schuld an ihrer Verletzung auf die Männer abzuwälzen, zumal von diesen erwartet wird, daß sie alle entscheidenden ersten Schritte im Paarungstanz tun, wobei sie oft die Grenzen der Frauen nicht richtig erkennen. Frauen können helfen, indem sie Verständnis für die Zwickmühlensituation der männlichen Umwerbung zeigen und auch andere Frauen dazu erziehen, aktiv zu sein, das heißt deutliche Grenzen zu setzen – anstatt passiv zu sein und erst zu reagieren, nachdem die Grenzen bereits überschritten sind. Sie können auch den Männern vermitteln, welche Art von Annäherungsversuch Frauen gefällt. Sie können ihnen die Unterschiede zwischen einer sexuellen Belästigung und einer echten, respektvollen Bewunderung begreiflich machen.

Männer können auch Entscheidendes dazu beitragen und dafür sorgen, daß die »Grauzonen«, die Zweideutigkeiten oder doppelten Botschaften nicht dazu führen, daß sie sich den ernsthaften und legitimen Beschwerden von Frauen über Männer, die sie *vorsätzlich* belästigen, verschließen. Männer können Bündnispartner der Frauen werden, indem sie offen über Mißbrauch und wirkliche Belästigung sprechen und die Bereitschaft demonstrieren, die berechtigten Beschwerden der Frauen anzuhören und entsprechend zu handeln. Sie können auch andere Männer, insbesondere die Jugendlichen darin erziehen, wie sie sich einer Frau mit Respekt nähern, und die tatsächlich existierenden Unterschiede zwischen männlicher und weiblicher Sensibilität diskutieren. Das ist auch ein fruchtbarer Boden zur Diskussion in gemischtgeschlechtlichen Gruppen.

Das Fazit unserer Gespräche zu diesem Thema war der Wunsch der Frauen, daß die Männer das Tempo drosseln, ihnen zuhören und sie mit mehr Respekt behandeln. Der Wunsch der Männer war es, daß Frauen offener sagen, was sie wirklich wollen, und direkter zum Ausdruck bringen, was sie nicht mögen. Das war ein heißes Thema gewesen. Am Ende des Tages saßen wir, auch wenn wir nicht in allen Punkten einig waren, doch immer noch beisammen und waren immer noch guter Stimmung und guten Willens, während wir uns gemeinsam an die Vorbereitung des Abendessens machten. Am Abend ließen wir unser Thema ruhen und erfreuten uns einfach an unserem Beisammensein, erzählten am Feuer Geschichten und sangen Lieder. Der nächste Tag sollte unser letzter gemeinsamer Tag sein. In der noch verbleibenden Zeit hofften wir neue Visionen der Partnerschaft zwischen den Geschlechtern zu entwickeln.

9
Geschlechterfrieden und die Kunst der Partnerschaft

Das Geräusch von Pferdehufen weckte mich. Vier Männer kamen auf das Camp zugeritten. Quer über eines der Pferde hing ein in Plastik gewickeltes erlegtes Rotwild. Auf einem anderen Pferd saßen zwei Reiter, einer von ihnen ein Jugendlicher. Einige von ihnen erkannte ich als die Cowboys wieder, die wir bei unserer Ankunft gesehen hatten.

»Morgen, Miss«, sagte einer der Männer und tippte mit dem Finger an den Hut. »Es tut mir leid, daß ich so früh am Morgen störe, aber wir würden gern wissen, ob ihr vielleicht ein Pferd hier in der Gegend habt herumlaufen sehen.«

Von seinem Standort an der Ecke des Lagers konnte er das Pferd nicht sehen, das wir an den Bäumen auf der anderen Seite der Lichtung angebunden hatten.

»Ja«, antwortete ich, als die anderen allmählich aufwachten und zu uns herüberkamen. »Wir haben eines hier, auf der anderen Seite der Lichtung. Es kam während des Sturms völlig außer Kontrolle durch unser Camp gerast.«

»Ich würde gern mal nachsehen, ob es das ist, das wir vermissen«, sagte er.

Ich nickte zustimmend. Sie stiegen alle von ihren Pferden ab, und zwei von ihnen folgten mir quer über die Lichtung, während die anderen beiden bei ihren Pferden warteten und etwas betreten dreinschauten.

»Ja, das ist Black Eye«, sagte er, als wir beim Pferd ankamen. »Ich habe mich schon gefragt, ob wir sie je wiedersehen würden. Ich würde mich gern bei dem Mann bedanken, der mein Pferd gerettet hat.«

»Es war kein Mann«, erwiderte ich. »Es war Lisa,« sagte ich und zeigte in ihre Richtung, während sie durch das Lager auf uns zukam.

»Wir wußten nicht, was wir mit ihr machen sollten, nachdem sie sich beruhigt hatte, so haben wir sie einfach grasen lassen. Lisa hat ihr mit der Haarbürste das schlammbespritzte Fell gestriegelt und ihr Hunderte von Kletten aus der Mähne gezogen.«

Lisa kam zu uns, klopfte Black Eye auf die Flanke und sagte: »Ein wunderschönes Pferd!«

»Das ist sie sicherlich«, antwortete er. »Und ich kann Ihnen nicht genug danken. Wir wurden von dem Sturm überrascht, und in der Nacht hat der Donner die Pferde aufgeschreckt und sie in alle Richtungen zerstreut. Wir fanden alle wieder außer ihr.«

Die beiden Männer stellten sich als Eddie und Walt vor. Wir stellten uns ebenfalls vor, und Walt fragte: »Was tut ihr hier draußen? Wir sind nicht gewöhnt, hier oben viele Leute zu treffen. Normalerweise sehen wir mehr Bären als Menschen.«

Ich erklärte ein bißchen, was wir taten, als wir mit Black Eye an der Trense über die Lichtung zu den anderen zurückgingen, die sich mittlerweile um das Feuer versammelt hatten. Ich lud die Männer zu einem Kaffee ein. Eddie nahm an und winkte die beiden anderen heran, die sich noch am Rand des Camps herumdrückten.

»Das ist mein jüngster Sohn Matt«, sagte uns Eddie. »Und dieser große Kerl ist mein ältester Sohn John«.

Wir setzten uns zum Kaffeetrinken, und Aaron fragte sie, was sie in der vergangenen Woche getan hätten. Walt, Eddies Bruder, erzählte uns, daß sie Matt auf seiner ersten Rotwildjagd begleitet hatten.

»Das ist eine Familientradition«, erzählte er uns. »Seit Generationen zieht in unserer Familie jeder junge Mann im Alter von sechzehn Jahren hinaus, um sein erstes Rotwild zu erlegen. Vorher lernt er bereits reiten, schießen und kleinere Tiere jagen, als Vorbereitung für diese erste richtige Jagd. Anschließend gibt es ein großes Hirschessen mit der ganzen Familie und den Nachbarn. Danach ist der Junge in unseren Augen ein Mann.«

Nach dem Kaffee standen sie auf und wollten gehen. Eddie sagte: »Ich wünsche euch viel Glück dabei, die Probleme der Welt zu lösen. Wenn ihr alle zusammen den Sturm überstanden und obendrein unser Pferd gefangen habt, werdet ihr schon irgend etwas Richtiges machen. Aber wenn ihr eine Woche lang aus euren kleinen Rucksäcken gelebt habt, dann wette ich, könnt ihr etwas frisches Fleisch gebrauchen.« Er wickelte das erlegte Wild aus und schnitt sorgfältig ein sehr großzügiges Stück aus dem Rumpf heraus. Sie verabschiedeten sich und ritten dann, wie es sich für Cowboys gehört, in die aufgehende Sonne davon, die während unserer Plauderei am Feuer im Osten über den Kamm gestiegen war.

Initiation und Geschlechtergrund

»Wow«, sagte Merle. »Das war sehr interessant. Ich war immer der Auffassung, daß alle Cowboys Machos und Marlboro-Typen sind. Aber diese Männer waren echt in Ordnung.«

»Es hat mich beeindruckt, wie bewußt sie für den Jungen ein Ritual des Erwachsenwerdens veranstalten«, sagte Larry. Ich hätte gern auch so eine Erfahrung mit meinem Vater gehabt. Die meisten erwachsenen Männer schenken den jüngeren sehr wenig Aufmerksamkeit. Ich fühlte mich bis zu meiner ersten sexuellen Erfahrung nicht als Mann.»

»Ich wußte, daß ich etwas für meinen Sohn hätte tun sollen, als er ein Teenager war«, fügte Doris hinzu. »Zur Zeit meiner Großmutter wären die Männer einfach gekommen und hätten ihn mit in die Wildnis genommen, um ihn auf der Suche nach einer Vision fasten und beten und dadurch eine Richtung für sein Leben finden zu lassen. Nach seiner Rückkehr hätte er sich mit den älteren Männern zusammengesetzt, die seine Erfahrungen interpretiert und ihm geholfen hätten, ihnen eine Bedeutung zu geben. Aber dergleichen gibt es heute nicht mehr in meiner Familie. Nicht einmal mehr bei den Vollblutindianern. In einigen Stämmen machen die Frauen noch die ›Beauty-Way‹-Segnungen für heranwachsende Mädchen, aber für Jungens passiert nicht viel, soweit ich weiß. Ich tat mein Bestes als Mutter, aber ich wußte, es war nicht genug.«

»Als wir unter uns Frauen am Blue-Water-Creek waren«, sagte Susan, »hatte ich das Gefühl, eine Art Initiation durch die Älteren unter uns zu empfangen, die ich gern als junges Mädchen erlebt hätte. Habt ihr das auch so empfunden?« fragte sie und guckte die anderen Frauen an.

»Ganz genauso«, antwortete Marie. »All die Gespräche über unsere Zyklen und das erneute Weben der Mutterlinie fühlte sich wie etwas an, das Frauen seit Urzeiten machen, was aber in den letzten Generationen in Vergessenheit geraten ist. Ich hoffe, Larry und ich können etwas Bedeutsames in den nächsten Jahren mit unserer eigenen Tochter tun.«

»Wir haben für unsere Tochter Noelani eine Zeremonie veranstaltet, kurz nachdem sie ihre erste Menstruation bekommen hatte«, erzählte ich. »Ich brachte sie mit einigen meiner Freundinnen, die für sie wie ›Tanten‹ waren, hinaus in die Berge oberhalb unseres Hauses in den Santa-Barbara-Hügeln. Wir verbanden ihr die Augen und führten sie durch den Eichenwald zu einem Platz an einem Fluß, der in den vegangenen Jahrhunderten von den Chumash-Indianern bewohnt gewesen war. Dann erzählten wir ihr Geschichten über unsere Mütter und Großmütter, forderten sie auf, Fragen über das Frau-Sein zu stellen, gaben ihr auch von uns aus eine Menge Ratschläge und veranstalteten mit ihr schließlich ein rituelles Bad im Wasser.

Dann brachten wir sie zurück zu Aaron und seinen Freunden, die ein Festessen für sie vorbereitet hatten. Sie hießen sie als junge Frau, nicht mehr als Kind, willkommen und gelobten ihre Absicht, für sie da zu sein als Freunde, Verbündete und Brüder. Während des Gesprächs forderten wir sie auf, den Männern Fragen zum Thema Jungs und Männer zu stellen.«

»Sie fragte ein paar ganz schön harte Brocken«, fügte Aaron hinzu. Und es folgte eine lebhafte Diskussion über Annäherungsversuche, Küsse und Umgang mit Jungen, die es an Respekt fehlen ließen. Die ganze Geschichte hat ihr sehr gefallen. Und es war auch heilsam für uns alle als eine Gemeinschaft von Frauen und Männern. Ich glaube nicht, daß die ›Form‹ der Initiation sehr wichtig ist. Für Noelani war am wertvollsten die volle Aufmerksamkeit, die wir als Erwachsene ihr zuteil werden ließen. Es bewies, daß wir ihr

Leben als bedeutsam ansahen und daß wir uns alle bewußt waren, daß sie von einer Lebensphase in die nächste wechselte.«

In den meisten vorindustriellen Gesellschaften werden junge Männer und Frauen bei Einsetzen der Pubertät in Männer- und Frauen-»Häusern« initiiert. In diesen »Häusern« erfahren sie eine tiefe Spiegelung durch eine Gruppe ihres Geschlechts.[1] In solchen Übergangsriten weisen die Älteren die jungen Männer und Frauen in ihre aufkeimende Rolle als erwachsene Männer und Frauen ein, die in einer Gemeinschaft miteinander leben.[2]

Sogar in unserer eigenen Kultur gab es verschiedene traditionelle Bräuche, sich nach Geschlechtern getrennt zu begegnen. Generationen lang trafen sich Frauen zum Kaffee, Kochen oder Stricken; Männer versammelten sich in Bars, bei Sportveranstaltungen oder bauten zusammen Scheunen. Doch in unserer Gesellschaft fehlt es an Formen der Initiation, die unseren *heiligen* Identitätssinn innerhalb unseres Geschlechts vertieft.

Wenige aus unserer Gruppe hatten eine irgendwie bedeutungsvolle rituelle Initiation in das Erwachsensein erfahren. Und das gilt für die meisten Menschen in unserer Kultur. Folglich haben wir jahrelang gekämpft, um unsere authentische Geschlechtsidentität zu finden und reife Erwachsene zu werden, ohne die Unterstützung durch eine intakte Gemeinschaft von Älteren zu erhalten. Erst jetzt entdecken wir, daß die Entwicklungsbedürfnisse jeden Geschlechts die Stärke und Sicherheit benötigen, die aus der Verbundenheit mit einer geeinten gleichgeschlechtlichen Gruppe kommt.

In gewisser Hinsicht können wir die Initiation als eine konservative Einrichtung betrachten, die unsere Freiheit einschränkt, indem sie uns auf spezifische, zum Teil rigide Differenzierungen abrichtet. Das ist die Schattenseite der Initiation. Sam Keen sagt, daß ein Vorzug der amerikanischen Kultur unsere »Verlorenheit« ist.[3] Wenn wir nicht durch die Tradition über-definiert sind, haben wir mehr Chancen zur Selbstentdeckung und zur Eroberung neuer Rollen und Möglichkeiten, die in den vergangenen Generationen noch nicht vorstellbar waren.

Diese Schattenseite sollte uns aber nicht dazu verleiten, die Initiation als gangbares Ritual zur Heilung, Erhaltung und Stärkung der Gesellschaft völlig zu verwerfen. Wir sollten vielmehr die wertvollen Aspekte der Initiation retten und unsere Rituale so gestalten, daß sie der Jugend ein Gefühl von Zugehörigkeit, Willkommensein, Wertschätzung und Bedeutung vermitteln, ohne gleichzeitig ihr Vorstellungsvermögen bezüglich ihrer Möglichkeiten zu beschränken. Heilsame moderne Initiationsrituale können unsere Imagination wecken und die Fähigkeit stimulieren, zu neuen Horizonten vorzustoßen.

Das Bedürfnis nach einer Geschlechtergemeinschaft liegt tief in beiden Geschlechtern verwurzelt. Viele gesellschaftliche Probleme dauern aufgrund fehlender Initiation fort. In dem verzweifelten Versuch, ein Zugehörigkeitsgefühl zu einem Geschlecht herzustellen, bilden die Jugendlichen in den Städten oft Banden, in denen Gewalttaten oft zum Prüfstein für männlichen Mut werden. Das passiert aufgrund des Mangels an intakten »Häusern« mit reifen Männern, die den jüngeren Ratgeber sein und sie anleiten könnten, ihre männlichen Kräfte im Dienste der Gemeinschaft zu gebrauchen.

Nicht initiierte Mädchen, denen der Umgang mit reifen, aus sich selbst heraus starken Frauen fehlt, suchen oft ein Zugehörigkeitsgefühl, indem sie dem Schönheitskult huldigen und möglichst sexy aussehen wollen, mit allen negativen Konsequenzen für ihr körperliches und seelisches Wohlbefinden. In einem Frauen-»Haus« dagegen kann ein junges Mädchen durch die Anwesenheit von Frauen jeden Alters, jeder Größe und Gestalt die geheimnisvolle, vielfältige Natur der Weiblichkeit entdecken. Eine initiierte Frau lernt, daß ihre wahre Schönheit und wirkliche Stärke viel tiefer liegen und länger anhalten als die äußere Erscheinung. Und sie kann lernen, diese weibliche Kraft ganzheitlich zu benutzen.

Wie wir in der getrennt verbrachten Zeit auf dieser Wanderung entdeckten, erfahren Männer und Frauen ihre Männlichkeit und Weiblichkeit am eindringlichsten, wenn sie sich getrennt treffen. Dabei stärken wir unser Selbstwertgefühl und können einander helfen, die Erfahrung der männlichen und weiblichen Seele zu vertiefen. Die Abwesenheit des anderen Geschlechts und die Gelegenheit, uns *bedeutungsvoll* mit unserer eigenen Geschlechtskultur zu verbinden, fördern unser Verständnis der heutigen kollektiven Erfahrung von Männern und Frauen. Wir werden sowohl aufgewertet als auch gestärkt. Erst dann bemerken wir, wie sehr wir eventuell gekämpft haben, um uns männlichen oder weiblichen Normen anzupassen.

Die regelmäßige Trennung der Geschlechter voneinander darf aber kein Nährboden für Antagonismus werden. Es sollte vielmehr als ein Schritt in Richtung Integration angesehen werden. Es kann dadurch nämlich ein solider Boden geschaffen werden, auf dem wir harmonische Beziehungen zwischen Frauen und Männern aufbauen können. Die feste Verwurzelung in unserer eigenen Geschlechtsidentität führt uns zu einer größeren Wertschätzung der geschlechtsspezifischen Qualitäten des anderen Geschlechts, ohne uns von den unterschiedlichen Positionen überwältigen zu lassen.

Wenn wir jedoch getrennt bleiben, dann riskieren wir, unserem Narzißmus zu erliegen, den Blick für das Ganze zu verlieren und die gewohnheitsmäßige Suche nach dem Sündenbock beim anderen Geschlecht zu forcieren. Wenn in sich geeinte Gruppen von Frauen und Männern den nächsten Schritt tun und sich vornehmen, sich regelmäßiger miteinander zu treffen, dann können sie gegenseitig eine wahre soziale, politische und spirituelle Gleichstellung fördern. Dieses gesellschaftliche Modell schafft ein Fundament für das Gleichgewicht zwischen Männern und Frauen, das im nächsten Schritt Gegenseitigkeit, Partnerschaft und friedliche Koexistenz in zwischenmenschlichen Beziehungen und größeren Gemeinschaften stärken kann.

Initiation ist ein wesentlicher Schritt zur Entwicklung der Fähigkeit zu heilsamen Partnerschaften zwischen den Geschlechtern. Eine der Aufgaben beim Wiederaufbau unserer zersplitterten Gemeinschaften besteht darin, zeitgenössische Formen der Initiation für junge Leute zu schaffen. Einige Männer haben »Mentorengemeinschaften« geschaffen, um junge Männer in ein seelenvolles Mann-Sein hineinzuführen. Frauen haben bestimmte Tage eingerichtet, an denen sie ihre Töchter zur Arbeit mitnehmen, um junge Frauen mit der Arbeitswelt vertraut zu machen und ihnen beim Aufbau von Selbstachtung zu helfen, die sich aus der ökonomischen Stärkung ergeben kann. Diese und ähnliche Bemühungen sind hoffnungsvolle Versuche, neue Übergangsriten für unsere Kinder ins Leben zu rufen.

Zusätzlich zur Schaffung realisierbarer Formen des Eintritts in eine gesunde und intakte Geschlechterkultur müssen wir uns stärker der zugrundeliegenden Mythen bewußt werden, die die modernen Beziehungen noch immer durchdringen und weiterhin narzißtische, uninitiierte Verhaltensweisen bei Frauen und Männern erzeugen. Allzu häufig basieren die Muster für Beziehungen zwischen Frauen und Männern auf Mythen, die nicht beide Geschlechter gleichermaßen stärken. In vielen Fällen tun diese Mythen gerade das Gegenteil, indem sie Männer und Frauen in stereotype Rollen hineinzwängen, die ihre Fähigkeit zur wirklichen Freiheit fesseln.

Metaphern sind nicht nur literarische Gebilde. Bilder können uns ziemlich rigide definieren und sogar unser Aussehen und Handeln verändern. Männer und auch eine wachsende Zahl von Frauen, die dem Heldenideal aufgesessen sind, blasen ihre Körper auf und versteifen sie auf eine ganz bestimmte Art. Oft verleugnen sie ihre Gefühle, überschätzen ihre Kräfte und verlieren die Fähigkeit zu Spontaneität, Flexibilität und Freude an Körper und Gefühlen.

Frauen und auch Männer, die vom Bild der Prinzessin ergriffen sind, machen ihren Körper weicher, machen sich selbst auf unterschiedlichste Weise »klein« und täuschen Hilflosigkeit vor. Sie verleugnen ihre wirkliche Stärke, bitten andere, Dinge zu tun, die sie selber erlernen könnten, und verlassen sich darauf, daß andere sie beschützen und ihre Probleme für sie lösen. Auf diese Weise werden unsere abstrakten Mythen zu konkreten Realitäten. Die Helden und Heldinnen der Mythen unserer Kultur sind häufig in diese Rollen eingesperrt, weil sie nicht in ein reifes Erwachsensein initiiert worden sind. So bleiben sie in unreifen Verhaltensweisen stekken.

»Habt ihr Lust, einen Mythos über einen uninitiierten Mann und eine uninitiierte Frau zu hören?« fragte Aaron, als wir weiter über dieses Thema diskutierten.

»Das klingt spannend«, antwortete Larry und stand auf, um Wasser für eine zweite Runde Tee und Kaffee aufzusetzen. Andere nickten zustimmend.

Echo und Narcissus, eine Frau und ein Mann ohne Initiation

Die alte Geschichte von Echo und Narcissus veranschaulicht in vielfacher Weise die moderne Verkupplung der co-dependenten (ihre Abhängigkeit mitproduzierenden) Frau mit dem auf sich selbst konzentrierten Mann, über die so viele frauenfreundliche und männerabwertende populäre Psychologie-Bücher geschrieben worden sind. In den vergangenen Tagen hatte unsere Gruppe sich mit dem Thema der gespaltenen Archetypen von Opfer – Täter und Held – Prinzessin auseinandergesetzt. Echo und Narcissus bilden einen weiteren Teil des alten zerstörten Fundaments, auf dem so viele wackelige Beziehungen aufbauen. Wenn wir den Rest der Fundamente freilegen, stoßen wir vielleicht auf die unversehrte Felssohle, auf der wir eine neue philosophische und mythologische Struktur gründen können, die Frauen und Männer wechselseitig stärkt und unterstützt.

Im griechischen Mythos, so wie Ovid ihn erzählt, war Narcissus der Sohn der Wassernymphe Liriope und des Flußgottes Cephisus.[4] Seine Mutter fragte einmal Teiresias, ob Narcissus ein langes Leben haben würde, und der Seher antwortete: »Ja, aber nur wenn er sich selbst nie erkennt«. Als Narcissus eines Tages auf Hirschjagd war, sah Echo ihn und verliebte sich. Sie war ein schwatzhaftes Mädchen und lenkte häufig Hera ab, wenn deren Mann Zeus sich mit irgendwelchen Nymphen herumtrieb. Als Hera Echos Betrug bemerkte, sagte sie: »Der Zunge, durch die ich gefoppt, sollst du wenig nur mächtig bleiben, behalten nur zu kürzester Nutzung die Sprache«.

Hera bestrafte Echo damit, daß sie von nun an kein Gespräch beginnen konnte und immer antworten mußte, wenn sie angesprochen wurde. Sie konnte aber nur antworten, indem sie die letzten zu ihr gesprochenen Worte wiederholte. Echo wollte Narcissus ihre brennende Liebe mitteilen, konnte aber nur seine Worte wiederholen. Er verschmäht sie, und »nimmer ruhender Kummer verzehrt [ihr] den kläglichen Leib, und dürrend schrumpft die Haut, die Säfte des Körpers entweichen all in die Lüfte. Nur Stimme und Knochen sind übrig. Die Stimme bleibt ...«

Narcissus wies noch viele andere Mädchen ab, die ihn begehrten, und auch viele junge Männer. Schließlich beschwor ein verschmähter Jüngling den Himmel, Narcissus mit einer unerwiderten Liebe zu bestrafen. Nemesis (die Rachegöttin) erfüllte den Wunsch und schickte ihm die Liebe zu sich selbst, eine Liebe, in der er nie Erfüllung finden konnte. Er verliebte sich in sein eigenes Bild, das sich in einem stillen, silbrigen, gläsernen, ungestörten Teich spiegelte.

Als Narcissus schließlich merkte, daß seine Liebe seinem eigenen Bild galt, rief er aus: »Es läßt die Fülle mich darben«. Dann entschwand er wie Echo in den Tod, blickte in den Wassern der Unterwelt weiterhin auf ewig sich selbst an und wurde nie von seiner Besessenheit erlöst. Nur eine Blume wuchs dort, wo er gewesen war, die Narzisse.

In diesem Mythos war Narzissus ungefähr sechzehn Jahre alt, im gleichen Alter wie unser neuer Cowboy-Freund Matt, der Jäger des Hochgebirgshirschen. Die Figur des Narcissus ist jedoch bezeichnend für das Schicksal eines jungen Mannes, der nicht durch andere erwachsene Männer initiiert wird, die stark genug sind, sein Spiegelbild im Teich seiner Selbstversunkenheit zu überschatten.

Die Geschichte von Narziß drückt in ergreifender Weise das Schicksal eines heranwachsenden Mannes aus, der nicht in das archetypische Feld des Vaters eingeführt wird. Verloren in der Behausung seiner Mutter, der Wassernymphe, schaut er auf sein Spiegelbild. Wenn Männer einen Jungen nicht in die tiefe Männlichkeit initiieren, dann reift sein emotionaler Körper nicht. Ein unreifer emotionaler Körper ist zu schwach, um der vollaufgeblühten, erotischen, emotionalen und psychischen Präsenz einer initiierten Frau zu begegnen. Deshalb verstricken sich uninitiierte Männer unweigerlich mit uninitiierten Frauen. Parallel dazu sind Frauen, die nicht durch andere Frauen in die tiefe, vitale Weiblichkeit eingeführt worden sind, unfähig, sich der Präsenz eines reifen Mannes zu stellen, ohne von seiner Stärke überwältigt zu werden und ihre Identität zu verlieren.

Das höchste Ziel einer Beziehung mit dem anderen Geschlecht ist vielleicht die Verwandlung und Versenkung in die Seele, die eine andere Person in Gang setzen kann. Aber wenn wir nicht stark genug in unserem eigenen Geschlechtergrund verwurzelt sind, dann werden wir von der großen Kraft des anderen überwältigt. Um nicht die Zerstörung zu riskieren, ziehen sich eine uninitiierte Frau oder ein uninitiierter Mann lieber in die scheinbar sichere Umgebung des

Selbst (Narzißmus) zurück oder suchen in der Identität eines anderen Zuflucht (Co-Dependenz). Letztendlich gibt es keine Sicherheit – weder eingesperrt in den Grenzen des Selbst noch in der Verschmelzung mit dem anderen bei gleichzeitigem Verlust des Selbst.

Nur durch kontinuierliche Verwandlung können wir in unser volles Potential als Menschen hineinwachsen. Narzißtische Verhaltensweisen – Magersucht, Drogenabhängigkeit und Obsessionen wie Schönheit, Arbeit, Reichtum und sogar Tod – sind Versuche, Verteidigungswälle gegen die Welt der Transformation zu errichten und die Leere aufzufüllen, die entsteht, wenn die Gefühle sich gegen die Verwandlungskräfte anderer verschließen. Bei Männern sind diese Verhaltensweisen oft Ausdruck eines zugrundeliegenden narzißtischen, männlichen Geschlechtsrollenmodells, errichtet als Schutz gegen die Abhängigkeit von einer Frau oder als Reaktion auf Trennungsängste. Bei den Frauen verstärken solche Verhaltensweisen häufig die Abhängigkeit von den Männern und äußern sich in Angst vor Autonomie und Widerstand gegen eine weibliche Reifung.

Echo ist wie ein magersüchtiges Mädchen, das nicht reifen kann und sich so immer mehr verzehrt. Sie ist das archetypische Bild einer jungen Frau mit einer ungeordneten, abhängigen Persönlichkeitsstruktur, ein Opfer. Sie ist nicht initiiert und kann daher auch von sich aus keine Beziehung initiieren. Sie kann nur die Worte der anderen wiederholen. Sie hat keine Grenzen oder keinen unabhängigen Willen, was dadurch zum Ausdruck kommt, daß sie antworten *muß*, wenn sie angesprochen wird. Sie ist die co-abhängige Frau, die Zeus verschwörerisch bei seinen sexuellen Obsessionen hilft, gerade so wie co-abhängige Ehefrauen ihren Ehemännern dabei helfen, sich selbst zu Tode zu trinken oder zu arbeiten, anstatt den Kampf der Verwandlung zu riskieren, der ausbrechen könnte, wenn sie sich liebevoll mit ihnen auseinandersetzten.

Eine Frau in der Echo-Position siedelt sich im anderen an. Diese Haltung macht die Frauen schwach und treibt sie an, ihre Schwäche den Männern vorzuwerfen. Echo, die sich in ein bloßes Abbild einer Person auflöst, gibt ein Beispiel für das abhängige »Mädchen« von heute, das eine Initiation oder Transformation in das Frau-Sein nicht empfängt oder zurückweist.

Frauen, die ihre eigenen existentiellen Belastungen nicht tragen können, wählen oft einen narzißtischen Mann mit dickem Fell und versuchen, ihre Last ihm aufzubürden. Ein narzißtischer Mann zieht unweigerlich eine Frau dieses Typs an. Sie nährt und bestärkt seine Selbstbezogenheit, und er erhöht ihre Abhängigkeit. So wie die Rettung des Opfers durch den Helden es daran hindert, eigene Kraft zu entwickeln, so ermöglicht die co-abhängige Frau dem narzißtischen Mann, sich durch Konzentration auf sich selbst auffressen und zerstören zu lassen. Echo und Narcissus bilden in dieser Geschichte ein Paar, weil sie sich gegenseitig gemeinsam erschaffen. Sie sind Teil des gleichen dysfunktional aufgespaltenen Komplexes von Ritter/Prinzessin und Held/Opfer.

Viele Männer hören auf, mit ihren Frauen zu kommunizieren, und vergraben sich in Arbeit, Zeitung oder Glotze, in dem unbewußten Versuch, ihre Identität zurückzugewinnen, die scheinbar durch die emotionale Stärke von Frauen und ihre Fähigkeit, Verwandlung auszulösen, bedroht ist. Aber machte nicht gerade diese Stärke die Frau anfangs so attraktiv? Wenn ein Mann nicht zutiefst in der Männlichkeit verwurzelt ist, kann er durch die starken emotionalen Stürme einer Frau leicht zu Fall gebracht werden. In der Position des Narcissus weisen Männer Beziehungen zurück, weil eine Beziehung das Risiko mit sich bringt, ihre bereits schwache Verbindung mit ihrem inneren Selbst zu verlieren, dem sogenannten zerbrechlichen männlichen Ego.

Der Philosoph Kierkegaard führt den Narzißmus auf die Angst vor Freiheit zurück, auf ein Grauen vor Individuation, auf die Angst davor, mit einer Umgebung in Beziehung zu stehen, von der Vernichtung droht. Ironischerweise schafft diese Bewegung weg von der Welt einen Zustand von »Unfreiheit« und erweist sich als tödlich und erstickend, indem sie Männer erzeugt, die wie ein in der Rüstung steckender Ritter dazu verdammt sind, zu verdorren und in ihrem eigenen emotionalen Gefängnis zu sterben. Narziß kommt zu der Schlußfolgerung, daß nur der Tod ihn von seinem »elenden Wahn« befreien kann. Kierkegaard schlägt eine alternative Bewegung vor, die an diesem gelähmten Ort der »Angst« einsetzt und durch die Kraft des Glaubens langsam in die Erfahrung von Unmittelbarkeit in der Beziehung mit dem »Anderen« mündet.[5]

Das bewegungslose Bild des in einen Teich starrenden Narziß ist ein Gesicht, das unberührt ist von der Beziehung mit einem anderen, der Reife initiieren könnte. Was im »vegetativen« Zustand nicht wächst, kann nur verdorrren und sterben, wie es eben mit Narziß geschah. Es ist unwahrscheinlich, daß ein Mann sich wahrhaft mit dem Weiblichen einlassen kann, solange er nicht wirklich in das Mann-Sein initiiert ist und die Kraft entwickelt, seine Wunden zu heilen und sich dem Weiblichen aus einer Position der Stärke, Reife und Gleichheit zu stellen.

Eine vitale und präsente Frau jedoch, die ihn liebevoll mit der Realität ihres Andersseins konfrontieren kann, könnte vielleicht letztlich einen mit sich selbst beschäftigten Mann ändern. Männer initiieren Jungen in das Mann-Sein, Frauen bringen Mädchen in das Frau-Sein, und Frauen und Männer führen sich gegenseitig in größere Tiefen. Wenn wir den Verwandlungen nicht nachgeben, die gleich- und verschiedengeschlechtliche Beziehungen uns bringen können, laufen wir Gefahr, in unser eigenes Gefängnis gesperrte, unfruchtbare Seelen zu bleiben oder »hungrige Gespenster«, die die Körper von anderen bewohnen und wenig Bewußtsein über ihre eigene Fruchtbarkeit haben.

Eine neue Zukunftsvision: Männer und Frauen in reifen Partnerschaften

Als Aarons Erzählung und die Gespräche darüber beendet waren, ging ich nicht zu einem anderen Thema über, sondern fuhr mit einer Analyse der Geschichte fort. Denn ich glaube, der Mythos von Echo und Narcissus veranschaulicht einen grundlegenden Kampf zwischen den Geschlechtern, den Kampf zwischen dem Wunsch nach Beziehung und dem Bedürfnis nach Autonomie.

Wie wir schon erörtert haben, definieren Frauen traditionsgemäß ihre Identität vorwiegend über Beziehungen und Männer vorwiegend durch Autonomie. In diesem Mythos erkennen wir, welche Gefahren es mit sich bringt, wenn wir zu extrem in der einen oder der anderen Position stecken. Zu viel Autonomie oder zu viel

»Identitätsfindung durch Beziehung« kann zu Selbstzerstörung führen. Und jedes Geschlecht riskiert die Vernichtung durch das andere, wenn es in den Modus des anderen eintritt. Männer fürchten, in der Beziehung verloren zu gehen, wenn sie nach größerer Intimität suchen. Frauen fürchten die Einsamkeit, wenn sie sich auf der Suche nach ihrer eigenen Identität aus der Beziehung lösen. Mit Hilfe von Gruppensitzungen, in denen wir uns um die Kunst der Partnerschaft bemühen, können wir schließlich lernen, ein gesundes und integriertes Gleichgewicht zwischen Autonomie und Beziehung herzustellen.

Unsere westlichen spirituellen Mythologien verschärfen die soziale und biologische Trennung der Geschlechter. Der patriarchale Mythos von dem einen Gott im Himmel und der matriarchale Mythos von der allgegenwärtigen Erdgöttin sind zwei stark beschränkte Kosmologien, die ihren ursprünglichen Zweck überlebt haben. Wir haben jetzt die Gelegenheit, über die spirituellen Auffassungen hinauszugehen, die Frauen und Männer heute trennen. Wir können ein vielen nicht-westlichen Kulturen vertrautes Verständnis von Gott, Natur und Seele als männlich *und* weiblich, als eine gemeinsam erschaffende (co-creating) Partnerschaft entwickeln.

Traditionelle weibliche Identität	*Neue Partnerschaft*	*Traditionelle männliche Identität*
Beziehung	Integration	Autonomie
Abhängigkeit	Interdependenz	Unabhängigkeit
Co-Dependenz	Empathie	Narzißmus
Opfer	Partner	Retter
Prinzessin	Wächter	Held
Bedeckt	Diplomatisch	Direkt
Passiv	Energisch	Aggressiv
Erotische Macht	Kreativität	Produktive Macht
Familie	Gemeinschaft	Staat
Unterwürfig	Interaktiv	Dominant
Ängstlich	Aufmerksam	Gleichgültig
Haus	gemeinsame Verantwortung	Arbeit
Umsorgerin-Sammlerin	Funktionsfülle	Versorger-Jäger
Frauenrechte	Geschlechtergerechtigkeit	Männerrechte

Während wir diesen Gedanken weiter diskutierten, erzählte Doris uns, daß »die Navajo-Mythologie eine männliche und eine weibliche Art des Regens kennt. Und viele andere Aspekte der Natur haben in ihrer Vorstellung sowohl weibliche als auch männliche Qualitäten«.

Dann bemerkte Joel: »Die meisten romanischen Sprachen geben den Substantiven männliche oder weibliche Endungen, aber das Geschlecht der Dinge wechselt in den verschiedenen Kulturen. Zum Beispiel ist in einigen Sprachen wie im Spanischen und Französischen das Meer weiblich, während für die Italiener das Meer männlich ist. Diese Unterschiede scheinen den Gedanken zu stützen, daß in allen Dingen beide geschlechtliche Wesen vorhanden sind. Unsere Vorstellung hängt davon ab, welchem Aspekt wir unsere Aufmerksamkeit zuwenden.«

»Ja«, sagte Jerry, »so wie in verschiedenen Kulturen das Wesen des Meeres entweder durch Götter oder durch Göttinnen verkörpert wird.«

»Ich glaube, es gibt keinen Zweifel, daß die religiöse Symbolik einer Kultur einen starken Einfluß auf die Psychologie ihrer Angehörigen hat,« meinte Lisa. »Was wir uns als göttlich vorstellen, ist auch bestimmend für das, was wir in unserem täglichen Leben verehren.«

Wir sind der Überzeugung, daß in unserer Kultur weder Frauen noch Männer je wirklich Gleichheit und Partnerschaft genossen haben. Wir müssen uns anscheinend auf die Suche nach einer gänzlich neuen Beziehung zwischen Frauen und Männern machen. Das Bemühen um eine *wahre* Gleichheit muß auf einem tieferen Verständnis und auf einem neuen Respekt für unsere Unterschiede basieren. Diese Aufgabe besteht eher in der Wiederentdeckung einer »tiefen« Geschlechtsidentität als lediglich in einer Revision unserer sozialen, politischen oder ökonomischen Rollen.

Beim jetzigen Stand der menschlichen Entwicklung ist es sinnvoller, sich religiöse und philosophische Überzeugungen zu eigen zu machen, die die Heiligkeit und den inhärenten Wert beider Geschlechter würdigen. Rupert Sheldrake sagt: »Der älteste hebräische Gottesname ist elohim, ein Pluralwort ungewisser Herkunft, das ›Göttinnen‹ und ›Götter‹ bedeuten konnte, aber auch in der Bedeutung ›Ahnengeister‹ verwendet wurde.«[6] Das Ideal von bi-geschlechtlicher Spiritualität und gemeinsamer Schöpfung (Co-Creation) hat seine Wurzeln in den unterschiedlichsten Kulturen in allen Zeiten.

Unzählige »göttliche Paare« haben die Entwicklung der menschlichen Kultur geleitet: bei den Sumerern Inanna und Dumuzi, bei den Navajos First Man und First Lady, die babylonischen Tiamat und Apsu (auch bekannt als Süßwasser und Salzwasser), die ägyptischen Isis und Osiris, die japanischen Izanami und Izanagi. Und viele andere heilige Partnerschaften bevölkern die archetypischen Fundamente, auf denen wir eine neue Zukunftsvision aufbauen können.[7] Die Geschichte des göttlichen Hindu-Paares Shiva und Parvati ist eine der ältesten nicht-westlichen Erzählungen zum Thema Gleichstellung und Partnerschaft zwischen den Geschlechtern.[8]

Shivas Hauptvergnügen im Leben war die Meditation auf den Bergeshöhen, eine männliche Selbst-Beschäftigung, die in gewisser Weise dem Verhalten von Narcissus ähnelt. Parvati hatte die fortwährende Askese ihres Mannes oft satt. Wie Echo wartete sie vergeblich in geduldiger Anbetung neben ihm. Versunken in die Meditation, bemerkte Shiva nicht einmal ihre Anwesenheit. Doch anders als Echo und Narziß, die sich von tödlichen Sorgen verschlingen ließen, fand Parvati ihr weibliches Feuer, und so nahm die Geschichte einen anderen Ausgang.

Eines Frühlingstages, so geht die Geschichte weiter, berieten die Götter über Shivas zunehmende Absonderung und sagten: »Wenn er für immer in einem versteinerten Zustand der Meditation bleibt, wie soll er dann in der Lage sein, die Feinde der Erde zu vernichten, wenn eine Erneuerung notwendig ist?« Brahma, der höchste Gott, wollte Shiva seinen Kontemplationen entreißen, indem er ihm Kamadeva (»Liebe«) und seine Frau »Vergnügen« zur Ablenkung schickte. Als die große Schönheit Parvati sich ihm in Anbetung näherte, schoß Kamadeva seinen Pfeil ab. Doch gerade in dem Moment, als der Pfeil losschnellte, sah Shiva ihn, und mit einem brennenden Blitz seiner Augen vernichtete er Kamadeva. Während »Vergnügen« um Kamadeva trauerte und glaubte, ihn für immer verloren zu haben, sprach eine Stimme zu ihr: »Dein Ehemann wird zurückkommen. Wenn Shiva sich mit Parvati vereint, wird er Kamadevas Körper seiner Seele wiedergeben.«

Parvati wünschte diese Heirat, aber anders als Echo war sie der Gleichgültigkeit des Gottes schnell überdrüssig. Sie begann, in einer Einsiedelei zu meditieren, und suchte ihre eigene direkte Verbindung mit dem Großen Mysterium. Es stellte sich heraus, daß sie sehr gut in der Meditation war. Sie hatte viele gute Visionen und begann, spirituelle Kräfte anzusammeln. Eines Tages wurde sie von einem jungen Brahmanen besucht, der sie für ihre tiefe Andacht und die starke Konzentration pries, sie aber dennoch zu überreden versuchte, von ihren spriritullen Übungen abzulassen und in die Welt der Beziehungen und anderer Vergnügungen zurückzukehren.

Parvati ärgerte sich jedoch nur über den jungen Mann, weil er ihre Meditationen störte und schickte ihn fort. Daraufhin offenbarte er sich in seiner wahren Gestalt. Der junge Brahmane war nämlich der verwandelte Shiva. Bewegt von dem Ausmaß ihrer spirituellen Leistung, versprach er ihr seine Liebe, die Parvati immer noch begehrte. Parvati verlangte jedoch, daß er zuvor Kamadevas Körper seiner Frau »Vergnügen« zurückgeben sollte. Shiva willigte ein, und danach war Parvati schließlich bereit, seinem Begehren zu entsprechen *als ein gleich starkes Wesen und mit einer gleichen Leidenschaft für sich selbst*. Es heißt, daß ihre Umarmung die ganze Welt erbeben ließ.

Dieser Mythos behandelt den Konflikt zwischen Shivas Bedürfnis nach Kontemplation auf den Bergen und Parvatis Bedürfnis nach Intimität. Schließlich gibt Parvati den Versuch auf, an der Seite Shivas zu verharren, und geht auf eigene Faust hinaus, um zu meditieren und ihre eigene Kraft zu stärken. Danach nähert sich Shiva ihr und wünscht seinerseits die Beziehung mit ihr. Anders als die uninitiierte Echo wartet Parvati nicht darauf, daß Shiva sie liebt, um sich vollständig zu fühlen. Indem sie sich um ihre eigene spirituelle Entwicklung kümmert, wird ihr eingeborenes Bedürfnis nach Beziehung durch ihre Bereitschaft gemäßigt, ihre eigene Autonomie zu suchen.

In diesem Mythos wird der Welt das Gleichgewicht durch eine Frau zurückgegeben, die sich auf den Pol der Autonomie zubewegt. Und da die Natur das Vakuum verabscheut, wird das Männliche dadurch automatisch zur Beziehung hingezogen, und zwar stärker als es je ein direktes Verlangen nach Intimität zustandebringen könnte. Um volle Erfüllung zu erlangen, mußte Shiva einen Schritt weg von der Autonomie tun, und Parvati mußte die lähmende Fessel der Fixierung auf die Beziehung abschütteln.

Wenn in einem Paar eine Person beharrlich am äußersten Ende der Autonomie-Beziehungs-Polarität angesiedelt ist, kann das zum Teil eine Reaktion auf die Polarisierung der anderen Person sein. Eine rigide Identifizierung mit einem Extrem der traditionellen Geschlechtsrollenverteilung kann auf dem Versuch beruhen, die andere Person von ihrem Pol wegzubringen. Das ist der entscheidende Punkt des Geschlechterkriegs: Männer und Frauen versuchen einander durch unerschütterliches Beharren auf ihren individuellen Standpunkten zu ändern. Der Bau einer Brücke zur Mitte hin, wo beide Partner mit jedem Pol eine gewisse Vertrautheit haben, stellt dagegen eine reale Hoffnung für Gleichgewicht und verständnisschaffende Beziehungen dar.

Im sumerischen Mythos über den Abstieg von Inanna wird das Gleichgewicht dadurch wiederhergestellt, daß der männliche Gott Enki sich auf Beziehung, Mitgefühl und Empathie hinbewegt. In dieser fünf Jahrtausende alten Geschichte steigt Inanna zur Unterwelt hinab, wo sie durch die Göttin der Unterwelt Ereshkigal getötet wird. Ihre Auferstehung wird durch das Eingreifen von Enki, dem Gott der Weisheit und des Wassers ermöglicht.

Aus dem Dreck unter seinen Fingernägeln schafft Enki Geschöpfe, die in die Unterwelt absteigen, um Ereshkigal bei ihren Geburtswehen beizustehen. Sie stöhnen und jammern mit ihr in gemeinsamer Einfühlung. Das verschafft ihr so viel Erleichterung, daß sie einwilligt, Inanna dem Leben wiederzugeben. Enki heilt durch Empathie, indem er Ereshkigal auf ihrem eigenen Grund und Boden trifft, so wie Parvati Liebe und Vergnügen wieder miteinander vereint, indem sie Autonomie erlangt und Shiva auf seinem eigenen Territorium begegnet.

Im Fortgang des Inanna-Mythos fordert Ereshkigal, daß jemand der Unterwelt übergeben wird, um Inannas Platz einzunehmen. Dies wird schließlich durch Inannas Ehemann Dumuzi und seine Schwester Geshtinanna erfüllt, die beide jeweils sechs Monate abwechselnd in der Unterwelt leben. In diesem religiösen System trägt – anders als in der jüdisch-christlichen Tradition – kein Geschlecht alle Pein oder alle Kraft. Inanna teilt die Last und die Herrschaft über das Reich mit Dumuzi, und er trägt seinen Teil an der notwendigen Zeit, die in der Unterwelt zu verbringen ist. Beide teilen Gunst und Bürde jeden Bereiches. In der neuen Mythologie der heiligen Partnerschaft, die wir zu schaffen versuchen, ist kein Gott und keine Göttin dominant. Statt dessen gibt es Interdependenz, Wechselseitigkeit und Bereitschaft, voneinander zu lernen.

Alchimistische Heirat

»Vielleicht hat die Tatsache, daß wir in unseren Mythologien keine solchen tollen göttlichen Paare hatten, die uns hätten inspirieren können, einen Einfluß auf die hohe Scheidungsrate in diesem Land«, meinte Larry.

»Ja, ich kenne kaum noch ein Paar, das lange zusammen ist. Die meisten Leute, die ich kenne, haben nur wenige Monate eine Beziehung und trennen sich dann wieder«, stimmte Dave zu.

»Es scheint, daß wir als Kultur die Fähigkeit verloren haben, tiefgründige, langfristige und engagierte Beziehungen aufrechtzuerhalten. Ich habe gehört, daß über die Hälfte aller Ehen heute mit Scheidung endet. Das macht mich traurig,« sagte Merle. »Alan und ich arbeiten ziemlich hart daran, daß es mit uns klappt. Aber es gibt einfach von außen nicht viel Unterstützung. Die Eltern von uns beiden sind geschieden und auch viele unserer Freunde.«

»Die meisten jungen Frauen, die ich kenne, kämpfen jetzt darum, stark und unabhängig zu werden«, sagte Susan nachdenklich. »Sobald wir uns mit jemandem zusammentun, haben wir das Gefühl, an Boden zu verlieren. Entweder stecken wir in einer Beziehung und fühlen uns mehr oder weniger machtlos, oder wir entwikkeln unser Stärkegefühl und kämpfen dann mit dem Kummer, allein zu sein.«

»Männer fühlen sich auch so«, konterte Andy. »Wenn ich eine Beziehung eingehe und eine Familie gründe, habe ich Angst, in eine Art ökonomische Tretmühle zu geraten, aus der ich nie wieder herauskomme. So sehr ich mich auch nach einer festen Beziehung und

Kindern sehne, habe ich doch immer Angst, meine Freiheit, ja sogar meine Seele dabei zu verlieren.«

Der Verlust an Intimität, Authentizität und Seele in unserer Gesellschaft beeinflußt unsere Fähigkeit zur Partnerschaft. Die Fähigkeit, die Gemeinsamkeiten wie auch die uns innewohnenden Unterschiede anzuerkennen, ist entscheidend für die Kunst der Partnerschaft. Durch diese Arbeit können wir mitfühlende Gemeinschaften schaffen, die die einzigartigen Werte jeder Geschlechtskultur unterstützen. Wie viele von uns während dieser gemeinsamen Woche entdeckten, müssen wir einander nicht ähnlicher, sondern lediglich tiefgehender wir selbst werden.

Beide Geschlechter müssen die Verbindung mit dem archetypischen Geschlechtergrund wiederherstellen – mit der weiblichen und männlichen Seele. Das wird Männer und Frauen zu einem neuen Verständnis ihrer tiefen psychologischen Ökologie führen, sowohl in der Gemeinschaft als auch in individuellen Beziehungen. Zudem wird es eine Basis schaffen, auf der eine wechselseitig stärkende Verbindung zwischen den Geschlechtern aufgebaut werden kann. Die Kunst der Partnerschaft ist eine wesentliche Voraussetzung für die Schaffung »heiliger Ehen« und seelennährender Beziehungen. Solche festen Beziehungen bilden einen wichtigen Baustein zum Aufbau einer heilsamen Gemeinschaft.

Der tiefere Zweck intimer Beziehungen ist nicht so sehr die Fortpflanzung, sondern vielmehr die gegenseitige Unterstützung und Kameradschaft: *Männer und Frauen engagieren sich miteinander in der Seelenbildung*. Wenn wir das Kraft- und Magiepotential unserer Beziehungen anerkennen, können wir es benutzen, um den tiefsten Grund zu erreichen, zu dem wir Menschen fähig sind. Die Kunst der Partnerschaft kann als eine spirituelle Disziplin gesehen werden, als ein Mittel zur Förderung der Vertiefung der Seelen von Männern und Frauen.

John Welwood stellt fest, daß »intime Beziehungen die neue Wildnis geworden sind, die uns von Angesicht zu Angesicht mit all unseren Göttern und Dämonen konfrontiert.«[9] Das andere Geschlecht kann Knöpfe betätigen, die in gleichgeschlechtlichen Vereinigungen vielleicht nie aktiviert werden. Da psychische Probleme nur geheilt werden können, wenn sie ins Bewußtsein gebracht werden, kann die/ der andere eine evolutionäre Reaktion auslösen, die für ein Individuum alleine schwer, wenn nicht unmöglich zu erreichen ist.

Wir haben alle das Potential, uns in einer heiligen Alchimie zu engagieren, mit deren Hilfe wir uns selbst durch die Hitze der Leidenschaft und die Reibung der Unterschiede schmieden und härten können. Narzißtische Abwehr gegen Intimität wird dann wie der kleine Zaun um einen Baum herum, der ihn beschützt, wenn er klein ist, ihn aber beengt und ihm das Leben erstickt, wenn der Baum größer wird.

Die Ängste, die Andy und Susan zum Ausdruck brachten, spiegelten eine neuere Entwicklung wider: weg vom Sich-Ausliefern und »Sich-Verlieben«. Das könnte zu einer heilsamen Aufgabe der dysfunktionalen Muster der romantischen Liebe führen, wie wir sie aus Unterhaltungsliteratur und Popmusik kennen, die die Tugenden des Versinkens und »Verschmelzens« preisen und das Gefühl, das sagt: »Liebling, ohne dich bin ich nichts.«

Die Archetypen der Liebe, wie Kamadeva – Eros – Aphrodite, können uns mit einem Zustand von Besessenheit befallen, in dem wir vollkommen unsere Individualität und unseren Willen verlieren. Es ist jedoch auch möglich, Eros durch Vereinigung wie Parvati statt durch Besitz wie Narziß zu treffen. In einem Zustand der Vereinigung miteinander werden wir nicht von Liebe oder Begehren besessen, sondern erhalten vielmehr eine dynamische Spannung von Trennung und Hingabe aufrecht.

Eine der fundamentalen Maximen der Alchimie lautet: »separatio vor coniunctio«. Das bedeutet: Bevor die Elemente richtig miteinander verbunden werden können, damit sie Seele schaffen und nicht Seele brechen, müssen sie in ihre einzelnen Essenzen gespalten werden.[10] Gesunde Partnerschaften haben keinen Bestand ohne die Fähigkeit, getrennt *und* zusammen zu sein. Autonomie und Beziehung sind interdependente Qualitäten. Die Fähigkeit, getrennt zu sein, ist ein wesentlicher Bestandteil einer gleichberechtigten Beziehung mit einer anderen Person. Das Wohlbefinden entsteht im wesentlichen durch die Verbindung mit sich selbst. Wenn diese Bindung schwach oder gestört wird, dann leidet auch die Fähigkeit zur Partnerschaft.

Partner in Kommunion statt in Possession, Partner, die sich eher vereinigen als einander zu besitzen, treiben in die Beziehung mit anderen und mit sich selbst hinein und wieder aus ihr heraus; sie sind wie Ebbe und Flut. Solch ein Zyklus ist der natürliche Rhythmus der Gezeiten, des Herzschlags, der Jahreszeiten und des gesamten Lebens. Ebbe und Flut sind wesentlich für Eros, um die Zeiten zu überdauern. Man braucht Fähigkeit und Übung, um diesen Tanz tanzen zu können. Den meisten von uns ist es vertrauter, entweder vollkommen mit dem anderen zu verschmelzen oder ganz ohne Beziehung zu sein.

Unsere alten Verhaltensmuster gingen davon aus, daß unser Weg der jeweils einzig richtige ist. Wenn wir diese Position beibehalten, wie es in der Ärger- und in der Schatten-Sitzung in unserer Gruppe demonstriert wurde, dann sitzen wir beständig über unseren Partner zu Gericht. Eine Beziehung, der es an einer Vision von Partnerschaft mangelt, wird oft von dem Bewußtsein eines *entweder-oder* bestimmt und sieht nicht die Notwendigkeit des *sowohl-als auch*. Ohne diese Perspektive kann es sein, daß wir unbewußt unsere Herzen verschließen oder sogar aus Groll und Schuldzuschreibungen eine Distanz aufbauen, in dem verzweifelten Versuch, uns selbst wiederzufinden.

Die Partner in einer Beziehung fühlen sich gewöhnlich zu einer der Polaritäten stärker hingezogen. Einige haben vielleicht eine größere Fähigkeit zur Beziehung, andere eher zur Autonomie. Daher müssen wir oft von dem anderen in das, was jenem vertraut ist, »initiiert« werden. An diesem Punkt beginnt die Gratwanderung des alchimistischen Prozesses der Beziehung.

Die Herausforderung besteht wie immer darin, ob wir unsere Unterschiede anerkennen oder nicht und ob wir mit Offenheit und Lernbereitschaft aufeinander zugehen. Oft sind diese unterschiedlichen Sichtweisen eine beständige Quelle der Verwundung in der Beziehung. Wir müssen in individuellen Beziehungen, so wie es auch in der Gruppensitzung der Fall war, eine Haltung der Wertschätzung und neugierigen Erkundung einnehmen. Die Bereitwilligkeit, den anderen kennenzulernen und auch einmal nachzugeben, bei gleichzeitiger Wertschätzung und ständiger Präsenz des authentischen Ichs, wird zur Stärkung des Seelenbildungsprozesses beitragen.

Heilige Beziehungen waren das Hauptthema unserer letzten gemeinsamen Sitzung. Das schien ein passender Abschluß für unsere einwöchige Diskussion zu sein. Wir hätten noch bis in die Nacht weitermachen können, aber es war an der Zeit, die Sitzung dieses Tages zu beenden und einige Vorbereitungen für unsere Abreise zu treffen.

Lebt wohl, liebe Freunde

Andy grillte sorgsam den Hirschbraten auf einem Spieß über dem Feuer, während die anderen Lattich, Bergklee und eßbare Wildblumen sammelten, um einen grünen Wildpflanzensalat zu bereiten. Dies sollte unsere letzte gemeinsame Mahlzeit sein, und dank Eddies Großzügigkeit war für alle reichlich da.

Die Stimmung während des Essens schwankte zwischen Scherzen und Geschichten über Kuriositäten, die wir erlebt hatten, bis hin zu ausgedehntem bedrückendem Schweigen und trüber Atmosphäre, da es uns allmählich dämmerte, daß unsere gemeinsame Zeit tatsächlich dem Ende entgegenging. Wir hatten gegeneinander gewettert, hatten uns beschuldigt, zurückgestoßen, gefürchtet und zugehört, wir hatten geweint, gelacht, uns respektiert, geliebt und einander zutiefst geschätzt. Da war für diese letzten Stunden eine Menge Gefühl zustande gekommen in einer Gruppe, die sich sehr wahrscheinlich nie wieder treffen würde, zumindest nicht in ihrer gegenwärtigen Form, da wir alle aus so verschiedenen Gegenden kamen.

Es wurde spät. Da wir immer weiter in die Wildnis hinein gewandert waren und zweimal unser Camp verlegt hatten, mußten wir auf dem Rückweg bis zum Parkplatz eine wesentlich längere Strecke zurücklegen. Glücklicherweise ging es nur bergab. Um jedoch zu einer akzeptablen Zeit zu Hause anzukommen, wollten wir unsere Zelte sehr früh am Morgen abbrechen und uns spätestens im Morgengrauen auf den Weg machen.

Wenn wir irgendeinen bedeutungsvollen Abschied veranstalten wollten, war jetzt dafür die Zeit. Ich zog den Stein mit dem mittlerweile verwischten, aber immer noch lesbaren, mit Kreide gezeichneten Partnerschaftssymbol aus meinem Gepäck und sagte: »Laßt uns den Sprechstein ein letztes Mal kreisen lassen und zum Abschied etwas darüber sagen, was wir voneinander während unserer gemeinsamen Zeit gelernt und gewonnen haben.«

Gloria nahm den Stein, hielt ihn an ihre Wange und sagte: »Es war für mich ein starkes Erlebnis, als die Männer wiederholten, was sie uns über unsere Probleme hatten sagen hören. Über zwanzig Jahre lang versuche ich, Männer dazu zu bekommen, daß sie zuhören. Sie schalten entweder einfach ab, gehen weg und ignorieren mich, oder sie versuchen, mich zu korrigieren und zu interpretieren, oder sie behandeln mich irgendwie herablassend. Hier hatte ich zum ersten Mal in meinem Leben das Gefühl, daß eine Gruppe von Männern mir intensiv zugehört hat. Das hat mehr als alles andere, was wir zusammen getan haben, meine Hoffnung und meine Zuversicht wiederhergestellt, daß wir uns etwas tiefer in die Gemeinschaft mit anderen hineinbewegen können.

Auch das Bild der Sonnengöttin hat mich tagelang beschäftigt. Ich habe soviel Zeit meines Lebens mit dem Versuch verbracht, männliche Kraft zu erringen, indem ich mich den Männern anglich. Ich trage die faszinierende Idee mit mir nach Hause, daß ich stärker werden kann, indem ich tiefgründiger weiblich werde, anstatt unaufhörlich männliche Kraft zu inszenieren mit den zahllosen Wunden, die damit verbunden sind.«

Dann sagte Dave: »Als ich die Wanderung begann, sah ich mich um und tat sofort alle Frauen ab, weil sie nicht mein Typ waren. Ich war folglich an keiner von euch interessiert«, fügte er hinzu und sah die Frauen an. »Aber nachdem wir alle zusammen gelebt, geschrien, Fisch gefangen und Stürme überstanden haben, seid ihr alle für mich wirklich schön. Ich bin irgendwie verwirrt darüber, daß ich das vorher nicht gesehen habe.

Wißt ihr, die Frauen, mit denen ich jeden Tag zusammenarbeite, kommunizieren nie mit mir so, wie ihr es getan habt, und auch haben wir nie irgendwelche Abenteuer des ›wirklichen Lebens‹ miteinander geteilt. Es ist alles ein einziges Plustern und Aufblasen, Arbeit und Flirt, Krach und Hetze. Ich habe durch das Zusammensein mit euch allen gemerkt, daß ich etwas mehr brauche als das. Ich fühle mich nach dieser Woche viel stärker daran interessiert, in einer engagierten Beziehung mit einer Frau zu sein. Aber ich weiß auch, daß ich zur Unterstützung eine Gemeinschaft wie diese hier brauche, wo Frauen und Männer einander die Wahrheit sagen können und sich nicht ständig darüber Gedanken machen müssen, wie sie handeln oder wie sie aussehen«, sagte er grinsend.

Einige fingen an zu lachen, als wir die struppige Runde unrasierter Männer ansahen und die Frauen mit rauchverschmierten Gesichtern und zottigem Haar. Daß er uns schön fand mit all unseren Makken, die nun schonungslos zu Tage lagen, schien das größte Wunder zu sein.

Dann erzählte uns Marie: »Es hat mich umgehauen, von den tiefen Wunden der Männer zu hören. Als Rechtsanwältin befinde ich mich immer in der Situation, die Konsequenzen ihres Verhaltens zu bekämpfen. Aber bis jetzt habe ich nie wirklich verstanden, warum Männer so sind, wie sie sind. Diese Idee der Geschlechtergerechtigkeit ist eine harte Nuß für mich, trotz allem. Ich bin so daran gewöhnt, die Dinge aus der Sicht der Rechte und Wunden von Frauen zu sehen. Aber ich kann auch die tiefere Wahrheit nicht verleugnen, die ich mit euch allen erlebt habe, daß nämlich Frauen und Männer gleichermaßen verletzt werden und beide die Fähigkeit haben, Veränderung zu schaffen.

Ich stimme dem zu, was Margaret Mead gesagt hatte: Wann immer ein Geschlecht leidet, leidet das andere auch. Ich weiß nicht, wie dies Einfluß auf meine Praxis haben wird, aber mir scheint, daß einige meiner fortschrittlichen Kollegen ihre Praxis bereits mehr auf Vermittlung als auf Feindstrategien gründen.

Ich bin es müde, den Geschlechterkrieg zu führen, bei dem es immer Gewinner und Verlierer gibt. Frauen und Männer zerfleischen einander mit Unterhaltsregelungen und Sorgerechtspraktiken, die zweifellos oft voreingenommen sind. Sogar die Gewinner scheinen in dem Prozeß etwas zu verlieren, wenn es schließlich um die Kinder geht, die ihre Beziehung mit dem einen oder anderen Elternteil verlieren. Das ist keine Gerechtigkeit; das ist wie ein Kind in zwei Teile schneiden, um dem Staat Genüge zu tun. Vielleicht haben wir hier einen neuen Beruf geschaffen, und man wird künftig die Gelben Seiten durchblättern können auf der Suche nach Geschlechter-Vermittlern und Geschlechter-Diplomaten.«

Als nächster sprach Joel. »Ich denke an die Gespräche in dieser Woche zurück und versuche, die für mich herausragenden Dinge zusammenzufassen. Die Frauen regen sich über den männlichen Mißbrauch von körperlicher, politischer und ökonomischer Macht auf, und Männer sind ärgerlich über den weiblichen Mißbrauch von emotionaler, psychischer und sexueller Macht. Beide Seiten empören sich zweifellos über Machtmißbrauch, aber es scheint so, als ginge es um unterschiedliche Bereiche, in denen das eine Geschlecht das Gefühl hat, das andere besitze einen Vorteil. Frauen haben Probleme mit der männlichen Verleugnung von Gefühlen und Verletzlichkeiten, und Männer ärgern sich über die weibliche Verleugnung von Kraft und Einfluß auf die Kultur. Auch hier setzen sich beide Geschlechter mit Unehrlichkeit des anderen auseinander, aber in unterschiedlichen Bereichen.

Wenn wir uns stärker bewußt werden, daß wir Komplizen bei der gemeinsamen Schaffung der Gesellschaftsprobleme sind, dann denke ich, werden wir auch stärker werden, um Veränderung zu bewirken. Ich glaube, daß die Veränderung eintreten wird, wenn wir uns intensiv dafür einsetzen, aus den alten Geschlechter-Stereotypen auszubrechen und uns zu neuen Ideen bekennen, die uns in allen Dingen zu engagierten Verbündeten machen.

Mich begeistert die Möglichkeit einer neu aufkommenden Bewegung, die das Beste aus Frauenbewegung und Männerbewegung vereint und Feindschaft und Polarisierung hinter sich läßt. Eine Geschlechtergerechtigkeits- oder Geschlechterfriedens-Bewegung würde viel stärker die breite Bevölkerung von Frauen und Männer einschließen, die sich mit keiner der separaten Bewegungen identifizieren können. Diese Woche war viel fortgeschrittener und viel realer als alles andere, was ich je an meiner Uni erlebt habe. Ich danke euch allen für eure Aufrichtigkeit und euren Mut«, sagte er, lüftete seinen ramponierten Strohhut und verbeugte sich vor der Versammlung.

Lisa legte ihren Arm um Joels Schulter, als sie sich aufrichtete und sagte: »Bravo, Joel. Ich möchte zurückkehren und solche Diskussionen auch in der Universität einführen. Ich hoffe, wir können weiterhin solche Sitzungen haben, und zwar dort, wo wir sie am meisten brauchen. Unser Erziehungssystem beeinflußt alle anderen

Institutionen, da es die Studenten auf ihre Berufe vorbereitet. Ich fühle mich jetzt stärker, um mich der erdrückenden Stimme der ›political correctness‹ zu stellen, die die Hochschule heutzutage dominiert, und mich für die Schaffung von Foren einzusetzen, in denen Männer und Frauen gleichermaßen offen und ohne Angst über ihre Unterschiede sprechen können. Ich hoffe auch, daß zumindest diejenigen von uns, die in der Gegend von San Francisco leben, von Zeit zu Zeit zusammenkommen können, um diese Gespräche weiterzuführen.«

Es gab eine überwältigende Zustimmung zu der Idee, sich weiterhin zu treffen, wann immer es möglich war, und es wurde vorgeschlagen, daß auch diejenigen, die weiter weg wohnten, gelegentliche Treffen organisieren könnten. Wir kamen überein, nach der Rückkehr allen eine Adressen- und Telefonliste zu schicken.

Dann setzte Andy unsere letzte Runde fort und sagte: »Bei mir ist der Gedanke hängengeblieben, daß alle unsere Probleme gemeinsam geschaffen sind. Wenn Männer zu Striptease-Shows gehen und Frauen Männer auf dem Fußballplatz bejubeln, drücken wir im Grunde beide unsere Bewunderung für Frauen oder Männer aus, die ihren Körper zu unserer Unterhaltung ausbeuten. Beide Geschlechter tragen zum Geschlechterkrieg jedesmal bei, wenn sie an einer Institution teilnehmen, die Geschlechterungerechtigkeiten zur Grundlage hat.

Für den Geschlechterfrieden brauchen wir Männer die Hilfe von Frauen – die uns nicht beschuldigen und dafür verdammen, daß wir aus einer unausgeglichenen Vergangenheit kommen – sondern die sich mit uns verbünden in der Schaffung einer Gesellschaft, die sich für Geschlechtergerechtigkeit für Frauen und Männer einsetzt. Dafür müssen wir Männer werden, die weder Pseudo-Helden ohne Gefühle und Bedürfnisse sind, noch unterwürfige Arbeitsbienen, die nur zum Unterhalt von Frauen und Kindern arbeiten. Wir müssen unsere eigene Authentizität finden, frei von den harten Männerbildern der alten Schule wie auch frei von den Softie-Bildern der Frauen der neuen Schule.

Ich sehe eine starke Notwendigkeit für Männer, sich weiter in Zusammenhängen zu treffen, wo sie die Wahrheit über ihr Leben sagen können. Ich hätte auch gern eine regelmäßige Gruppe und ebenso eine engagierte Beziehung mit einer Frau. Vielleicht wird das eine zum andern führen. Wer weiß? Alles, was ich weiß, ist, daß ich mich heute abend in Frieden und voller Zuversicht für die Zukunft fühle. Ich danke euch allen für eure Wahrheit und die echte Zuneigung, die ich von vielen von euch gespürt habe.«

Dann sagte Doris: »Am Ende dieses Workshops ist mir deutlich geworden, daß Gleichheit uns nicht einfach von einer anderen Person oder einem anderen Geschlecht gegeben werden kann. Wir müssen uns zuerst einmal gleich mit uns selbst fühlen. Dann wird diese Gleichheit in die Welt ausstrahlen. Ich bin voller Hoffnung, daß es viele Wege gibt, um diese Aufgabe miteinander anzupacken.

Wir können das Spinnengewebe aus dysfunktionalen und entehrenden Überzeugungen aus unserem eigenen Haus hinausfegen. Wir können uns dem anderen Geschlecht mit der Auffassung nähern, daß es eine unterschiedliche Kultur mit eigenen besonderen Werten, Standpunkten und Prioritäten darstellt. Wir können entweder Krieg machen, indem wir versuchen, unsere Kultur den Männern aufzuzwingen, oder wir können Frieden machen, indem wir Wege der Koexistenz und der wechselseitigen Bereicherung finden. Wir haben viel zu gewinnen, wenn wir eine Haltung der Offenheit und Kooperation, und nicht der Kontrolle und Verurteilung einnehmen. Wir tragen alle die Schuld, daß wir Angst haben vor dem, was wir nicht verstehen. Und wir müssen Vergebung finden, wo wir können, wenn wir überhaupt vorwärts kommen wollen.«

Doris seufzte, sah auf zum Abendhimmel und fuhr fort: »Ich weiß, daß viele Leute sich immer noch vorstellen, daß die Natur weiblich ist, aber heute abend wirkt das helle, klare Licht der Sterne sehr männlich auf mich, und doch scheint die Dunkelheit der Nacht eher ein weibliches Mysterium zu sein. Zusammen sind sie wunderschön. Entzweit wären sie erdrückend. Ich liebe diese Idee, daß in allen Dingen sowohl männliche als auch weibliche Elemente vorhanden sind, und das ist ein Bild, das ich mit mir nach Haus tragen werde.«

Alan sagte: »Also, es wird Montagmorgen kommen, und ich werde wieder meinen Hammer schwingen. Und ich weiß noch nicht genau, wie ich diese Woche den Männern, mit denen ich zusammenarbeite, schildern soll. Aber auf jeden Fall kann ich sagen, daß dies die aufrichtigste Gruppe von Frauen ist, die ich jemals getroffen habe. Und auch wenn einige von euch Kerlen etwas seltsam sind«, fügte er mit einem Grinsen zu den Männern gewandt hinzu, »hat es mir wirklich Spaß gemacht, auch mit euch diese Woche zu verbringen, und zwar auf eine Weise, wie ich es nie mit meinen Kumpels zu Hause tun könnte. Es war toll. Und Andy, wir leben ungefähr zehn Meilen voneinander entfernt. Ich fände es schön, wenn wir uns zusammen mit einigen anderen Männern von Zeit zu Zeit treffen könnten.

Ich denke, meine wichtigste Erfahrung in dieser Woche ist, daß ich verstanden habe, wie real und normal viele von Merles Bedürfnissen sind. Ich habe eingesehen, daß eine Menge Zeug, das ich als ihre Hilfsbedürftigkeit abgetan habe, in Wirklichkeit mehr mit meiner eigenen Selbstsucht zu tun hat. Ich habe entdeckt, daß ich mich gerade in ihr Streben nach Verbindung verliebt habe. Ich erinnere mich, daß ich bei unserer ersten Begegnung dachte: Wow! Diese Frau ist wirklich gern mit mir zusammen. Das war ein so großartiges Gefühl nach all den kleinen Liebschaften mit Mädchen, bei denen es nicht so war. Wenn ich also nicht die Energie habe, ihr jetzt zuzuhören, dann ist vielleicht etwas in meinem Leben falsch, und nicht in ihrem. Es war erstaunlich für mich, daß ihr Frauen alle so ähnliche Erfahrungen mitgeteilt habt. Ich habe es wirklich begriffen, daß wir in verschiedenen Kulturen leben. Anstatt so hart über euch zu urteilen, weil ihr anders seid, will ich anfangen, euch mehr zuzuhören. Ich möchte nicht so enden wie der Blumenkerl, der im Teich starb, von dem Aaron erzählte.«

Susan sagte: »Ich denke, daß Diskussionen wie diese viel mehr bewirken als der heutzutage so allgemein verbreitete Raketenbeschuß über den Geschlechtergraben. Wir könnten so etwas wirklich bei der Arbeit benutzen. Meine Firma hat über viertausend Angestellte. Es würde unsere ganze Gesellschaft beeinflussen, wenn wir einfach miteinander reden könnten, so wie wir es hier getan haben. Diese Friedensgespräche gaben uns die Möglichkeit, uns wirklich gegenseitig anzuhören und zu entdecken, daß viele unserer Meinungsverschiedenheiten auf zwar unterschiedlichen, aber gleichermaßen begründeten Blickwinkeln beruhen.

So oft haben wir uns gegenseitig durch Beschuldigung und Verurteilung beschämt. In dieser Woche haben wir jedoch erlebt, daß wir uns durch aufrichtige Kommunikation, auch wenn wir uns nicht in allem einig sind, gegenseitig stärken können. Und gegenseitige Stärkung ist wirklich im Interesse aller, glaubt ihr nicht?

Oh ja, eine letzte Sache. Weißt du, Dave«, sagte sie und sah über das Feuer zu ihm hin, »als wir diese Wanderung begannen, dachte ich, du bist der größte Idiot. Ich war am ersten Tag echt genervt von dir. Aber dann war ich sehr beeindruckt von den Risiken, die du eingegangen bist, und von deiner Fähigkeit zur Veränderung. Und du siehst auch gar nicht so übel aus«, sagte sie mit einem vielsagenden Lächeln, das sie schon vorher des öfteren gezeigt hatte. »Ich möchte auf deinen Wunsch eingehen, daß Frauen offen sagen, was sie wollen. Ich würde gern mit dir zusammen sein, wenn wir wieder zu Haus sind. Du brauchst jetzt nichts zu sagen, aber ich werde dir meine Telefonnummer geben, und du rufst mich einfach an, wenn du dich mit mir treffen willst. Okay?«

Das überraschte Lächeln auf Daves Gesicht schien zu sagen, daß es für ihn mehr als okay war.

Als nächster sprach Larry: »Also, ich kann es kaum noch erwarten, morgen meine Kinder zu sehen. Ich fühle mich jetzt als Vater wertvoller als je zuvor. Ich empfinde die Tatsache weniger unbehaglich, daß Marie hauptsächlich die Brötchen verdient und ich hauptsächlich die Brötchen backe. Es kommt mir jetzt wie eine natürliche Entwicklung in den großen Rollenverschiebungen vor, über die wir die ganze Woche gesprochen haben. Ich fühle mich stärker mit den Männern verbunden, als es lange Zeit der Fall war. Daß ich so lange im häuslichen Bereich war, hat mich irgendwie von den Männer entfremdet. Ich meine damit, ich war auf Elternversammlungen, wo ich der einzige anwesende Vater war.

Ich habe in dieser Woche auch gemerkt, daß wir Männer der männlichen Gewalt und der sexuellen Belästigung von Frauen mehr Widerstand entgegensetzen müssen. Wenn wir das nicht tun, werden wir nie Geschlechterfrieden haben. Andererseits hat es einige tiefe Wunden in mir geheilt, Frauen zum ersten Mal ihre eigene Fähigkeit zu Gewalt und Mißbrauch zugeben zu hören. Ich habe es so satt, daß immer die Väter die Schuld bekommen an allen

Problemen, an Gewalt wie an mangelnder finanzieller Versorgung der Kinder. Immer mehr Männer kommen ins Gefängnis, wenn sie nicht genug bezahlen können, aber Frauen werden nicht gleichermaßen zur Rechenschaft gezogen, wofür sie das Geld ausgeben oder wie sie die Besuchsregelungen einhalten. Es geht mir ziemlich unter die Haut, weil ich so intensiv versuche, ein engagierter Vater zu sein, und ich kenne viele andere Männer, die das auch tun.

Und obwohl es mir wirklich kein Vergnügen bereitete, die Frauen zugeben zu hören, daß auch sie sexuell und körperlich Kinder mißbrauchen und ihnen auf unterschiedliche Weise die angemessene Betreuung und Versorgung der Kinder ebenfalls mißlingt, so gibt es mir doch die Befriedigung, daß dadurch das Thema der Vernachlässigung ins richtige Licht gerückt wird. Ähnlich wie bei anderen Formen der Gewalt in der Familie, wirkt das alles auf mich jetzt weniger als ein Geschlechterproblem, sondern vielmehr als ein gesellschaftliches Problem, das uns alle betrifft. Wir müssen alle bessere Bündnisse, stärkere Familien, Großfamilien und Zusammenhänge von Gemeinschaften zur Versorgung unserer Kinder schaffen. Und wir müssen mehr therapeutische Gruppen für Eltern beiderlei Geschlechts einrichten, die in ihrer Fürsorgefähigkeit beeinträchtigt sind.«

Merle sagt: »Ich habe gelernt, daß wir nur wirklich gleiche Partner werden können, wenn Männer und Frauen die volle Verantwortung für ihre Fähigkeit zu Grausamkeit und Mißhandlung übernehmen und darüber hinaus mehr Unterstützung und Verständnis anbieten. Die meisten von uns haben Gewalt in sich, aber es scheint, daß Männer und Frauen sie oft in unterschiedlicher Weise austragen. Ich habe in dieser Woche auch eine Menge darüber gelernt, wie ich mich selbst immer als Opfer gesehen habe. Normalerweise gebe ich Alan die Schuld für unsere Beziehungsprobleme. Aber jetzt habe ich verstanden, daß ich all meine Stärke abgebe, wenn ich ihn dafür verantwortlich mache, alles wieder geradezubiegen. Männer oder Frauen allein werden nicht in der Lage sein, das Trümmerfeld in Ordnung zu bringen, zu dem diese Welt geworden ist. Das müssen wir schon gemeinsam tun.

Ich fühle mich angespornt, nach Hause zu gehen und mit meinen Freundinnen darüber zu sprechen, daß auch wir als Frauen Dinge tun, die zur Umweltkrise und Kriegsmaschinerie beitragen. Ich glaube einfach nicht, daß es wirkliche Stärke ohne Verantwortung gibt. Und gleichzeitig werde ich mich nach einem Halbtagsjob umsehen, wenn ich zurück bin. Anstatt Alan an allem die Schuld zu geben, möchte ich ihm etwas von seiner ökonomischen Bürde abnehmen und wie Parvati meinem eigenen Leben ein bißchen mehr Richtung geben. Vielleicht wird das Alan auch ermöglichen, etwas weniger zu arbeiten und mehr Zeit und Energie für unsere Beziehung zu haben. Ich werde euch über die Entwicklung der Dinge auf dem Laufenden halten.«

Dann stand Jerry auf und sagte: »Solange ich mich erinnern kann, war ich von meinem eigenen männlichen Körper abgeschieden und hatte ein sehr distanziertes Verhältnis zu meiner Männlichkeit. Ich habe immer noch das Gefühl, daß es sehr wichtig für Männer ist, die Hauptziele des Feminismus zu unterstützen. Aber nach dieser Woche sehe ich den Schaden, den ich mir selbst durch meine anti-männliche Überzeugung und überidealisierte Sicht der Frauen zugefügt habe. Ich möchte zum ersten Mal in meinem Leben sagen, daß mein Schwanz heilig ist und daß es wirkliche heilige Bilder der Männlichkeit gibt, die uns so tief inspirieren können wie die Göttin. Ich sehe auch einen Hoffnungsschimmer für eine Geschlechtergerechtigkeits-Bewegung als einer Weiterentwicklung der Frauen- und Männerbewegung in Richtung Partnerschaft – wie eure Shiva und Parvati«, sagte er und sah Liz an, als er ihr den Sprechstein gab.

»Danke, Jerry«, sagte Liz, die eine Weile damit verbrachte, jeden in der Gruppe anzusehen. Die Flammen unseres letzten Feuers knisterten, sprühten Funken und warfen flackernde, rosige Schatten auf unsere Gesichter. »All eure Augen leuchten jetzt richtig, ihr gebt wirklich ein schönes Bild ab. Ihr habt mich alle tief bewegt und glücklich gemacht mit eurem Engagement zur Aufrichtigkeit. Die Idee, einander die ganze Wahrheit zu sagen, hatte wirklich eine Schlüsselposition in unserer Versöhnungsarbeit. Es ist wichtig, immer daran zu denken, daß es Schichten über Schichten von Wahrheit gibt.

Wir begannen mit unserem Ärger und kamen dann in Kontakt mit der Angst voreinander, die sich hinter dem Zorn versteckte. Als wir uns durch Schuld und Scham durcharbeiteten, kam eine Menge

Kummer auf, und auf dem Weg zu einer noch tieferen Schicht, erlebten wir dann die authentische Quelle von Liebe und Wertschätzung, die wir füreinander empfinden. Ich denke, daß in jedem Lebensumstand all diese Elemente gegenwärtig sind, und wenn wir es nicht schaffen, einander die *ganze* Wahrheit zu sagen, wird nicht viel von bleibendem Wert geschehen.

Ich war sehr beeindruckt von dir, Gloria, wegen der Rolle, die du zu Anfang hattest, als du uns geholfen hast, in Kontakt mit unseren Ängsten zu kommen. Das hat uns allen geholfen, in ein weiteres Stück Wahrheit vorzustoßen. Und um diese harte Wegstrecke zu überwinden, mußtest du das Risiko der Verwundbarkeit uns allen gegenüber auf dich nehmen. Und ich fühle, daß wir alle diesem Beispiel mit mehr Mut und Tapferkeit folgten, als ich es je in einer Woche für möglich gehalten habe.«

Dann sagte Aaron: »Nach dieser Woche glaube ich mehr als je zuvor, daß Frauen und Männer von der polarisierten Geschlechterkriegs-Rhetorik ablassen können, die uns und unsere gesellschaftlichen Institutionen entzweit hat, und daß wir viel mehr Foren für die Kommunikation zwischen den Geschlechtern schaffen können, die das Potential haben, uns zu vereinen und zu heilen. Und diese Foren können alle möglichen Formen annehmen. Nicht jeder kann sich den Luxus erlauben, eine Woche lang in die Wälder zu gehen. Und nicht jeder hat das nötig.

In dieser gemeinsamen Woche sind wir einem Ort näher gekommen, an dem wir als Frauen und Männer in unserer vollen Würde zu unserem Anderssein stehen können, während wir zur gleichen Zeit Mitgefühl und Verständnis für das andere Geschlecht entwikkeln. Was wir gelernt haben, können wir anderen mitteilen. Sie brauchen jetzt vielleicht nicht mehr so viele harte Brocken zu zerschlagen, um fruchtbaren Boden zu finden. Wir haben von beiden Seiten des Grabens aus ein paar Pfeiler für die Brücke des Geschlechterfriedens gebaut, in der Hoffnung, daß dadurch die anderen bereits etwas näher zur Mitte hin anfangen können, als wir es taten.

Neuere Studien zur Lerntheorie und Vermutungen über die Übernahme neuer Ideen und Verhaltensweisen haben ergeben, daß eine sehr kleine konzentrierte Gruppe das Verhalten einer viel größeren beeinflussen kann. Einige wenige Vögel, die in einer Schar umdrehen, oder wenige Fische in einem Schwarm können die Richtung einer größeren Gruppe verändern. Man nennt dies das ›Hundert-Affen-Syndrom‹ nach einer allerdings umstrittenen Studie über eine Gruppe von Affen, die anfingen, ihr Essen in einer bestimmten Weise zu waschen, nachdem ungefähr Hundert von ihnen dies neue Verhalten erlernt hatten.[11] So sage ich euch Lebewohl, liebe Affen-Freunde. Und ich hoffe, wir können unsere neuen Verhaltensweisen ein paar anderen Affen vermitteln.«

Wir standen um das Feuer herum und hielten uns eine Zeitlang schweigend bei der Hand.

Anmerkungen

Kapitel 1: Eine Gruppe von Frauen und Männern

1 William Stafford, in: Robert Bly, James Hillman, Michael Meade 1992, S. 233.
2 Anne Moir, David Jessel, 1991.
3 Unseres Wissens nach wurde der Begriff »Bi-Sexismus« zuerst von Warren Farrel in seinem Buch *Why Men Are the Way They Are*, 1986 eingeführt.
4 Deborah Tannen, 1992.
5 John Gray, 1990.
6 Carol Tavris, 1992, S. 125.
7 Rupert Sheldrake, 1991, S. 75.
8 John Welwood, 1991, S. 15.

Kapitel 2: Erstes Gipfeltreffen der Geschlechter

1 Danaan Perry, 1991, S. 130.
2 Carol Gilligan, 1982, S. 8.
3 Carl Rogers, 1980, S. 116.
4 Mary Daly, 1984, S. X, 2.
5 Kay Leigh Hagen 1993 und 1992, S. 39-40.
6 Marilyn French, in: Harding, 1992, S. 240.
7 Daily Orthodox Jewish Prayer: Tosefta Berakhot, Vilna Shas 6:23.
8 Martin Luther, Lektüren zur Genesis, *Ausgewählte Schriften,* Bd. 1, Kap. 3.
9 Tama Starr, 1991.
10 Danaan Perry stellte diesen Vergleich von menschlichem Verhalten und Vulkanen auf einer Vorlesung in Sebastopol, Kalifornien, im Frühling 1992 auf.
11 Auch wenn mehr Männer als Frauen Opfer von Gewalt sind, ist bei Frauen die Wahrscheinlichkeit größer, daß sie von einem Bekannten oder von einem, mit dem sie eine intime Beziehung unterhalten, angegriffen werden. Dadurch findet Gewalt im Leben von Frauen »fast zu Hause« statt und ist somit potentiell auch psychologisch zerstörerischer als die anonyme Gewalt in der Gesellschaft im großen Maßstab, die jeden betrifft (nach Tamar Lewin, 1991). Über 1,8 Millionen Frauen werden jährlich von einem männlichen

Partner ernstlich angegriffen (nach: *National Family Violence Surveys,* zitiert in Richard J. Gelles und Murray A. Straus, 1988).

12 Laut Regierungsstatistiken geben jährlich mehr als 100 000 Frauen an, sexuell angegriffen worden zu sein. Viele Untersuchungen zur Zahl der weiblichen Opfer lassen vermuten, daß auf eine angezeigte Vergewaltigung ganze zehn kommen, die nicht angegeben werden. Somit steigt die geschätzte Zahl der sexuellen Angriffe in Amerika auf 1 Million jährlich (nach: *Uniform Crime Reports,* FBI, »Crime in the United States«,1991; U. S. Department of Justice, Bureau of Justice Statistics [Washington, D.C.: USGPO, 1992]; Robin Willis Knowlton, 1987, S. 15).

13 Frauen in Haushalten, in denen beide Partner berufstätig sind, erledigen weiterhin etwa 75 % der Hausarbeit (nach: Arlie Hochschild und Anne Machung, 1989). Ebenso: Sarah E. Rix, 1988.

14 Frauen machen zwei Drittel aller als arm eingestuften Erwachsenen in diesem Lande aus, und nahezu doppelt so viele Frauen wie Männer haben weniger als 20 000 Dollar Jahreseinkommen (laut: Money, Income and Poverty Status in the U.S., 1989, *Current Population Reports,* U.S. Bureau of the Census, Department of Commerce, Series P-60, Nr. 168.)

15 Laut Angaben der *American Anorexia and Bulimia Association* leiden 1 Million Frauen jährlich an Mager- oder Freßsucht (nach: Joan Jacobs Brumberg, 1988, S. 20). Eine gewisse Schlankheits-Obsession betrifft die Mehrheit der amerikanischen Frauen. In einer Erhebung der University of Cincinnati College of Medicine hielten sich 75 % der Frauen zwischen achtzehn und fünfunddreißig Jahren für übergewichtig, während tatsächlich lediglich 25 % medizinisch gesehen übergewichtig waren (nach: *Glamour magazine,* Feb. 1984, »33 000 Women Tell How They Really Feel About Their Bodies.« Die *Standard and Poor's Industry Surveys* (New York, Standard and Poor's Corp., 1988) berichten, daß mehr als 80 % der plastischen Chirurgie an Frauen vollzogen wird, und die Zahl der Frauen, die sich schönheitschirurgischen Eingriffen unterziehen, nimmt beständig zu.

16 Im letzten Jahrzehnt haben Berichte über sexuelle Belästigung beständig zugenommen (mit einem Wachstum um 25 % in der Zeit von 1982 bis 1988; vgl. Statistics from U.S. Equal Employment Opportunity Commission, »National Database: Charge Receipt Listing«, 1982-88; »Sexual Harassment«, 1981-89). Eine vom *Redbook* Magazin bei neuntausend ihrer Leser durchgeführte Erhebung ergab, daß 88 % der Befragten in irgendeiner Weise eine sexuelle Belästigung am Arbeitsplatz erfahren haben (nach: Jeff Hearn, Deborah L. Sheppard, Peta Tancred-Sheriff und Gibson Burrell [Hg.], 1989, S. 80).

Kapitel 3: Im Frauen-Camp

1 Carl Olson, 1983, S. 176.
2 Naomi R. Lowinsky, 1992, S. 118.
3 Sam Keen, 1992.
4 Sigmund Freud, *Gesammelte Werke,* 1964.
5 Carol Gilligan, 1982, S. 17, 171-173.
6 Linda Sanford u. Mary Ellen Donovan, 1985, S. 43. Ebenso: eine Studie der

Association of University Women von 1990, zitiert in: *The New York Times,* 3. Jan. 1991.
7 G.L. Simons, 1973, S. 39.
8 Claire R. Farrer, »Singing for Life: The Mescalero Apache Girls' Puberty Ceremony«, in: Louise Mahdi, Foster u. Meredith Little (Hg.), 1987, S. 239-263; Gladys A. Reichard, 1950, S. 173; Anne Rush, 1976, S. 171, 214; Jane C. Goodale, 1971, S. 47.
9 Diane Wolkstein u. Samuel Kramer, 1983, S. 12.
10 Erich Neumann, 1989; Luisah Teish, 1985, S. 118.
11 Friedrich Nietzsche, 1987.
12 Camille Paglia, 1992, S. 127.
13 Camille Paglia, 1992, S. 123.
14 James Hillman, 1981, S. 29.
15 Kevin Crossley-Holland, 1980, S. 5-6, 144.
16 Funk u. Wagnalls (Hg.), 1972, S. 1087; Michael Dames, 1976, S. 154.
17 Felix Guirand (Hg.), 1989, S. 409.

Kapitel 4: Im Männer-Camp

1 C. G. Jung, 1974, S. 281.
2 *Statistical Abstract,* S. 183.
3 Der »Violence Against Women Act« von 1993 sollte die extreme feministische Position zum Gesetz erheben, daß Vergewaltigung ein systematisches Verbrechen in einer patriarchalischen Gesellschaft sei, momentan aber »als ein Ausdruck männlicher Beherrschung toleriert oder stillschweigend gebilligt« werde (John Leo, UP, Santa Barbara *News-Press,* 13. Juli 1993, S. A 7). Obwohl in Gefängnissen Männer ebenfalls und in gleicher Zahl vergewaltigt werden, gibt es im *Statistical Abstract of the United States* nicht einmal eine Kategorie, die die männlichen Opfer erwähnt. Ein sorgfältiger Gesetzesentwurf sollte sich jedoch auch darum bemühen, die männlichen Gewaltopfer zu schützen. In jeder anderen Kategorie der Regierungs-Statistiken übertreffen die männlichen Opfer zahlenmäßig die weiblichen. *Statistical Abstract,* S. 184-187.
4 Ellen Bass u. Laura Davis, 1988, S. 96, 198; s. auch Kenneth I. Singer (1989), S. 468-472; Susan O'Brien (1980), S. 60.
5 *Statistical Abstract,* S. 186.
6 Adah Maurers Untersuchung in den Jahren 1972-73 an kalifornischen Schulen, anhand von 46.022 Fällen, ergab ein Verhältnis der bestraften Jungen zu bestraften Mädchen von 18 zu 1 (zitiert in Irwin Hyman u. James Wise [Hg.], 1979, S. 12).
7 *Statistical Abstract,* S. 189. 1989 begingen 24.102 männliche und 6.130 weibliche Personen Selbstmord. Männliche Weiße über fünfundsechzig und zwischen fünfzehn und achtzehn Jahren weisen die höchsten Raten auf.
8 Eleanor Maccoby u. Carol Jacklin, 1974, S. 119. Noch 1992 lagen Jungen in allen Klassenstufen vor dem College hinter den Mädchen zurück.
9 *Statistical Abstract,* S. 164. Es sind jetzt über 1 Million mehr Frauen als Männer im College eingeschrieben. Es gibt zahllose Wiedereingliederungsprogramme für Frauen, die im fortgeschrittenen Alter ins College zurückkehren wollen, aber unseres Wissens nichts dergleichen für Männer.

10 *Statistical Abstract*, S. 164, 197.
11 National Center for Health Statistics, *Monthly Vital Statistical Report*, Bd. 38, Nr. 5 (Beilage v. 26.Sept.1989), S. 4.
12 Laut Warren Farrel, 1993, unterhält die US-Regierung ein Büro für Frauen-Gesundheit, aber keines für Männer (S. 188). Das National Institute of Health gibt 10 % ihrer Gelder für Frauen-Gesundheit und 5 % für Männer aus (S. 189, 397); die übrigen 85 % gehen in Forschungen, die beide Geschlechter betreffen.
13 *Statistical Abstract*, S. 121-122, 187, 189.
14 *Bureau of Corrections Magazine Prison Census*, Bureau of Justice Statistics, März 1979.
15 Bernard Siskin u. J. Staller, 1989. Ebenso: American Association for Suicide Prevention, 1991.
16 *Statistical Abstract*, S. 392-400, 427-464. Internal Revenue Service, »Statistics of Income Bulletin: 1992«.
17 Rainer Maria Rilke, 1955. Mit freundlicher Abdruckgenehmigung des Insel Verlags. © Insel Verlag, Frankfurt am Main.
18 George Hart, 1986; Funk u. Wagnalls (Hg.), 1963, S. 1087; Rush, 1976, S.154; Wolkenstein u. Kramer, 1983, S. 123.
19 Robert Moore u. Douglas Gillette, 1990; Sam Keen, 1991; Sam Osherson, 1986; Arthur Coleman u. Libby Coleman, 1988; Robert Bly, 1990, Shepherd Bliss, 1991; Eugene Monick, 1987; William Anderson, 1990.
20 Jean Bolen, 1989.
21 C. G. Jung, 1974, S. 280-281.
22 Walter Friedrich Otto, 1989.
23 Jed Diamond, 1994.
24 Arthur u. Libby Coleman, 1988, S. 3, 24.
25 Shepherd Bliss, 1991.
26 Families and Work Institute, 2. Sept.1993. Eine fünfjährige Untersuchung der nationalen Arbeitskräfte auf der Grundlage von mehrstündigen Interviews mit 3 381 ArbeiterInnen. Über 75 % der Befragten berichten, daß Frauen mehr Hausarbeit machen, während 91 % behaupten, daß Männer den Hauptanteil an Hausreparaturen tragen (zitiert nach: *Santa Barbara News Press*, 3. Sept. 1993, S. A-1).

Kapitel 5: Von Ängsten überschwemmt

1 Erica Jong, 1972.
2 Warren Farrell, 1993.

Kapitel 6: Den Schatten erkennen

1 Ken Wilber, in: Connie Zweig u. Jeremiah Abrams (Hg.), 1991, S. 271.
2 Betty Friedan, 1974.
3 John Taylor, 1991, S. 7-10.
4 Murray A. Straus, 1993; Richard J. Gelles, 1974; Suzanne Steinmetz, 1985, S. 203-207; Suzanne Steinmetz, 1978, S. 499-509; E. Adler, 1981, S. 300-319.

5 *Statistical Abstract,* S. 83.
6 Vgl. Kap. 4 Anm. zu Bass u. Davis.
7 Erich Neumann, 1989; Moon, 1984, S. 93-95, 77.
8 Sheila Moon, 1984, S. 85; C. G. Jung, *Ges. Werke,* 1971-1990, Bd. 9/II; Zweig/Abrams, 1991.
9 Herb Goldberg, 1979, S. 145.
10 *Los Angeles Times,* 19. Jan. 1992; Sylvia Perera, 1986, S. 18.
11 Robert Johnson, 1987, S. 43, 46.

Kapitel 7: Schwerter und Speere niederlegen

1 Ashley Montagu, 1974.
2 Alfred Adler, 1905, S. 15.

Kapitel 8: Geschlechtergerechtigkeit

1 Rumi, Poles Apart, in: John Moyne u. Colman Barks, 1984.
2 Margaret Mead, 1949, S. 298-299 (dt. 1992).
3 Alexander Mitscherlich, 1992, S. 328.
4 Naomi Wolf, 1992, S. 194f.
5 Deborah Tannen, 1990.
6 Mark L.Knapp, 1972.
7 Chris Evatt, 1992, S. 116.
8 Marion Woodman, 1982, S. 84.

Kapitel 9: Geschlechterfrieden und die Kunst der Partnerschaft

1 Robert Moore u. Douglas Gillette, 1992, S. 9.
2 Jerome S. Bernstein, in: Louise Mahdi, Foster u. Meredith Little (Hg.), 1987.
3 Sam Keen, 1993.
4 Ovid, 1990, S.88 ff.
5 Sören Kierkegaard, 1984a.
6 Rupert Sheldrake, 1991, S. 232.
7 Wolkstein/Kramer, 1983; Gladys Reichard, 1950, S. 16-18; Felix Guirand, 1989, S. 49, 407; Anthony S. Mercatante, 1978.
8 Felix Guirand, 1989, S. 49; 407 Diane Wolkstein, 1991, S. 77.
9 John Welwood, 1991, S. 1.
10 Edward Edinger, 1985 (dt. 1990).
11 Rupert Sheldrake, 1981, S. 14, 183-196 (dt. 1989); Ken Keyes, 1982.

Literatur

Adler, Alfred (1905), *Praxis und Theorie der Individualpsychologie,* Darmstadt.

Adler, E. (1981), The Underside of Married Life: Power, Influence and Violence, in: L. H. Bowker (Hg.), *Women and Crime in America,* New York.

Aldington, R., D. Ames (1989), *New Larousse Encyclopedia of Mythology,* New York.

Anderson, William (1990), *Green Man: The Archetype of Our Oneness with the Earth,* London. (Dt.: *Der grüne Mann. Ein Archetyp der Erdverbundenheit,* Düsseldorf, 1993).

Bass, Ellen, Laura Davis (1988), *The Courage to Heal: A Guide for Women Survivors of Child Sexual Abuse,* New York. (Dt.: *Trotz allem. Wege zur Selbstheilung für sexuell mißbrauchte Frauen,* Berlin, 1990.)

Baumli, Francis (Hg.) (1985), *Men Freeing Men,* Jersey City.

Bernstein, Jerome S. (1987), The Decline of Masculine Rites of Passage in Our Culture: The Impact on Masculine Individuation, in: Louise Mahdi, Foster u. Meredith Little (Hg.) 1987.

Bliss, Shepherd (1991), Kokopelli: Ancient Fertility God as New Model for Men, in: *The Sun,* Dez. 1991.

Bly, Robert (1990), *Iron John: A Book About Men, Reading.* (Dt.: *Eisenhans. Ein Buch über Männer,* München, 1993).

– (1985), *Loving a woman in Two Worlds,* New York.

–, James Hillman, Michael Meade (Hg.) (1992), *The Rag and Bone Shop of the Heart,* New York.

Boer, C. (1970), *The Homeric Hymns,* Dallas.

Bolen, Jean (1989), *Gods in Every Man: A New Psychology of Men's Lives and Loves,* San Francisco (Dt.: *Götter in jedem Mann: besser verstehen, wie Männer leben und lieben,* Basel, 1991).

Brown, Helen Gurley (1993), *The Late Show: A Semiwild (but Practical) Survival Plan for Women,* New York.

Brumberg, Joan Jacobs (1988), *Fasting Girls: The Emergence of Anorexia Nervosa as a Modern Disease,* Cambridge. (Dt.: *Todeshunger. Die Geschichte der Anorexia Nervosa vom Mittelalter bis heute,* Frankfurt/New York, 1994.)

Budapest, Zusannah (1975), *The Feminist Book of Light and Shadows,* Venice/Kalifornien.

Bullough, Vern L. (1973), *The Subordinate Sex,* Chicago.

California Department of Corrections, Offender Information Services Branch (1985-87), Offense Groups of Felons in California Prisons.
Campbell, Joseph (1993), *The Way of the Animal Powers,* London/San Francisco.
Carlyon, R. (1982), *A Guide to the Gods,* New York.
Cavendish, R. (1980), *Mythology: An Illustrated Encyclopedia,* London/New York.
Coleman, Arthur u. Libby (1988), *The Father: Mythology and Changing Roles,* Wilmette.
Crossley-Holland, Kevin (1980), *The Norse Myths,* New York.

Daly, Mary (1978), *Gyn/Ecology,* Boston (Dt.: *Gyn-Ökologie: eine Metaethik des radikalen Feminismus,* München).
– (1984), *Pure Lust,* Boston. (Dt.: *Reine Lust,* München, 1986.)
Dames, Michael (1976), *The Sibury Treasure,* London.
Diamond, Jed (1994), *The Warrior's Journey Home,* Oakland.
Downing, Christine (1987), *The Goddess: Mythological Images of the Feminine,* New York.

Edinger, Edward (1985), *Anatomy of the Psyche: Alchemical Symbolism in Psychotherapy,* La Salle. (Dt.: *Der Weg der Seele: Der pschotherapeutische Prozeß im Spiegel der Alchimie,* München, 1990.)
Eisler, Riane (1987), *The Chalice and the Blade,* San Francisco. (Dt.: *Von der Herrschaft zur Partnerschaft: Weibliches und männliches Prinzip in der Geschichte,* München, 1989.)
Evatt, Chris (1992), *He and She: Sixty Significant Differences Between Men and Women,* Berkeley.

Faludi, Susan (1991), *Backlash: The Undeclared War Against American Women,* New York. (Dt.: *Die Männer schlagen zurück. Wie die Siege des Feminismus sich in Niederlagen verwandeln und was Frauen dagegen tun können,* Reinbek bei Hamburg, 1993.)
Farrel, Warren (1993), *The Myth of Male Power: Why Men Are the Disposable Sex,* New York.
– (1986), *Why Men Are the Way They Are,* New York. (Dt.: *Warum Männer so sind, wie sie sind,* Hamburg/München, 1990.)
Farrer, Claire R. (1987), Singing for Life: The Mescalero Apache Girls' Puberty Ceremony, in: Louise Mahdi, Foster u. Meredith Little (Hg.).
Fine, R. (1986), *Narcissism, the Self and Society,* New York.
Freedman, Rita (1986), *Beauty Bound,* Lexington/Mass. (Dt.: *Die Opfer der Venus: Vom Zwang schön zu sein,* Zürich, 1989.)
French, Marilyn (1992), in: Christopher Harding (Hg.).
Freud, Sigmund (1964), *Gesammelte Werke,* Frankfurt.
Friedan, Betty (1974), *The Feminine Mystique,* New York. (Dt.: *Der Weiblichkeitswahn oder die Selbstbefreiung der Frau: Ein Eamzipationskonzept,* Reinbek bei Hamburg, 1991.)
Funk/Wagnalls (Hg.) (1963), *Standard Collage Dictionary Edition,* New York.

– (Hg.) (1972), *Standard Dictionary of Folklore, Mythology and Legend,* New York.

Gelles, Richard J. (1974), *The Violent Home: A Study of Physical Agression Between Husbands and Wives,* Beverly Hills/Kalifornien.
–, Murray A. Straus (1988), *Intimate Violence,* New York.
–, D. Loseke (Hg.) (1993), *Current Controversies on Family Violence,* Beverly Hills.
Gilligan, Carol (1982), *In a Different Voice: Psychological Theory and Women's Development,* Cambridge/Mass. (Dt.: *Die andere Stimme: Lebenskonflikte und Moral der Frau,* München/Zürich, 1991.)
Gilmore, David (1990), *Manhood in the Making: Cultural Concepts of Masculinity,* New Haven. (Dt.: *Mythos Mann. Rollen, Rituale, Leitbilder,* München/Zürich, 1991.)
Goldberg, Herb (1979), *The New Male,* New York. (Dt.: *Man(n) bleibt Mann. Möglichkeiten und Grenzen der Veränderung,* Reinbek bei Hamburg, 1990.)
Goodale, Jane C. (1971), *Tiwi Wives,* Seattle.
Gray, John (1992), *Women Are from Venus, Men Are from Mars,* New York. (Dt.: *Männer sind anders, Frauen auch,* München, 1993.)
Guirand, Felix (Hg.) (1989), *New Larousse Encyclopedia of Mythology,* New York.

Haddon, Genia Pauli (1988), *Body Metaphors: Releasing God-feminine in Us All,* New York.
Hagen, Kay Leigh (1993), *Donahue,* 31. März.
– (Hg.) (1992), *Women Respond to the Men's Movement,* New York.
Harding, Christopher (Hg.) (1992), *Wingspan: Inside the Men's Movement,* New York.
Harding Esther (1972), *Women's Mysteries: Ancient and Modern,* New York. (Dt.: *Der Weg der Frau. Eine psychologische Deutung,* Zürich, 1962.)
Harrison, Jane (1927), *Themis,* Cleveland.
Hart, George (1986), *A Dictionary of Egyptian Gods and Goddesses,* London.
Hearn, Jeff, Deborah L. Sheppard, Peta Tancred-Sheriff, Gibson Burrell (Hg.) (1989), *The Sexuality of Organization,* London.
Hillman, James (1967), *Insearch: Psychology and Religion,* Dallas.
– (1979), Peaks and Vales, in: James Hillman.
– (1979), Senex and Puer, in: James Hillman.
– (Hg.) (1979), *Puer Papers,* Dallas.
– (1981), *Thought of the Heart,* Dallas.
Hochschild, Arlie, Anne Machung (1989), *The Second Shift: Working Parents and the Revolution at Home,* New York. (Dt.: *Der 48-Stundentag. Wege aus dem Dilemma berufstätiger Eltern,* Wien/Darmstadt, 1990.)
Hoeller, Stephan (1989), *Goddesses, Yes; Goddess, No.*
Hyman, Irwin, James Wise (Hg.) (1979), *Corporal Punishment in American Education,* Philadelphia.

Johnson, Robert (1987), *Ecstasy: Understanding the Psychology of Joy,* San Francisco. (Dt.: *Exstase: eine Psychologie der Lebenslust,* München, 1991.)

Jong, Erica (1972), *Fear of Flying*, New York. (Dt.: *Angst vorm Fliegen*, Frankfurt, 1991).
Jung, C. G. (1974), *Zwei Schriften über analytische Psychologie*, Ges. Werke, Bd. 7, Olten.
– (1981), *Über Grundlagen der analytischen Psychologie*, Ges. Werke, Bd. 18/1, Olten.

Keen, Sam (1991), *Fire in the Belly: On Being a Man*, New York. (Dt.: *Feuer im Bauch. Über das Mann-Sein*, Hamburg, 1992.)
– (1992), *Man!*, 1992.
– (1993), Lecture at Third Annual Californian Conference on Male Psychology, Santa Rosa.
Kerenyi, Karl (1976), *Dionysos: Archetypal Image of Indestructible Life*, Princeton.
Keyes, Ken (1982), *The Hundredth Monkey*, Coos Bay.
Kierkegaard, Sören (1984a), *Der Begriff Angst*, Bd. 21, Frankfurt.
– (1984b), *Die Krankheit zum Tode*, Bd. 24, Frankfurt.
Kipnis, Aaron (1991), *Knights Without Armor: A Practical Guide for Men in Quest of Masculine Soul*, Los Angeles.
Knapp, Mark L. (1972), *Nonverbal Communication in Human Interaction*, New York.
Knowlton, Robin Willis (1987), Rape in the United States Continues at One of the Highest Rates in the World, in: *In These Times*, 23. Sept. 1987.
Kohut, Hans, E. Wolf (1978), The Disorders of the Self and Their Treatment: An Outline, in: *International Journal of Psychoanalysis*, 59.

Laing, Ronald David (1966), *The Divided Self: An Existential Study in Sanity and Madness*. Middlesex. (Dt.: *Das geteilte Selbst. Eine existenzielle Studie über geistige Gesundheit und Wahnsinn*, München, 1991.)
Lawlor, Robert (1989), *Earth Honoring: The New Male Sexuality*, Rochester. (Dt.: *Die Seele des Mannes. Der spirituelle Weg zu einer neuen männlichen Sexualität und Identität*, München, 1992.)
Lewin, Tamar (1991), Women Found to Be Frequent Victims of Assaults by Intimates, in: *New York Times*, 17. Jan., 1991.
Lowinsky, Naomi R. (1992), *Stories from the Motherline: Reclaiming the Mother-Daughter Bond, Finding our Feminine Souls*, Los Angeles.
Lurker, Manfred (1980), *The Gods and Symbols of Ancient Egypt*, London. (Dt.: *Götter und Symbole der alten Ägypter: Die mythische Welt des Pharaonenreiches*, Bergisch-Gladbach, 1991.)
Luther, Martin, *Ausgewählte Schriften* in 6 Bänden, Frankfurt.

Maccoby, Eleanor, Carol Jacklin (1974), *The Psychology of Sex Differences*, Stanford.
Mahdi, Louise, Foster u. Meredith Little (Hg.) (1987), *Betwixt and Between*, La Salle.
Margulis, Lynn, Dorian Sagan (1991), *Mystery Dance: On the Evolution of Human Sexuality*, New York. (Dt.: *Geheimnis und Ritual*, Berlin, 1993.)
Mead, Margaret (1949), *Male and Female*, New York. (Dt.: *Mann und Weib: das Verhältnis der Geschlechter*, Frankfurt/Berlin, 1992.)

Mercatante, Anthony S. (1978), *Who's Who in Egyptian Mythology,* New York.
Mitscherlich, Alexander (1992), *Auf dem Weg zur vaterlosen Gesellschaft,* München/Zürich.
Moir, Anne, David Jessel (1991), *Brain Sex: The Real Difference Between Men and Women,* New York. (Dt.: *Brain-Sex: Der wahre Unterschied zwischen Mann und Frau,* Wien/New York, 1993.)
Monick, Eugene (1987), *Phallos: Sacred Image of the Masculine,* Toronto. (Dt. *Die Wurzeln der Männlichkeit: Der Phallus in Psychologie und Mythologie,* München, 1990.)
Montagu, Ashley (1974), *The Natural Superiority of Women,* New York.
Moon, Sheila (1984), *Changing Woman and Her Sisters,* San Francisco.
Moore, Robert, Douglas Gillette (1992), *The Warrior Within,* New York.
–, Douglas Gillette (1990), *King, Warrior, Magician, Lover: Rediscovering the Archetypes of the Mature Masculine,* San Francisco. (Dt.: *König, Krieger, Magier, Liebhaber: Die Stärken des Mannes,* München, 1992.)
Moyne, John, Colman Barks (1984), *Open Secrets,* Putney.

Nietzsche, Friedrich (1987), *Die Geburt der Tragödie aus dem Geiste der Musik,* Frankfurt.
Neumann, Erich (1989), *Die große Mutter: Eine Phänomenologie der weiblichen Gestaltungen des Unbewußten,* Olten/Freiburg.
Notman, Malkah T. u. Carol C.Nadelson (1991), *Women and Men: New Perspectives on Gender Differences,* Washington.

O'Brien, Susan (1980), *Child Abuse: A Crying Shame,* Provo.
Olson, Carl (1983), *The Book of the Goddess Past and Present,* New York.
Osherson, Sam (1986), *Finding Our Fathers: The Unfinished Business of Manhood,* New York. (Dt. *Die ersehnte Begegnung. Männer entdecken ihre Väter,* Köln, 1990.)
Otto, Walter Friedrich (1989), *Dionysos: Mythos und Kultus,* Frankfurt.
Ovid (1990), *Metamorphosen,* München.

Paglia, Camille (1990), *Feminism and the Forgotten Power of Sex,* Harpers, März 1990.
– (1992), *Die Masken der Sexualität,* Berlin. (Orig.: *Sexual Personae: Art and Decadence from Nefertiti to Emily Dickinson,* New Haven, 1992.)
Paris, Ginette (1988), *Pagan Meditations,* Dallas. (Dt.: *Aphrodites Wiedergeburt. Plädoyer für eine lustvolle Spiritualität,* Zürich).
Perera, Sylvia (1986), *The Scapegoat Complex: Toward a Mythology of Shadow and Guilt,* Toronto.
Perry, Danaan (1991), *Warriors of the Heart,* Cooperstone.

Reichard, Gladys A. (1950), *Navajo Religion: A Study of Symbolism,* Princeton.
Rilke, Rainer Maria (1955), Der Panther, in: *Sämtliche Werke,* Frankfurt.
Rix, Sarah E. (Hg.) (1988), *The American Woman, 1988-89: A Status Report,* New York.
Rogers, Carl (1980), *A Way of Being,* Boston.
Romberg, Rosemary (1985), *Circumcision: The Painful Dilemma,* South Hadley.
Rush, Anne (1976), *Moon, Moon,* New York.

Sanford, Linda, Mary Ellen Donovan (1985), *Women and Self-Esteem*, New York.
Sheldrake, Rupert (1981), *A New Science of Life: The Hypothesis of Formative Causation*, Los Angeles. (Dt.: *Das schöpferische Universum: Die Theorie des morphogenetischen Feldes*, München, 1989.)
– (1991), *Die Wiedergeburt der Natur. Wissenschaftliche Grundlagen eines neuen Verständnisses der Lebendigkeit und Heiligkeit der Natur*, Wien, 1991. (Orig.: *The Rebirth of Nature*, London, 1990.)
Simons, G.L. (1973), *Sex and Superstition*, New York.
Singer, Kenneth I. (1989), Group Work with Men Who Experienced Incest in Childhood, in: *American Journal of Orthopsychiatry*, 59 (3).
Siskin, Bernard, J. Staller (1989), *What Are the Chances?*, New York.
Smoley, R., *Beyond the Goddess*, Gnosis 13:64.
Sommers, Christina (1991), Hard-Line Feminists Guilty of Ms.-Representation, in: *Wall Street Journal*, 7. Nov. 1991, S. A-13.
Spretnak, Charlene (Hg), *The Politics of Women's Spirituality*,. New York.
Starr, Tama (1991), *The Natural Inferiority of Women: Outrageous Pronouncements of Misguided Males*, New York.
Starhawk (1979), *The Spiral Dance*, San Francisco. (Dt.: *Der Hexenkult als Ur-Religion der großen Göttin: Magische Übungen, Rituale und Anrufungen*, München, 1992.)
Steinmetz, Suzanne (1978), The Battered Husband Syndrome, in: *Victimology*, Bd. 2, Nr. 314.
–, (1985), Battered Husbands, in: Francis Baumli.
Strasberg, Susan (1980), *Bittersweet*, New York.
Straus, Murray A. (1993), Physical Assaults by Wives: A Major Social Problem, in: Richard J. Gelles, D. Loseke (Hg.) (1993).
–, Richard J. Gelles (1988), *Intimate Violence*, New York.
Saugerman, S. (1976), *Sin and Madness: Studies in Narcissism*, Philadelphia.

Tannen, Deborah (1990), *You Just Don't Understand: Women and Men in Conversation*, New York. (Dt.: *Du kannst mich einfach nicht verstehen. Warum Männer und Frauen aneinander vorbeireden*, München, 1993.)
Tavris, Carol (1992) *The Mismeasure of Woman*, New York.
Taylor, John (1991), Don't Blame Me: The New Culture of Victimization, in: *San Francisco Chronicle, This World*, 18. Aug. 1991.
Teish, Luisah (1985), *Jambalaya: The Natural Woman's Book*, San Francisco. (Dt.: *Jambalaya: das Zauberbuch der natürlichen Frauenkraft mit Ritualen und Meditationen*, München, 1990.)
Tiger, Lionel, J. Shepher (1977), *Women in the Kibbutz*, London.
Tripp, Edward (1990), *Lexikon der antiken Mythologie*, Wien.

Van Over, R. (1980), *Creation Myths from Around the World*, New York.

Welwood, John (1991), *Journey of the Heart: Intimate Relationship and the Path of Love*, New York.
Wheeler, P. (1952), *The Sacred Scriptures of the Japanese*, New York.
Wilber, Ken (1980), *The Atman Project*, Wheaton. (Dt.: *Das Atman-Projekt: Der Mensch in transpersonaler Sicht*, Paderborn, 1989.)

– (1991), in: Connie Zweig, Jeremiah Abrams (Hg.).
Winnicott, Donald (1975), *Through Pediatrics to Psychoanalysis*, New York. (Dt.: *Von der Kinderheilkunde zur Psychoanalyse*, Frankfurt, 1991.)
Wolf, Naomi (1992), *Der Mythos Schönheit*, Reinbeck bei Hamburg. (Orig.: *The Beauty Myth: How Images of Beauty Are Used Against Woman*, New York, 1991).
Wolkstein, Diane (1991), *The First Love Stories: From Isis and Osiris to Tristan and Iseult*, New York.
–, Samuel Kramer (1983), *Inanna: Queen of Heaven and Earth: Her Stories and Hymns from Sumer*, New York.
Wollstonecraft, Mary (1975), *A Vindication of the Rights of Women*, New York. (Dt.: *Eine Verteidigung der Rechte der Frau*, Leipzig, 1989.)
Woodman, Marion (1982), *Addiction to Perfection: The Still Unravished Bride*, Toronto. (Dt.: *Heilung und Erfüllung durch die Große Mutter. Eine psychologische Studie über den Zwang zur Perfektion und andere Suchtprobleme als Folgen ungelebter Weiblichkeit*, Interlaken, 1987.)
– (1990), *The Ravaged Bridegroom: Masculinity in Women*, Toronto.

Zweig, Connie, Jeremiah Abrams (Hg.) (1991), *Meeting the Shadow: the Hidden Power of the Dark Side of Human Nature*, Los Angeles.

»Hört überhaupt jemand zu?«

Deborah Tannen
Andere Worte, andere Welten
Kommunikation zwischen Frauen und Männern
Aus dem Englischen von
Dorothea Thieleke und Wolfgang Fuchs
1997. Ca. 220 Seiten
ISBN 3-593-35661-9

Für alle, die sich näher mit den geschlechtsspezifischen Dimensionen der Kommunikation beschäftigen möchten, bietet dieses Buch einen kompakten und anschaulichen Einblick.

»Deborah Tannen ist der Erzengel der Klarheit. Wie kein anderer Soziolinguist oder Therapeut, der heute schreibt, nimmt sie der Kunst des Zuhörens ihre beängstigende und enthüllt ihre faszinierende Seite.« *Los Angeles Time*

»Tannen hat Überraschendes und Amüsantes darüber zu sagen, wie sich Sprecher jedweder Herkunft, weil sie sich ihrer eigenen Sprachgewohnheiten nicht bewußt sind, damit schwer tun, die sprachlichen Äußerungen anderer zu interpretieren. Ihre Sicht auf die Katastrophen im Gespräch ist einfach und doch bestechend.«

The New York Times Book Review

Campus Verlag · Frankfurt / New York

zu zweit

«Die Liebe hat nun einmal dieses Übel, daß Krieg und Frieden immer wechseln.»
Horaz, Satiren

Lonnie Barbach
Mehr Lust *Gemeinsame Freude an der Liebe*
(rororo sachbuch 8721)

Cheryl Benard / Edit Schlaffer
Männer *Eine Gebrauchsanweisung für Frauen*
(rororo sachbuch 8820)

Konrad Berg
Das Jawort geben *Schöne und phantasievolle Hochzeitsrituale*
(rororo sachbuch 9787)
Dieses Buch stellt poetische, praktische und spirituelle Gestaltungsideen rund um die Heirat vor und ist eine Fundgrube für alle, die ein einfallsreiches Hochzeitsfest feiern wollen.

Roland Bickmann
Ein Tag wie der andere *Szenen einer Ehe*
(rororo sachbuch 9637)

Patricia Evans
Worte, die wie Schläge sind
Verbaler Mißbrauch in Beziehungen
(rororo sachbuch 9783)

Donna Ewy
Eine glückliche Familie werden
Lebensgestaltung für Paare
(rororo sachbuch 9785)

Marty Klein
Über Sex reden *Heimliche Wünsche, verschwiegene Ängste*
(rororo sachbuch 8824)

rororo sachbuch

C. Notarius / H. Markman
Wir können uns doch verstehen
Paare lernen mit Differenzen zu leben
(rororo sachbuch 9790)

Diane Vaughan
Wenn Liebe keine Zukunft hat
Stationen und Strategien der Trennung
(rororo sachbuch 8818)

Judith Sills
Liebe nach dem ersten Blick
Handbuch für Romantiker
(rororo sachbuch 9134)
«Dies ist kein Buch über hoffnungslos unglückliche Beziehungen, sondern eines über potentiell glückliche.»

Katherine Wyse Goldman
Immer ein schlechtes Gewissen – kleine Lebenshilfe für berufstätige Mütter
(rororo sachbuch 9777)
«Dieser kleine Ratgeber soll Mut machen, Selbstzweifel entkräften, mit einigen Vorurteilen aufräumen und ein paar wertvolle Einsichten vermitteln.» *Katherine Wyse Goldman*

3404/3

Unser Körper – unser Leben

Unser Körper – Unser Leben
Ein Handbuch von Frauen für Frauen. Überarbeitete und erweiterte Neuausgabe
(2 Bände: rororo sachbuch 8408 und 8409)
Ein Standardwerk der weiblichen Gesundheit, das in dem Bücherschrank keiner Frau fehlen sollte. Entsprechend der neuen amerikanischen Ausgabe von "Our bodies, Ourselves" wurde auch die deutsche Ausgabe vollständig aktualsiert.
Aus dem Inhalt: Körperbild · Ernährung · Frauen in Bewegung · Gesundheit und Umwelt · Liebesbeziehungen · Frauenliebe · Sexualität · Neue Fortpflanzungstechniken · Schwangerschaft · Geburt und Geburtsvorbereitung · Die Zeit nach der Geburt · Frauen werden älter · Frauenspezifische Krankheiten und Beschwerden · Frauen im Gesundheitswesen

Ruth Bell (Hg.)
Wie wir werden - was wir fühlen
Ein Handbuch für Jugendliche über Körper, Sexualität, Beziehungen. Überarbeitete und erweiterte Neuausgabe
(rororo sachbuch 8823)
Fakten, Berichte, Bekenntnisse und Informationen zu allen Themen, die das Leben zwischen 12 und 20 so aufregend, irritierend, schwierig und schön machen.
Aus dem Inhalt: Mein Körper verändert sich · Meine Beziehung zu meinen Eltern und Freunden verändern sich · Ich fühle mich gut, ich fühle mich schlecht · Alkohol und andere Drogen · Ich gehe zum Arzt · Abtreibung · Sexuell übertragbare Krankheiten

rororo sachbuch

Unser Körper – Unser Leben
Über das Älterwerden *Ein Handbuch für Frauen*
(rororo sachbuch 8841)
Wie *Unser Körper – Unser Leben* ist dieses Buch ein Gemeinschaftsprojekt und beruht auf den Erfahrungen vieler Frauen. Es richtet sich an alle, die ihr Leben und ihr Älterwerden selbst in die Hand nehmen wollen. Denn: Niemand wacht auf und ist plötzlich siebzig, und unser Wohlbefinden hängt weniger von den Jahren ab, die wir schon gelebt haben, als davon, wie wir mit uns selbst umgegangen sind.

Sämtliche Bücher und Taschenbücher zum Thema finden Sie in der *Rowohlt Revue*. Jedes Vierteljahr neu. Kostenlos in Ihrer Buchhandlung.

3405/4

Satt, aber hungrig

Eßstörungen, die auffälligerweise hauptsächlich bei Frauen auftreten, haben in verschiedenen Ausprägungen – Magersucht (Anorexie Nervosa), Eß-Brech-Sucht (Bulimie Nervosa) und Eßsucht – in unserer Gesellschaft beängstigende Ausmaße angenommen. Bücher zum Thema:

Kuni Becker
Die perfekte Frau und ihr Geheimnis *Eß- und Brechsucht: Hilfe für Betroffene und Angehörige*
(rororo sachbuch 9576)
Kuni Becker hat Psychologie und Soziologie studiert. Sie arbeitet in der Ernährungspsychologischen Forschungsstelle der Universität Göttingen als Wissenschaftlerin und Psychotherapeutin.

Renate Göckel
Eßsucht oder Die Scheu vor dem Leben *Eine exemplarische Therapie*
(rororo sachbuch 8444)
Am Beispiel der eßsüchtigen Anna K., deren zweijährige Behandlung die Autorin begleitend schildert, offenbaren sich auf erschütternde Weise Probleme, Spannungen und eine Scheu vor dem Leben, die Betroffene durch suchtartiges Essen auszugleichen versuchen.

Marilyn Lawrence
«Ich stimme nicht» *Identitätskrise und Magersucht*
(rororo sachbuch 7965)
Mit dem Bericht einer praktizierenden Magersucht–Therapeutin und vielen Adressen- und Literaturangaben.

rororo sachbuch

Satt, aber hungrig *Frauen und Eßstörungen*
(rororo sachbuch 8511)
Texte zum Thema Eßstörungen von Therapeutinnen, Feministinnen, Wissenschaftlerinnen und Betroffenen. Ausgewählt von Marilyn Lawrence, berichten sie aus un-terschiedlichen Perspektiven und mit unterschiedlichen Schwerpunkten über weibliche Erfahrungen zum Thema Eßstörungen.

Geneen Roth
Essen als Ersatz *Wie man den Teufelskreis durchbricht*
(rororo sachbuch 8493)
Das Buch ist ein praktischer, einfühlsamer, auch humorvoller Ratgeber für alle, die Essen in mehr oder weniger ausgeprägtem Maße als Ersatz benutzen – als Ersatz für andere, vermeintlich nicht zu befriedigende Bedürfnisse .

Sämtliche Bücher und Taschenbücher zum Thema finden Sie in der *Rowohlt Revue*. Jedes Vierteljahr neu. Kostenlos in Ihrer Buchhandlung.

Sexuelle Gewalt

Heidi Hassenmüller
Gute Nacht, Zuckerpüppchen
(rororo rotfuchs 614)

Margret Steenfatt
Nele *Ein Mädchen ist nicht zu gebrauchen*
(rororo rotfuchs 437)

Wendy Maltz
Sexual Healing *Ein sexuelles Trauma überwinden*
(rororo zu zweit 9326)

Deborah Moggach
Rot vor Scham *Geschichte einer zerstörten Unschuld*
(rororo 5559)

Barbara Kavemann / Ingrid Lohstöter
Väter als Täter *Sexuelle Gewalt gegen Mädchen «Erinnerungen sind wie eine Zeitbombe»*
(rororo aktuell 5250)

Caren Adams / Jennifer Fay
Ohne falsche Scham *Wie Sie Ihr Kind vor sexuellem Mißbrauch schützen können*
(mit kindern leben 8498)
Die meisten Fälle von sexuellem Mißbrauch finden im Bekannten- und Familienkreis eines Kindes statt. Diesen Realitäten können Eltern angemessen dadurch begegnen, indem sie eigene Hemmungen abbauen und durch offene Gespräche das Selbstbewußtsein und die Fähigkeit, «nein» zu sagen, bei ihren Kindern stärken. - Ein aufklärender und sensibler Ratgeber für Eltern.

Betsy Petersen
Meines Vaters Tochter *Analyse eines Mißbrauchs*
(psychologie aktiv 9597)

rororo sachbuch

Rosemarie Steinhage
Sexuelle Gewalt - *Kinderzeichnungen als Signal*
(rororo sachbuch 9158)
Die Autorin erläutert anhand von mehr als 120 Zeichnungen, die über mehrere Jahre hinweg aus ganz Deutschland zusammengetragen wurden, wie der sexuelle Mißbrauch und seine Folgen in den Zeichnungen von Mädchen und Jungen sichtbar werden.

Sexueller Missbrauch an Mädchen *Ein Handbuch für Beratung und Therapie*
(rororo sachbuch 8582)
Das Buch richtet sich an alle, die mit von sexuellem Mißbrauch betroffenen Mädchen und Frauen konfrontiert sind: soziale, pädagogische, psychologische, medizinische oder juristische Fachkräfte, sowie Familieangehörige, Freunde und Bekannte.